职业教育·通用课程教材

中华经典诵读

声传古今　文脉赓续

钟露莎　段思佳　主　编

王永莲　主　审

人民交通出版社

北　京

内 容 提 要

本书为职业教育通用课程教材。全书内容涵盖经籍传承、审美陶养、人文思辨、匠心筑梦、心智成长、家国情怀等主题。所选篇目兼顾思想性、艺术性与时代性，突出健康向上的价值取向，兼顾情感体验与人生哲理的共鸣。其主要内容包括：千古华章书春秋——典亮文化自信，一方水土一方人——天地人共生生，心中山水别为景——开启审美之旅，巧夺天工人间器——传承工匠精神，体悟定静安虑得——心理自洽破障，天地交而万物通——厚植家国情怀。

本书可作为职业院校通用课程教材，也可供中华经典诗词诵读爱好者使用。

*本书配套教学课件、诵读音频等资源，任课教师可加入"职教公共基础课教学研讨群"（教师专用 QQ 群:985149463）获取资料。

图书在版编目（CIP）数据

中华经典诵读：声传古今 文脉赓续 / 钟露莎，段思佳主编. — 北京：人民交通出版社股份有限公司，2025.6. — ISBN 978-7-114-20504-0

Ⅰ. K203

中国国家版本馆 CIP 数据核字第 2025PS7869 号

Zhonghua Jingdian Songdu——Sheng Chuan Gujin Wenmai Gengxu

书　　名	中华经典诵读——声传古今 文脉赓续
著 作 者	钟露莎　段思佳
责任编辑	滕　威
责任校对	赵媛媛　刘　璇
责任印制	张　凯
出版发行	人民交通出版社
地　　址	(100011)北京市朝阳区安定门外外馆斜街 3 号
网　　址	http://www.ccpcl.com.cn
销售电话	(010)85285911
总 经 销	人民交通出版社发行部
经　　销	各地新华书店
印　　刷	北京市密东印刷有限公司
开　　本	787×1092　1/16
印　　张	17.25
字　　数	405 千
版　　次	2025 年 6 月　第 1 版
印　　次	2025 年 6 月　第 1 次印刷
书　　号	ISBN 978-7-114-20504-0
定　　价	49.00 元

（有印刷、装订质量问题的图书，由本社负责调换）

前言

中华文明源远流长,浩如烟海的典籍蕴含着丰富的哲理思想、人文精神和美学价值。典籍,如穿越时空的光,折射出中华民族的智慧光芒,成为塑造人格、砥砺意志、陶冶情操的精神根脉,使中华文明薪火相传数千载。

【编写背景】

国家高度重视中华优秀传统文化的传承与发展。党的二十大报告指出,要"推进文化自信自强,铸就社会主义文化新辉煌",并强调中华优秀传统文化是中华民族的精神命脉,要坚持守正创新、融合发展。此外,《国家职业教育改革实施方案》《关于推动现代职业教育高质量发展的意见》等政策文件明确提出要在职业教育中弘扬工匠精神,增强文化自信,推动"三教"改革,提升学生的综合素养。传统文化与职业教育的深度融合,既是时代发展的必然选择,也是育人育才的现实需求。

《中华经典诵读——声传古今 文脉赓续》诞生于这样的背景下,如一叶小舟,在文明长河中担负着新时代"为往圣继绝学"的使命,为职业院校学生量身打造了一部融思想性、文化性、审美性与实践性于一体的经典诵读教材。本书紧扣立德树人根本任务,契合职业教育的时代需求与人才培养目标,致力于通过诵读经典,引导学生汲取传统文化精华,涵养工匠精神,坚定文化自信,助力其成长为德技并修、心怀家国、志存高远的高素质技术技能人才。

【编写内容与创新】

全书内容涵盖经籍传承、审美陶养、人文思辨、匠心筑梦、心智成长、家国情怀等主题。所选篇目兼顾思想性、艺术性与时代性,突出健康向上的价值取向,兼顾情感体验与人生哲理的共鸣。通过经典与现实的古今桥接,使诵读不仅成为一种语言训练,更成为心灵涵养与精神成长的通道。尤其在选文上遵循适度简明、易于诵读的原则,避免选用"生涩艰深"之作,语言典雅自然、节奏张弛有度,注重体现中华优秀传统文化的哲理思辨与人类共通的情感体验,力求让学生"读得懂、念得出、悟得深"。

本书编写体例科学清晰,设有解字、说文、通文、达理、诵文五大版块,帮助学生从字词理解到文化感知、从文本赏析到价值引领,循序渐进地实现文化积淀与人格塑造。其中,"达理"版块融合"课程思政"理念,将社会主义核心价值观与传统文化智慧有机结合,引导学生思考人生方向与社会责任;"诵文"版块则结合语音节奏训练,提升学生的表达力与文化感知力。

同时,本书在心理健康、人文情感方面也发挥着潜移默化的作用,引导学生增强文化认同与价值认同,力求做到"文以载道、诵以明理、习以致用",如盐溶于水般引导学生淡化功利、立足长远,以健康阳光的心态面对学习与生活,以坚韧执着的精神迎接职业挑战。

"读圣贤书、养浩然气、承匠人魂、铸强国志。"我们期望,本书能成为职业院校学生欣赏中华优秀传统文化的一扇窗、搭建心灵成长与专业发展的一座桥,让学生在咀嚼古意中涵养情志、在对话先贤中体悟人生、在技能锤炼中熔铸匠魂,让文化薪火在新时代青年的手中赓续传承。

【编写团队】

四川交通职业技术学院历来高度重视传承与弘扬中华优秀传统文化,积极探索以诵读经典为载体推进文化自信自强,引导学生涵养"敬业乐群、精益求精"的工匠精神,培育具有家国情怀和文化自信的高素质技术技能人才。本书由四川交通职业技术学院钟露莎、段思佳两位教师担任主编,王永莲主审。其中,钟露莎负责全书整体架构设计与"解字""通文""达理"版块的撰写,段思佳负责"诵文""说文"版块的编写、情感基调及语音节奏指导。两位编者潜心治学、用心从教,力求为职业院校学生打造一部可读、可诵、可悟的文化读本,通过文化滋养激发学生对专业的认同感、对职业的使命感和对社会的责任感。本书封面上的书名由钟露莎挥笔写就,书中插画由邓克成精心绘制,画风典雅清新,与书中文字相得益彰,增强了美感与文化气息。

【致谢】

本书编写过程中,参考借鉴了诸多前贤时俊的见解与观点,在此兹不一一列举,谨表谢忱;书中也融入了编者独到的感悟和阐发,虽力求精当,然限于编者水平,定有浅陋之处,恳请读者在使用过程中不吝批评指正,以便不断修订完善。

谨以此书,致敬经典。

编　者
2025 年 5 月于四川成都

目录

美育篇
心中山水别为景
　——开启审美之旅/87

目录

励图篇
天地交而万物通
——厚植家国情怀/227

元典篇

千古华章书春秋

——典亮文化自信

蒙以养正 果行育德

1 礼记·礼运^①（节选）

礼记·礼运
（节选）

大道^②之行也，天下为公。选贤与^③能，讲信修睦^④。故人不独亲其亲^⑤，不独子其子^⑥，使老有所终，壮有所用，幼有所长^⑦，矜、寡、孤、独、废疾者皆有所养^⑧。男有分^⑨，女有归^⑩。货恶其弃于地也^⑪，不必藏于己；力恶其不出于身也，不必为己。是故谋闭而不兴，盗窃乱贼而不作，故外户而不闭。是谓大同^⑫。

【解字】

①选自《礼记译注》（上海古籍出版社 2016 年版）。

②大道：古代指政治上的最高理想。

③与（jǔ）：通"举"，推举，选举。

④修睦：调整人与人之间的关系，使它达到和睦状态。修，调整，培养。

⑤亲其亲：第一个"亲"是名词的意动用法，以……为亲；第二个"亲"是名词，亲人。

⑥子其子：第一个"子"，以……为子；第二个"子"，子女。

⑦有所长：能够健康成长。长：读 zhǎng。

⑧矜（guān）：通"鳏"，老而无妻者。寡，老而无夫者。孤，幼而无父者。独，老而无子者。废疾者，残疾者。有所养，能够被供养。

⑨男有分（fèn）：男子有职业。分，职分，职业。

⑩女有归：意思是女子有归宿。归，指女子出嫁。

⑪恶（wù）其弃于地也：人们憎恨把它（货物）扔在地上的行为。恶，憎恶。

⑫大同：指人人平等、和谐共处的理想社会。

【说文】

在大道施行的年代（五帝时期），天下是人们所共有的，选拔品德高尚、有才干的人，讲求诚信，培养和睦气氛。因此人们不只是孝敬自己的双亲，不只是抚养自己的孩子，而是要使老人得以安享天年，壮年人能够发挥自己的才能为社会效力，幼童能健康地成长，让老而无妻的人、老而无夫的人、幼年丧父的孩子、老而无子的人、残疾人都能得到社会的供养。男子各有职业，女子各有归宿。对于财货，人们憎恨把它扔在地上的行为，捡起来但一定不可以私藏；人们憎恨自己有力气却没有使出来，而一定不能为自己谋私利。因此，图谋之心被堵住了，盗窃、作乱等害人之事就不会兴起，所以家家户户的大门就不用紧闭，这就叫作大同社会。

【通文】

儒家历来以积极入世、匡扶天下为己任。孔子"祖述尧舜，宪章文武"，是深感于尧舜、文武之君的贤能与圣明之道而发出的旨在使当世君王遵循先圣典范的倡言。孔子所倡言的臻至社会，就是"大同"的理想社会。

在这个社会里，人人都能受到社会的关爱，安居乐业，且各尽所能，这寄托着儒家崇高的社会理想。大同社会强调资源的公平分配，保障人人享有基本的权利。无论是老年人，还是年轻人，都能在社会中找到自己的位置，得到妥善的照顾。在大同社会里，人们各司其职，社会运行处于自然和谐状态。文中用现实社会跟理想的"大同"社会作对比，指出现实社会中诸多无德邪恶之行在"大同"社会中将不复存在，取而代之的将是一个"外户而不闭"的和平、安定的局面。"天下为公"是中华传统文化的核心理念之一，其核心思想是让个体在"公"与"和"的氛围中实现幸福。大同社会所描绘的理想图景是人人遵循信义、和睦相处的社会，是中国古代人民对美好社会的幸福憧憬，强调统一秩序和共同价值的建立。

【达理】

"大同"社会理想与当今的和谐社会和人类命运共同体理念高度契合。大同社会强调信义、和睦与公正，社会治安良好，盗贼和混乱无法滋生。这种对社会治安和秩序的追求与和谐社会的目标相契合，和谐社会强调人与人、人与自然、国与国之间的和平共处、相互尊重与公平正义。在人类命运共同体的框架下，国家与国家之间也应该承担相互关爱的责任，相互尊重、和睦相处，共同应对气候变化、贫困问题等全球性挑战，共同创造一个和平稳定、融洽和谐的国际环境。各国共同应对全球性挑战，分享发展机遇，共同促进全球的繁荣与进步，是古代社会理想蓝图的现代诠释。

【诵文】

《礼记·礼运》作为儒家经典里的重要篇章，蕴含着深邃思想，行文逻辑严密，无疑是儒家文化的璀璨瑰宝。文章开篇点明主题，提出"天下为公"的理念，以庄重严肃的笔触强调了这一理想社会理念的关键意义，这也是儒家理想社会的核心所在。作者以平和温暖的笔触描绘理想社会，展现儒家对美好生活的向往。社会和谐，人人各安其位，充满温情。人们珍惜资源，无私奉献，积极劳动，不为私利，体现高尚的道德境界。最终，作者总结理想社会的特征，强调公平、正义、友爱与和谐，展现对实现大同社会的坚定信心与期待，令人憧憬。开篇点明主题，有力地提出观点，语调庄重，语速适中，"天下为公"读得稍重，突出理想社会的核心。"故人不独亲其亲，不独子其子……男有分，女有归"，语调平和，语速稍慢，每个短句间稍作停顿，"老有所终""幼有所长"等读得轻柔，营造出温馨的氛围，展现出关爱之情。结尾语调坚定，语速适中，"是谓大同"读得有力，加重语气，突出重点，强调理想社会的美好结果。

整体诵读时，庄重起调，点明主题，平和表达，描绘社会，坚定收尾总结大同社会。在情感上传达出一种和谐、美好的社会愿景以及积极向上的社会价值观。

2 论语① （节选）

1.1　子②曰：学而时习之③，不亦说④乎？有朋自远方来，不亦乐乎？人不知而不愠，不亦君子⑤乎？

1.4　曾子曰：吾日三省⑥吾身，为人谋而不忠⑦乎？与朋友交而不信乎？传不习乎？

1.6　子曰：弟子入则孝，出则悌⑧，谨而信，泛爱众而亲仁。行有余力，则以学文。

2.22　子曰：人而⑨无信，不知其可⑩也。大车无輗，小车无軏⑪，其何以行之哉？

4.17　子曰：见贤思齐焉⑫，见不贤而内自省也。

6.11　子曰：贤哉，回也！一箪食⑬，一瓢饮，在陋巷，人不堪其忧，回也不改其乐。贤哉，回也！

6.20　子曰：知之者不如好之者，好之者不如乐之者⑭。

7.2　子曰：默而识之⑮，学而不厌⑯，诲⑰人不倦，何有于我哉？

7.3　子曰：德之不修，学之不讲，闻义不能徙⑱，不善不能改，是吾忧也。

7.6　子曰：志于道，据于德，依于仁，游⑲于艺。

7.22　子曰：三人行，必有我师焉⑳。择其善者㉑而从之，其不善者而改之。

8.7　曾子曰：士不可以不弘毅，任重而道远。仁以为己任，不亦重乎？死而后已，不亦远乎？

9.11　颜渊喟然㉒叹曰：仰之弥㉓高，钻之弥坚；瞻㉔之在前，忽焉㉕在后。夫子循循然㉖善诱人，博我以文，约我以礼，欲罢不能㉗。

9.28　子曰：岁寒，然后知松柏之后凋也。

12.1　颜渊问仁。子曰："克己复礼为仁。一日克己复礼，天下归仁焉。为仁由己，而由人乎哉？"颜渊曰："请问其目㉘？"子曰："非礼勿视，非礼勿听，非礼勿言，非礼勿动。"颜渊曰："回虽不敏，请事㉙斯语矣。"

14.35　子曰："莫我知也夫㉚！"子贡曰："何为其莫知子也㉛？"子曰："不怨天，不尤㉜人，下学而上达。知我者其天乎㉝！"

15.10　子贡问为仁，子曰："工欲善㉞其事，必先利其器㉟。居是邦也，事其大夫之贤者，友其士之仁者。"

15.24　子贡问曰："有一言而可以终身行之者乎㊱？"子曰："其恕㊲乎！己所不欲，勿施于人。"

19.6　子夏曰：博学而笃㊳志，切问而近思㊴，仁在其中矣。

19.21　子贡曰：君子之过也，如日月之食㊵焉：过也，人皆见之；更㊶也，人皆仰之。

20.3　子曰：不知命，无以㊷为君子也；不知礼，无以立也；不知言㊸，无以知人也。

【解字】

①选自《四书章句集注》（中华书局2011年版）。

②子：先生，指孔子。

③学：指学习知识，既包括书本知识，也包括人生道理。时习之：按时温习、实践和运用所学知识。

④说：通"悦"，高兴、愉快的意思。

⑤君子：此处指孔子理想中具有高尚人格的人。

⑥省：反省，检查，读 xǐng。

⑦忠：尽力。

⑧出则悌：出门要敬爱兄长，泛指尊重年长者。悌，读 tì。

⑨而：表示假设。

⑩不知其可：不知道怎么可以。

⑪大车：牛车，用来拉货物的车；小车：马车，用来载人的车。輗：牛车的辕与轭相连接的木销子，读 ní。軏：马车的辕与轭相连接的木销子，读 yuè。

⑫贤：贤德的人。焉：句末语气词。

⑬箪食：读 dān sì。

⑭好：喜欢，爱好，读 hào。乐：以……为快乐。者：代词，……的人。

⑮识：记住，读 zhì。

⑯厌：满足。

⑰诲：教导，读 huì。

⑱徙：趋赴，赶往，读 xǐ。

⑲游：比喻游刃有余的样子。

⑳焉：于此，意思是"在其中"。

㉑善者：好的方面。

㉒喟然：叹息的样子，形容颜渊发自内心的感慨，喟读 kuì。

㉓弥：越发，更加。

㉔瞻：向前看。

㉕忽焉：忽然，表示迅速变化。

㉖循循：有步骤、有次序。然：表示某种状态。

㉗欲罢不能：想要停止却无法做到，形容学习的吸引力和无法自拔的专注状态。

㉘目：具体的条目。

㉙事：从事，实行。

㉚莫：没有人。夫，语气词，表示感叹或强调语气，读 fú。

㉛何为：为什么。其：表示加强语气。

㉜尤：责怪，怪罪。

㉝其：表示推测或反问，相当于"恐怕"或"难道"，读 qí。乎：语气词，表示感叹或疑问。

㉞善：使……好。

㉟利：使……锐利。器：工具。

㊱一言：一个字。言：字。终身：一生。

㊲恕：推己及人，即"己所不欲，勿施于人"。

㊳笃：坚定。

㊴切：恳切。近思：多考虑身边的事情。

㊵食：指日食和月食。

㊶更：改变、结束。

㊷无以："无所以"的省略。

㊸知言：善于分析别人的言语，辨别其是非善恶。

【说文】

《论语》是我国先秦时期的一部语录体散文集，由孔子门人及其再传弟子辑录了孔子及其部分弟子的言行而成。全书全面反映了孔子的哲学、政治、文化和教育思想，是儒家学派的经典著作，其内容包括政治主张、教育原则、伦理观念、品德修养等方面，是研究我国古代思想史、文化史和教育史的重要资料。《论语》语言含蓄凝练，堪称语录典范。其中总结社会生活经验的言论，后来逐步发展为格言和成语，对后代文学语言有很大的影响。宋代理学家朱熹将《论语》与《大学》《中庸》《孟子》合编为"四书"，并为《论语》作了集注，使其成为官定读本。

《论语》中关于学习、道德修养、为人处世的一般原则，是孔子教育思想中最有价值的部分。一方面，它论述了学习应该有谦虚好学的态度和勤学好问、实事求是的精神；另一方面，它明确了温故知新、学思结合、学以致用的学习方法；同时，《论语》阐明了思想道德修养的重要性、为人处世的原则和美好品格。这些内容对后世的教育理论影响极大，具有深远意义。

【通文】

1.1　孔子说："学了知识能反复地温习它，不也是件愉快的事吗？有志同道合的人远道而来，不也是件快乐的事吗？人家不了解我，我并不怨恨，不也是个有修养的人吗？"

这段话强调了学习、复习、交友和提升修养的重要性。它鼓励人们养成不断复习、温故知新的学习习惯，并且要有宽容的心态，不因别人的误解而生气，这也是君子的风范。职业教育强调技能和知识的积累，但更重要的是不断实践和更新技能，以适应行业的发展，在职场中保持竞争力。

1.4　曾子说："我每天多次反省自己：替别人做事有没有尽心尽力？与朋友交往有没有做到诚信？老师教授的知识有没有认真复习和实践？"

吾：我。日：每天。三省：多次反省。"三"泛指多次。多次进行自我检查反省。省：检查，反省。为：替。谋：谋划。忠：指对人应当尽心竭力。曾子强调，每天都要反思自己的行为，以不断提升个人道德修养。这种习惯有助于培育慎独的品质，即使在没有人监督的情况下，也能保持良好的品德。"三省吾身"不仅是个人道德修养的标准，也为现代社会的职业操守、人际关系和学习态度提供了重要的启示。"忠于职守、诚信待人、勤学不辍"提醒我们，在团队中要时刻对自己的岗位负责，避免敷衍了事；在信息化时代，言而有信显得尤为重要。学习不仅是听讲，还要复习、实践、运用，如此才能真正掌握知识。

1.6　孔子说："诸位！在家要孝顺父母，出门在外要顺从兄长，行为谨慎、言而有信，怀博爱之心，并亲近仁者。工作之余，则可研习六艺之文。"

所谓"进德修业"，即先立德后成才。"入则孝，出则悌"，意味着在家要孝顺父母，在外要友爱兄长；"谨而信"，要求为人处世要谨慎守信，以此建立可靠的人格；"泛爱众，而亲仁"，倡导要关爱他人，并亲近有仁德的人，以提升自身道德修养；"行有余力，则以学文"，指的是在完成道德实践的基础上，再去学习文化知识，并践行终身学习理念。职业教育的目标不仅仅是培养技术型人才，更要塑造品德高尚、诚信可靠的职业人，做到"德才兼备，以德为先"。学生在学习专业知识之前，首先要培养责任感、诚信、敬业精神等基本素养，这样才能成为社会认可的专业人才。在职场中，强调团队合作，要尊重领导、同事，建立和谐的人际关系，尊重前辈、善待同事，如此才能在行业中立足并获得更多发展机会。

2.22　孔子说："一个人如果不讲信用，真不知道他还能做什么。"就像大车没有輗，小车没有軏，又怎么能行驶呢？

輗和軏是车辆运动的关键着力点，没有它们，整个车就会散架，根本无法行驶。孔子用车子缺少关键部件就无法行驶的比喻，说明诚信对做人做事至关重要，人若无诚信就会寸步难行。

4.17　孔子说："看见有德行或有才干的人就要想着向他学习，向他看齐；见到没有德行的人，就要在内心反省自己是否有类似的缺点。"

这句话倡导了一种积极向上、自我提升的态度。它鼓励我们向优秀的人学习，同时促使我们在遇到不良行为时进行自我反思，以提升自身品德修养。只有这样，我们才能在个人成长的道路上不断进步，成为更加优秀的人。

6.11　孔子说："颜回的品质是多么高尚啊！只有一碗饭，一瓢水，住在简陋的小屋里，别人都忍受不了这种穷困清苦，颜回却没有改变他好学的乐趣。颜回的品质是多么高尚啊！"

"箪食瓢饮"是一个汉语成语，形容生活清贫。"箪"是古代盛饭的圆形竹器，"瓢"则是用来舀水或取东西用的器具。虽然生活条件非常简陋，但颜回却安贫乐道，不改其乐，追求心灵上的充实。孔子称赞其是贤德之人，这种精神在现实生活中也被视为一种淡泊名利、专心求学、安贫乐道的品质，也就是"贫贱不能移"的精神。

6.20　孔子说："懂得学习的人不如喜爱学习的人；喜爱学习的人不如以学习为乐趣的人。"

这句话体现了"因材施教、以兴趣驱动学习"的理念。仅仅让学生掌握技能（知之）是不够的，还需要培养他们对所学内容的兴趣（好之），最终引导他们对职业技能产生热爱（乐之）。当学生真正热爱自己的专业和职业时，他们才能持续精进，成为高素质技术技能人才。因此，职业教育应注重激发学生的学习兴趣、提升他们的职业认同感，并塑造工匠精神，让学习不仅是任务，更是一种乐趣和追求。只有选择自己真正喜欢、真正爱好的事业或工作，才可能在碰到强大对手时仍然坚持，在遇到极其困难的情况时不放弃，在巨大诱惑面前心志不会动摇。

7.2　孔子说："把所学知识深深铭记在心，勤奋学习而不感到满足，教导他人时也从不觉得疲惫，对我而言，又有什么困难可言呢！"

这句话展现了孔子毕生的学习态度和教育风范，强调了深思、勤学和乐教的重要性。孔子提倡的"默而识之"与其说是学习的方法，毋宁说是严谨的治学态度，即深思、内化所学所历；终身学习理念要求学生和教师都不断学习新知识、新技术，以适应行业和社会的发展。职业教育尤其注重技术技能的更新，这与孔子"学而不厌"的精神相契合；职业教育不仅仅是传授知识，更是培养技能和塑造价值观。教师在教授技能的过程中，也在不断提升自己，这与孔子强调的"教学相长"理念一致。优秀的职教教师应当具备"诲人不倦"的精神，因材施教，激励学生深入探究知识真谛。

7.3　孔子说："许多人漠视德行的培养，不致力于对智慧的探求，对于正义之举常常避而远之，面对不当行为也未曾挺身而出予以纠正。这些现象，正是我深感忧虑之处。"

这句话表达了孔子对个人修养、学习态度和行为改进的高度重视，强调了道德修养、勤学好问、知行合一和知善改过的重要性。现代职业教育强调"德技并修"，既要培养学生的专业技能，也要注重职业道德教育，涵养职业精神、职业素养和工匠精神。唯有品德高尚、技能扎实，才能真正成为合格的职业人才。

7.6　孔子说："以道为志向，以德为根据，以仁为凭借，活动于六艺的范围之中。"

此句是孔子人生哲学的精要概括，强调做人应当志存高远，以德为本，心怀仁爱，同时具备多种技能。"道"为总领，"德"为内核，"仁"为依归，"艺"为肱骨，四者相辅相成，缺一不可。这不仅是个人成长的准则，也契合职业教育的发展方向。"志于道"明确目标导向：现代职业教育旨在培养高素质技术技能人才，助力产业发展和社会进步。学生应树立职业理想，不只是学会一门手艺，更要思考如何通过技术创新、服务社会，实现更高层次的价值。"据于德"强调职业道德：技能人才不仅要有技术，更要具备诚信、敬业、合作精神等职业操守和责任感，确保专业技能的应用符合社会道义和行业规范；"依于仁"体现人文关怀：教育工作者应关爱学生，帮助他们成长，而学生也应学会团队合作、尊重他人，在职业生涯中践行仁爱包容的精神。"游于艺"着重技能培养："游于艺"意味着在技艺上游刃有余、乐在其中。职业教育注重实践操作，培养工匠精神，让学生通过不断练习，达到技能精湛、技艺娴熟的境界。现代职教体系中的"工学结合""岗课赛证融通"模式，正是"游于艺"的现代实现方式，能让学生在实际应用中不断提升技能。

7.22　孔子说："多人同行，其中必定有人可以做我老师的人。我选择他好的方面向他学习，看到他不好的方面就对照自己，改正自己的缺点。"

这句话强调了虚心学习、取长补短和自我反思的重要性，是孔子关于学习态度的核心理念之一。现代社会技术更新迭代快，任何人都需要秉承"终身学习"的理念，不断向他人学习、汲取新知识。在职教体系中，不仅仅是教师，行业专家、企业导师、同事，甚至同行都可以成为学习的对象。优秀的技能人才、先进的企业管理经验、国际化的职业标准，都是值得借鉴的"善者"。在当前职教国际化背景下，职业教育可以借鉴国际优秀经验，同时反思自身不足，推动自身高质量发展行稳至远。例如，在"一带一路"合作中，中国职业教育既要学习欧美先进职业培训体系，如德国"双元制"模式和新加坡"工学结合"体系，又要结合本土文化和产业需求进行创新，输出中国标准，只有这样，才能真正实现"走出去"的可持续发展。

8.7　曾子说："有抱负的人不可以不志向远大、意志坚定，因为肩负的责任重大，道路也十分漫长。把实现'仁'的理想看作自己的使命，这责任不是很重大吗？直到生命结束才停止，这道路不是很遥远吗？"

　　曾子强调了责任感、坚韧意志和持之以恒的精神，认为真正有志向的人应当勇于承担社会责任，并为之奋斗终生。职业教育担负着为社会培养高素质技术技能人才的使命，这一使命并非一蹴而就，而是需要长期发展的过程。对于职教学者和从业者来说，推动职教改革、提升人才培养质量，都是需要长期坚持的责任。职业教育不仅要培养技能，更要塑造工匠精神。所谓工匠精神即胸怀远大目标，保持专注和毅力，在技术上追求卓越，具备精益求精、迎难而上的职业素养。学生不仅要掌握技术，更要具备诚信、敬业的职业道德和社会责任感，从而在各自行业中发挥正向作用。

　　9.11　颜渊深深地感叹道："老师的道理，仰望时越发觉得高远，钻研时越发觉得深邃；看似在眼前，转瞬间又仿佛在身后，难以穷尽。老师善于引导我们，一步步启发，用广博的知识丰富我，用礼法规范我，让我想停下来都不行。"

　　这句话体现了孔子的学问高深莫测，以及他善于使用循循善诱、因材施教的教学方法，也展现了颜渊对学习的强烈求知欲。如今，技术发展日新月异，技能型人才必须不断学习、钻研，才能跟上行业进步的步伐，如人工智能、大数据、新能源等领域的职业技能，都需要持续更新。孔子强调启发式教学，职教教师也要注重项目化教学、实践教学，让学生在真实的工作场景中掌握技能，真正做到"善诱"。兴趣驱动是最好的教育方式，职业教育要增强实践性、互动性、创新性，如采用虚拟仿真实训、案例嵌入教学等方法，让学生在学习中找到成就感，真正做到"欲罢不能"。

　　9.28　孔子说："直到每年中最寒冷的季节，才知道松柏（bǎi）是最后落叶的。"

　　孔子以松柏为喻，指出人应当具备坚毅的品格，要经受得住时间的考验。只有在困难和逆境中，才能真正看出谁具有坚定不移的品质和持久的坚韧精神。松柏象征着坚韧不拔、品格高尚的人，能够在严酷的环境中依然保持本色、不屈不挠。在职业教育中，学生不仅需要学习专业技能，更需要培养"职业韧性"，如此才能在职场挑战中坚持不懈、不断进步。面对就业压力、产业升级等挑战，只有具备扎实技能和适应能力的学生，才能在竞争中脱颖而出，成为"松柏之才"。同样，"工匠精神"也强调耐心、专注、精益求精，即使面对行业变革和挑战，也能坚持初心、持续深耕。面对全球化和技术变革，职业教育应当培养有韧性、有责任感、有持续学习能力的技能型人才，让他们在任何环境下都能坚守本职、持续成长，为社会和产业发展贡献力量。

　　12.1　颜渊向孔子请教什么是仁。孔子说："约束自己使自己的言行符合礼的规定，这就是仁。一旦这样做了，天下的人都会称许你是仁人。践行仁德取决于自己，难道还能依赖他人吗？"颜渊说："请问具体怎么做？"孔子说："不合于礼的不要看，不合于礼的不要听，不合于礼的不要说，不合于礼的不要做。"颜渊说："我虽然愚笨，也要照您的这些话去做。"

　　"克己复礼"强调自律与规范。在职业教育中，学生不仅要掌握技能，更要遵守行业规范与职业操守，如工匠精神、诚信守则和团队协作等，与"非礼勿视、非礼勿听、非礼勿言、非礼勿动"有异曲同工之妙，要求学生在学习和实践中自觉遵守行业规则，杜绝不当行为，培养专业素养。只有具备良好的职业操守，才能赢得尊重，实现职业教育的高质量发展。

　　14.35　孔子感叹道："没有人真正了解我啊！"子贡问："怎么会没人了解您呢？"孔子回答："我不抱怨天命，也不归咎他人，而是从基础的知识学习开始，不断向更高的境界提升。能够真正理解我的，恐怕只有上天了！"

孔子强调自强不息的学习态度和不怨天尤人的处世之道，体现了一种自我修养和积极进取的精神。在职业教育中，学生和教师都应秉持"下学而上达"的态度，从扎实掌握技能入手，不断精进，向更高层次的专业能力和职业素养迈进。面对技能学习的困难或外部环境的挑战，不应怨天尤人，而要培养解决问题的能力，以积极的心态迎接职业生涯的成长与突破。唯有如此，才能真正实现个人价值。

15.10　子贡问如何践行仁德，孔子回答："工匠要想做好工作，必须先让工具锋利。在一个国家或地区生活，应当效力于有贤德的执政者，结交品行仁厚的士人。"

"工欲善其事，必先利其器"强调了工具的重要性。在职业教育中，学生要想在行业中立足并取得成就，必须先打磨好自己的专业技能和职业素养，把理论知识与实践知识相结合，使自己具备过硬的竞争力。"事其大夫之贤者，友其士之仁者"启示我们，在职业发展中，要向行业中的优秀人才学习，与志同道合、品行端正的伙伴同行，以此不断提升自己，实现更高层次的发展。这不仅是个人成长的路径，也有助于提升职业教育的人才培养质量。

15.24　子贡问道："有没有一句话可以作为终身奉行的准则？"孔子回答："那大概就是'恕'吧！自己不愿意承受的事情，也不要强加给别人。"

"己所不欲，勿施于人"强调换位思考与尊重他人。职业教育不仅关注技能培养，还注重职业道德和人际交往能力的提升。在职场中，尊重客户、同事和合作伙伴，设身处地为他人着想，有助于营造良好的工作氛围，促进团队协作。此外，职业院校的教师也应践行"恕"道，在教学过程中关注学生的需求与感受，因材施教，帮助他们在公平、受尊重的环境中成长，最终培养出既具备专业技能，又具有人文关怀的高素质人才。

19.6　子夏说："广泛学习并坚定志向，恳切地提问并进行深入思考，仁德就蕴含在其中了。"

子夏的这句话强调了学习的广度、志向的坚定、提问的深度和思考的理性，教导我们怎样才能成就自己的完美人格：一个人广泛地学习各种知识，坚定自己的志向，诚恳地向人请教疑难，多思考身边的事情，这些平常事中蕴含着"仁"的精神，正是通向完美人格的道路。在职业教育中，学生不仅要掌握广泛的专业知识，还要有明确的职业发展目标，做到"博学而笃志"。"切问而近思"强调从切身需要出发，从切近可及处入手，遵循从易到难的学问顺序。唯有如此，才能培养出既有专业能力，又具备思辨精神和职业道德的高素质技术人才。

19.21　子贡说："君子的过失就像日食和月食一样，犯错时人人都能看到；但当他改正之后，人人又都会敬仰他。"

这句话强调了正确看待错误和及时纠错的重要性。学生在学习和实践过程中难免会犯错，但关键在于能否勇敢承认并及时改正。职业精神不仅体现在技术精湛上，更体现在面对错误时的态度。企业和社会更看重那些有自省能力、能从失败中学习并不断进步的人。因此，职业教育应当培养学生的责任感和改进意识，使他们在职业生涯中不断提升自己，以赢得他人的尊重和认可。

20.3　孔子说："不懂得命运，不可能成为君子；不懂得礼，没法立足于社会；不善于分辨他人的言语，不可能真正了解人。"

这句话强调了认识时代趋势、重视职业道德以及培养沟通能力的重要性。在职业教育中，学生需要理解行业发展的方向，顺应时代需求，才能在职场上有所作为（"知天命"）。同时，职业道德和行业规范（"知礼"）是职业发展的基石，遵守职业操守才能赢得尊重。此外，良好的沟通能力（"知言"）对于团队协作、客户服务和职业发展至关重要。

【诵文】

诵读儒家经典《论语》时，应力求展现"温而厉，威而不猛，恭而安"的风范。整体基调应平和庄重，不宜过于激昂或低沉，以稳重语调，体现儒家思想的平实、中正之美；节奏自然流畅，需遵循文意断句，注意语气停顿，避免机械化诵读，以展现其言简意赅的特点。在语调的抑扬顿挫上要掌握分寸，对于"仁""礼""义"等重要词句可适当强调，以增强表达效果；部分句子带有音韵美，可参考四声变化，适当拖音，使诵读更具韵律感与古音韵味；孔子言辞多以劝勉、思辨为主，应以沉稳、内敛的方式表达情感，避免过度情绪化。

老子（节选）
八

3 老子①（节选）
八

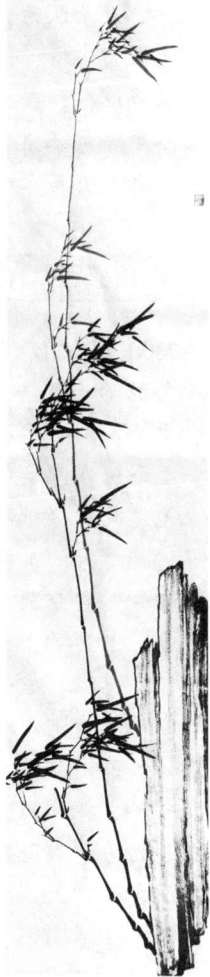

上善若水②。水善利万物而不争，处众人之所恶③，故几于道④。居善地，心善渊⑤，与善仁，言善信，正善治，事善能，动善时。夫唯不争，故无尤⑥。

【解字】

①选自《老子今注今译》（中华书局2015年版）。老子（约前571—约前471年），一说即老聃姓李名耳，字聃，春秋末期楚国人，是中国古代思想家。他著有《道德经》（即《老子》），是道家学派创始人，其主要思想是"无为"，其学说后被庄子发展，对中华民族精神人格结构的塑造产生了深远影响。

②上善：上，最的意思。上善即最善。上善之人，指不与万物争高下、品德高尚之人，这样的品格才最接近道。

③所恶：所讨厌、不喜欢、众人所不愿去的地方，指低洼之地。恶，读wù。

④几于道：基本上符合道的原则，即谦虚的美德。几：差不多，接近，读jī。

⑤渊：沉静、深沉。

⑥尤：怨咎、过失、罪过。指如果不争就不会有烦恼。

【说文】

最崇高的善就像水一样。水滋养万物而不与之争夺，甘愿停留在众人厌恶的低洼之处，因此最接近"道"。善于处世的人应像水一样：居处时像水一样，选择合适的位置以顺应环境；内心像深渊一样宁静深远；待人讲求仁爱；言语讲求诚信；治理讲求有序；做事讲求能力；行动讲求顺应时机。正因为不争夺，所以不会有过失。

【通文】

老子在自然界万事万物中最赞美水，认为水德是近于道的，并用水之特征和作用来比喻最优秀的领导者所应该具有的人格特征。水最基本的特征和作用主要有柔弱、趋下、包容、宽容、滋养万物而不与之相争。水滋润万物而无取于万物，而且甘心停留在最低洼、最潮湿的地方。老子认为，具有如水一般完善人格的人，愿意到别人不愿意去的地方，愿意做别人不愿意做的事情，能够做到忍辱负重、宽宏大量。他们具有慈爱的精神，能够尽其所能去帮助、救济他人，甚至还包括他们眼中的"恶人"。他们不和别人争夺功名利禄，是"善利万物而不争"的王者，所以没有烦恼。为人处世的要旨，即为"不争"。也就是说，宁处别人之所恶也不去与人争利，所以也没有什么怨尤。

【达理】

2300 多年前，李冰父子修建的都江堰水利灌溉工程体现了中国古代"天人合一、因势利导"的治水智慧，与"上善若水"理念高度契合。都江堰不仅是中国古代水利工程的杰作，更是人与自然和谐共生、可持续发展的典范。它完美结合了文化、自然、工程三大价值，至今仍在灌溉成都平原，使其成为水旱从人、不知饥馑的"天府之国"，并且都江堰千年来无须大规模维修，体现了超凡的水利工程设计水平。都江堰是全世界唯一同时拥有三项世界遗产称号的工程，被誉为"世界三遗"。作为青城山—都江堰文化遗产和大熊猫栖息地的一部分，它分别于 2000 年和 2006 年被联合国教科文组织（UNESCO）列入"世界文化遗产"和"世界自然遗产"名录，并于 2018 年被联合国粮农组织（FAO）列入"世界灌溉工程遗产"名录，它是世界上现存最古老且仍在使用的无坝引水工程。

李冰修建都江堰时，并没有像修建传统水利工程那样筑坝拦截江水，而是通过巧妙的地形设计，采用"分水鱼嘴、飞沙堰、宝瓶口"三大结构，不强行改变，让水"顺势而行"，使其自动发挥作用，这正是"无为而治"的典型应用。其设计不过度干预自然，而是利用水自身的力量实现自流灌溉、排沙、防洪，既防洪又灌溉，真正做到了"善利万物"，使成都平原成为"天府之国"，千年来持续灌溉，造福百姓。都江堰不仅是伟大的水利工程，更是老子"上善若水"哲学思想在现实世界的生动实践：它顺应水性而不是强行控制，契合"水善利万物而不争"的道家智慧；它因势利导，让水自由流动并造福千年，体现了

"无为而治"的理念；它历经千年运行，至今仍惠及无数人，正如水一般润物无声，却影响深远。

【诵文】

开篇以水为喻，指出最高境界的善如同水一般，情感平和沉稳，"上善若水"四个字宜读得简洁有力，稍作停顿，语调平和，语速稍慢，将"上善"和"若水"自然断开。"上善"读得缓慢，语调稍扬，突出"上善"这一概念；"若水"语调稍降，停顿稍长，平稳引出以水为喻，营造出郑重的氛围，展现出观点提出时的沉稳，奠定平和的基调。"水善利万物"读得清晰，语调稍扬，"而不争"语调稍降，二者之间有稍短的停顿，突出水的不争特性；"处众人之所恶"语调稍降，"故几于道"语调稍扬，阐述水接近道的原因；后面阐述人的行为准则时，每个短句平稳叙述，如"居善地"语调稍扬，"心善渊"语调稍降，并列短句间节奏一致，稍作停顿，读起来有娓娓道来之感。结尾总结强调部分，情感坚定、有力。"夫唯"轻读带过，"不争""无尤"重读且适当拖长音，增强力度，凸显观点，语调坚定，语速稍慢。"夫唯不争"读得有力，语调稍扬，突出"不争"的关键；"故无尤"语调稍降，加重语气，强调不争带来的结果。稍缓节奏用于表达郑重、强调，适中节奏用于平稳叙述。

整章体现了老子对"上善"的理解，倡导人们学习水的品德，以"不争"达"无尤"的境界，其中蕴含着道家的处世哲学与道德观念。诵读时开篇平和起调，提出核心观点，要读得沉稳有力；阐述部分语速适中，舒缓叙述，展现水之品德；最后坚定收尾，强调不争无尤。短句间节奏一致，以凸显观点，传递道家智慧。

老子（节选）
六十三

老子（节选）
六十三

为无为①，事无事，味无味②。大小多少③，报怨以德④。图难于其易⑤，为大于其细⑥；天下难事，必作于易⑦；天下大事，必作于细。是以圣人终不为大⑧，故能成其大。夫轻诺必寡信⑨，多易必多难⑩。是以圣人犹难之，故终无难矣。

【解字】

①为无为：以清静无为的态度去有所作为。第一个"为"是动词，做。

②味无味：把恬淡无味的东西当作有味道的东西。第一个"味"为动词，有味道。无味，实际就是指大道。

③大小多少：大生于小，多起于少。另一解释是"大其小，多其少"，把小的看作大，少的看作多。

④报怨以德：不论别人对自己的怨恨有多大，都要用清静无为的道德来应对。

⑤图难于其易：对付困难的事情要在它还容易解决的时候开始。图：设法对付。

⑥为大：做大事业。细：微小，指细小事情。

⑦必作于易：一定是产生于容易的事情。作：产生，出现。

⑧不为大：是说有道的人不自以为大，不希图做丰功伟业。

⑨轻诺必寡信：如果一个人轻易发出许诺，一定不会有很高的信誉。

⑩多易必多难：轻率对人、轻率做事的，必然遭受众多挫折。

【说文】

遵循"无为"之道，顺应自然、不强行干预，做事时不刻意为之，品味无味之物，不追求浮华，回归本真。无论事情大小、数量多少，都要以德行来化解怨恨。解决困难的事情，要从它容易的部分入手；成就伟大的事业，要从细微之处做起。天下所有困难的事，都是从简单开始的；天下所有伟大的事业，都是从细节做起的。因此，圣人从不追求表面的伟大，而是踏实前行，最终成就真正的伟业。轻易许诺的人往往缺乏诚信，认为事情容易的人往往会遇到很多困难。因此，圣人总是谨慎行事，把困难的事当作严肃的挑战去对待，最终才不会遇到真正的难题。

【通文】

本章中，老子在"无为"的宗旨下，讲圣人如何处事治世。老子首先指出："天下难事必作于易，天下大事必作于细。"由此主张人处理事情须从细易之处入手，但又不可将事情看得太容易。他提醒人们，做任何事情都是从小到大，由少到多，由易到难的。老子理想中的"圣人"对待天下，都是持"无为"的态度，也就是顺应自然的规律去"为"，所以叫"为无为"。把这个道理推及人类社会的日常事务，就是要以"无事"的态度去办事。因此，所谓"无事"，就是希望人们从客观实际情况出发，待条件成熟、水到渠成时，事情也就做成了。这里，老子不主张统治者任凭主观意志发号施令、强制推行事务。"味无味"是以生活中的常理做比喻，这个比喻是极其形象的。人要知味，必须首先从尝无味开始，把无味当作味，这就是"味无味"。"图难于其易"提醒人们，处理艰难的事情，须先从细易处着手。面对细易的事情，却不可轻心。"难之"，这是一种慎重的态度，需缜密思考、细心而为之。本章的格言，无论对于人们行事还是求学，都是不移的至理。这也是一种具有朴素辩证思想的方法论，暗合对立统一的法则，隐含着由量变到质变的飞跃法则。同时，我们也能看到，本章的"无为"并不是指人们无所作为，而是以"无为"求得"无不为"。正如老子所说"是以圣人终不为大，故能成其大"，这正是从方法论上说明老子主张以无为而有所作为。

【达理】

职业教育培养技能型人才要遵循"天下难事，必作于易；天下大事，必作于细"的原则，从基本技能练起，一步步积累，才能掌握真正的技艺。如学习数控、焊接、维修等职业技能，必须从基础操作、细节打磨开始，才能最终精通技艺。职业教育的成功依赖于精益求精的态度。工匠精神强调"细节决定成败"，只有注重细节，才能在行业中取得真正的突破。如建筑工程、精密制造等行业，都是从精准细致的操作开始，最终造就宏伟的工程。职业教育不仅要传授技术，更要培养职业素养和诚信精神。"夫轻诺必寡信"提醒学生，不能轻易许下承诺，必须脚踏实地，用行动证明自己。遇到困难时，不要畏惧，而要有"圣人犹难之，故终无难矣"的态度，把困难分解，从小事做起，最终攻克难关。

老子的智慧启示我们，职业教育要脚踏实地，从细节做起，诚信务实，勇于面对困难，这样才能培养出真正有技能、有素养的人才，为社会发展贡献力量。

【诵文】

开篇语调平和，语速稍慢。"为无为"读得缓慢，语调稍降，突出无为的理念；"事无事"语调稍扬，"味无味"语调稍降，平稳叙述，每个短句间停顿稍长，营造出淡然的氛围。"大小多少"读得清晰，语调稍扬，"报怨以德"语调稍降，强调以德报怨，"图难于其易"语调稍扬，"为大于其细"语调稍降，平稳阐述做事方法。结尾语调严肃，语速稍慢。"夫轻诺必寡信"读得有力，语调稍扬，突出轻诺的危害，"多易必多难"加重语气，语调稍降，节奏稍缓；"是以圣人犹难之"语调稍扬，"故终无难矣"语调稍降，强调谨慎行事的结果。

整体诵读时，开篇尽显道家顺应自然之意，平和起调，语速稍慢，阐述无为思想；中间沉稳叙述，突出平和淡然，说明做事方法；最后严肃收尾，语速稍慢，强调告诫。

4 孟子·尽心上① （节选）

孟子·尽心上（节选）

孟子谓宋勾践②曰："子好游③乎？吾语子游。人知之，亦嚣嚣④；人不知，亦嚣嚣。"

曰："何如斯⑤可以嚣嚣矣？"

曰："尊德乐义，则可以嚣嚣矣。故士穷不失义，达不离道。穷不失义，故士得己焉；达不离道，故民不失望焉。古之人，得志，泽加于民；不得志，修身见于世。穷则独善其身，达则兼善天下。"

【解字】

①选自《孟子译注》（中华书局 2019 年版）。
②宋勾践：宋国人名。
③好：读 hào。游：游说（ shuì ）。
④嚣嚣：无欲而自得其乐的样子，读 xiāo。赵岐注：自得无欲之貌。
⑤斯：连词，则。

【说文】

　　孟子对宋国的勾践说："你喜欢游说吗？我来告诉你游说应该遵循的道理吧。别人理解，我悠然自得无所求；别人不理解，我依然可以安然自得。"
　　宋勾践问："怎样才能做到坦然自在呢？"
　　孟子回答："尊崇道德，喜爱正义，就可以做到内心坦然。所以，有志之士在困顿时不违背正义，在显达时不背离正道。困顿时不违背正义，因此志士能够做到不辜负自己；显达时不背离正道，因此百姓不会对他失望。古代的人，得志时将恩泽施加于百姓；不得志时修养自身，树立榜样。处于困顿时便独自坚守道义，显达时则兼济天下。"

【通文】

《尽心上》是儒家经典《孟子》中的一篇，主要论述了孟子关于人性、道德、修养等方面的思想。这篇文章通过孟子与弟子的对话，深入探讨了如何成为一个有道德、有修养的人，以及如何通过内心的修炼来达到心灵的升华。

战国时代，游说之风盛行。孟子认为游说不应是为了个人的利禄，而应是宣传思想主张，即"穷不失义，达不离道"，坚守达观的立身处世原则。孟子告诉宋勾践，真正的"游"并不是外在的旅程，而是通过内心的修养和道德的追求来达到"游"的境界。通过尊重德行和义理，人可以在任何境遇下都保持内心的平和和清高，不论身处困境还是志得意满，始终不失道德和原则。孟子强调，即使在贫穷或遭遇困境时，也要坚守自己的义理，而在富贵时则应以更大的责任心服务于民众，履行社会责任，以实现个人价值与社会的和谐统一。

【达理】

孟子的思想为青年志愿者服务提供了一个哲学框架，强调将志愿服务的个人意义与社会价值相结合。个体在不同境遇中的道德选择和社会责任与青年志愿者服务的理念有内在一致性：志愿服务体现的是不计报酬的奉献精神，这本身就是一种高尚的道德实践。青年志愿者在服务的过程中不断修炼自己、向上向善，成为有责任感、有道德感的社会成员，这既是"独善其身"的过程，也是"兼济天下"的途径。在当代社会"穷"与"达"并非绝对分离的两个阶段，而是可以通过青年志愿服务实现并行发展：青年人即便在资源和能力有限的情况下，依然可以通过志愿活动践行社会责任，实现"独善其身"；随着他们经验和能力的积累，其志愿服务的深度和广度逐渐拓展，最终实现更大范围的"兼济天下"。此外，青年志愿者还积极参与支教活动，将教育资源带到偏远地区。他们用知识和热情改善个体命运、助人自助，并通过带动更多志愿者参与其中，推动教育公平的实现。

【诵文】

开篇引出话题，语调平和，语速适中，突出对自然亲切。"孟子谓宋勾践曰"读得清晰，语调平稳；"子好游乎"语调稍扬，读出询问的语气；"吾语子游"语调稍降，平稳叙述；"尊德乐义"读得坚定有力，语调稍扬；"则可以嚣嚣矣"语调稍降，平稳叙述；"故士穷不失义"语调稍扬，加重语气，强调穷困时的坚守；"达不离道"语调稍降，突出显达时应遵循的准则。"古之人"读得庄重，语调稍扬；"得志，泽加于民"语调稍降，平稳叙述；"不得志，修身见于世"语调稍扬，突出对不同境遇的应对；"穷则独善其身，达则兼善天下"节奏稍缓，用于强调观点和总结，语调稍降，加重语气，突出总结的意味。

整体诵读时，平和起调，开启对话；坚定叙述，强调观点；沉稳收尾，总结升华。读时要充分展现出孟子对士人道德修养和处世准则的重视，倡导一种无论顺逆都坚守道德、积极处世的态度。

5 礼记·曲礼上① （节选）

太上②贵德，其次③务施报。礼尚④往来，往而不来，非礼也；来而不往，亦非礼也。人有礼则安，无礼则危。故曰：礼者不可不学也。夫礼者，自卑而尊人，虽负贩者，必有尊也，而况富贵乎？富贵而知好礼，则不骄不淫；贫贱而知好礼，则志不慑⑤。

【解字】

①选自《礼记译注》（上海古籍出版社 1997 年版）。
②太上：指上古的三皇五帝时期。
③其次：指上古以后的时代。
④尚：崇尚。
⑤慑：胆怯，读 shè。

【说文】

上古时期，人们以德为贵，后来才讲求施惠与报答。礼，崇尚有来有往，施惠于人而人却不来报答，是不合礼的；受惠于人，却不去报答对方，也不合礼。人有礼，社会便得以安定，人无礼，社会就存有危险。所以说：礼，不能不学！礼的实质在于对自己保持谦卑，对他人心怀尊重，即便是那些挑着担子做买卖的小贩，也一定有自己的尊严，更何况富贵的人呢？身处富贵而好礼，就不会骄奢淫逸；身处贫贱而好礼，心志就不会怯懦畏缩。

【通文】

来而不往非礼也。"礼尚往来"是中国文化的重要组成部分，彰显了中华文明的礼仪精神。推而广之，在人际交往中秉承有来有往的原则，不仅能增强人与人之间的感情，加深人与人之间的友谊，还能通过表达对他人给予的帮助或关爱的感恩之情，塑造健康的价值观，对整个社会的和谐、安定、良好风气的形成都大有裨益。

【达理】

"礼尚往来"自古以来就是中华文化的重要理念，它不仅有助于促进人与人之间的和谐共处，增强社会的凝聚力，更承载着深厚的道德精神和文化内涵。在当今社会，无论是个人交往还是国家之间的合作，这一理念始终强调互相尊重、平等互惠，是构建和谐共赢关系的基石。

以此为精神内核，"一带一路"倡议秉持"共商、共建、共享"的原则，推动"一带一路"国家携手发展。中国积极帮助"一带一路"国家建设铁路、公路、港口等基础设施，带去资金和技术；而"一带一路"国家则通过发展规划对接、政策支持和人力配合等方式回馈合作，共同实现互联互通。例如中巴经济走廊的建设，正是这种双向付出、共赢共建的生动体现。与此同时，通过降低关税、简化通关程序，贸易往来日益便利，"一带一路"国家也逐步放开市场，加强双向商品和服务流通，构建起更加公平、互利的贸易新格局。"一带一路"不仅仅是经济通道，更是文化交流的桥梁。中国通过设立孔子学院、举办文化展览等形式传播中华文明，也积极引入"一带一路"国家的艺术、音乐和文学，实现文化的双向流动与交流，让不同文明在共鸣中互鉴，在碰撞中融合。在教育合作领域，海外"鲁班工坊"成为中国职业教育走向世界的标志性项目。它不仅将中国的教学标准、技术技能和师资力量引入合作国家，还因地制宜培养本土人才，解决当地企业的用工难题。这一平台既是技术合作的窗口，也承载着文化互信与友好合作的情感，助力中资企业"走出去"，更推动合作国家实现产业升级，成为职业教育国际合作的典范。

从理念到实践，"礼尚往来"正以更加丰富的形式在"一带一路"中延续和发展，在世界各地落地生根，开花结果。

【诵文】

开篇语调平和，语速适中。"太上贵德"读得清晰，语调稍扬，引出最上等的情况；"其次务施报"语调稍降，平稳叙述，引出礼的话题，强调礼不可或缺。论述礼的往来及其重要性："礼尚往来，往而不来，非礼也；来而不往，亦非礼也。人有礼则安，无礼则危。故曰：礼者不可不学也"，语调坚定，语速稍慢。"礼尚往来"读得有力，语调稍扬，强调礼的核心特点；"往而不来，非礼也；来而不往，亦非礼也"语调稍降，加重语气，突出往来的重要性；"人有礼则安"语调稍扬，"无礼则危"语调稍降，强调礼的影响；"故曰：礼者不可不学也"语调稍扬，加重语气，突出强调。阐述礼的本质及影响："夫礼者，自卑而尊人，虽负贩者，必有尊也，而况富贵乎？富贵而知好礼，则不骄不淫；贫贱而知好礼，则志不慑"，语调沉稳，语速稍慢。"夫礼者，自卑而尊人"读得庄重，语调稍扬，突出礼的本质；"虽负贩者，必有尊也，而况富贵乎"语调稍降，强调对不同人的尊重；"富贵而知好礼，则不骄不淫"语调稍扬，"贫贱而知好礼，则志不慑"语调稍降，强调礼对不同境遇之人的影响，展现礼的普适性和重要性。

整体诵读时，语速稍慢以显庄重，把握整体情感。开篇平和起调，引出礼的话题；中间坚定叙述，强调礼的重要；最后沉稳收尾，突出礼的影响。其间用对比句增强层次感，注意语气词，如"夫"，读出引发议论之感，厘清句子关系，展现文章内涵。

日新以进 笃学明理

6 荀子·劝学① （节选）

君子曰：学不可以已②。

青，取之于蓝③而青于蓝；冰，水为之而寒于水。木直中绳④，輮⑤以为轮，其曲中规。虽有槁暴⑥，不复挺者，輮使之然也。故木受绳则直，金就砺⑦则利，君子博学而日参省乎己⑧，则知明而行无过矣。

积土成山，风雨兴焉；积水成渊，蛟龙生焉；积善成德，而神明自得，圣心备焉。故不积跬步⑨，无以至千里；不积小流，无以成江海。骐骥⑩一跃，不能十步；驽马十驾⑪，功在不舍。锲而舍之，朽木不折；锲⑫而不舍，金石可镂⑬。蚓无爪牙之利，筋骨之强，上食埃土，下饮黄泉，用心一也。蟹六跪而二螯⑭，非蛇鳝之穴无可寄托者，用心躁也。

【解字】

①选自《荀子全注全译》（中华书局2011年版）。

②君子：指有学问有修养的人。学不可以已：学习不能停止。已：读yǐ。

③青，取之于蓝：靛青，从蓝草中取得。青，靛青，一种染料。蓝，蓼蓝，一年生草本植物，叶子含蓝汁，可以做蓝色染料。

④中绳：（木材）合乎拉直的墨线。中：读zhòng。绳，墨线。

⑤輮（róu）：通"煣"，古代用火烤使木

条弯曲的一种工艺。

　　⑥虽有槁暴：即使又晒干了。有，通"又"，读 yòu。槁，枯，读"gǎo"。暴，同"曝"，晒干，读 pù。

　　⑦金：指金属制的刀剑等。就砺：拿到磨刀石上去磨。砺，磨刀石。就，动词，接近，靠近。

　　⑧日参省乎己：每天对照反省自己。参，一译检验，检查；二译同"叁"，多次，读 cān。省，省察，读 xǐng。乎，介词。己，读 yǐ。

　　⑨跬：古代的半步，读 kuǐ。古代称跨出一脚为"跬"，跨两脚为"步"。

　　⑩骐骥：骏马，千里马，读 qí jì。

　　⑪驽马十驾：劣马拉车连走十天，（也能走得很远）。驽马，劣马。驾，马拉车一天所走的路程叫"一驾"。驽，读 nú。

　　⑫锲：用刀雕刻，读 qiè。

　　⑬金：金属。石：石头。镂：读 lòu，原指在金属上雕刻，泛指雕刻。

　　⑭六跪：六条腿，蟹实际上是八条腿。跪，蟹脚。螯：螃蟹的大钳子，读 áo。

【说文】

　　君子说：学习是不可以停止的。

　　靛青是从蓝草里提取的，可是比蓝草的颜色更深；冰是水凝结而成的，却比水还要寒冷。木材直得符合拉直的墨线，用燥的工艺把它制成车轮，那么木材的弯度就合乎圆的标准了。即使又被风吹日晒而干枯了，木材也不会再挺直，是因为经过加工使它成为这样的。所以木材用墨线量过再经斧锯加工就能取直，刀剑在磨刀石上磨过就能变得锋利，君子广博地学习并且每天检验反省自己，那么他就会智慧明达而且行为没有过失了。

　　堆积土石成了高山，风雨从这里兴起；汇积水流成为深渊，蛟龙从这儿产生；积累善行养成高尚的道德，精神得到提升，圣人的心境由此具备。所以不积累一步半步的行程，就没有办法达到千里之远；不积累细小的流水，就没有办法汇成江河大海。骏马一跨越，也不足十步远；劣马连走十天，它的成功在于不停止。如果刻几下就停下来了，那么腐朽的木头也刻不断；如果不停地刻下去，那么金石也能雕刻成功。蚯蚓没有锐利的爪子和牙齿，强健的筋骨，却能向上吃到泥土，向下喝到地下的泉水，这是由于它用心专一；蟹有六条腿，两个蟹钳，但是没有蛇、鳝的洞穴它就无处藏身，这是因为它用心浮躁。

【通文】

　　《荀子》是战国后期儒家学派最重要的著作。荀子（约前313—前238年），名况，战国后期赵国人，时人尊称为荀卿，汉时称为孙卿。年五十，始游学于齐国，曾在齐国首都临淄（今山东省淄博市）的稷下学宫（中国第一所官办高等学府）任祭酒（相当于现在大学校长的官职），是当时学术界的领军人物，门下弟子如韩非、李斯，皆为后世赫赫有名的法家巨擘。《荀子》一书现存三十二篇，大多出自其亲笔。其文风严整有力，擅长用排比增强论述气势，语言简练而富哲理，论证深入透彻，被誉为"诸子大成"，在诸子百家中自成一家，风格独具。

本章节选自名篇《劝学》，它围绕学习的重要性及其方法展开论述，立意深远，句句精警。开篇"青出于蓝而胜于蓝，冰水为之而寒于水"，借自然现象阐明后天学习能超越天赋，强调教育与修养的力量。继而以"木受绳则直，金就砺则利"等比喻，说明人经过锤炼和引导，亦能由朽而坚、由钝而利，步步推进，逐层递进地论证学习的必要性与人具有的可塑性。第二段则以连珠十喻展开论述，气势如虹。"积土成山""积水成渊"展现坚持积累之功，若不积累，即使千里之路也难启其步；"不舍"则不能金石可镂。又以骐骥与驽马之别、蚯蚓与蟹之异，形象地指出天赋虽异，但勤奋专注才是制胜之道。骏马若无坚持，也难行远；蚯蚓虽柔弱，却能穿土入地，而螃蟹虽有八足，却难以专注前行。

整段文字逻辑严密，比喻鲜明生动，层层推进，既展现了荀子深邃的思想，也传达了"学无止境，贵在坚持"的朴素道理。细细品味，不难体会其中深意，这段文字足以激发人们对学习的热情，引发人们对学习的思考。

【达理】

学习要逐步积累，要坚持不懈，要专心致志。如果一曝十寒，时学时辍，再简单的知识也学不会；如果能持之以恒，再艰深的知识也可水到渠成地掌握。"积"必须是日积月累，非一朝一夕之功，一定要坚持不懈。"积土成山，风雨兴焉"和"积水成渊，蛟龙生焉"是比喻，"积善成德，而神明自得，圣心备焉"才是正意。"积善"要达到了"成德"的境界，才能改变气质，具备圣人的思想感情。

成语"青出于蓝"源自古代的印染技术，荀子用它来设喻、劝人好学上进。该成语常用来比喻学生胜过老师，或后代超越前辈，象征着继承与创新的辩证关系。这一成语不仅反映了个体的成长与超越，也蕴含着文化技艺的传承与发展，体现了像非遗蓝染技艺这类传统技艺在传承中不断创新和升华。

古代印染技术是中国传统文化中的重要组成部分，在几千年的发展历程中形成了丰富的技巧与风格。非遗蓝染出现于秦汉时期，历经时光洗礼，从最早的草木染发展到后来的天然靛蓝染色。以靛蓝染色为例，靛蓝作为一种天然植物染料，通过传统的浸染工艺，能使布料呈现出深邃的蓝色。蓼蓝是含靛蓝植物中重要的一种，《诗经·小雅·采绿》中记载了采集蓝的活动："终朝采蓝，不盈一襜"。北魏农学家贾思勰在《齐民要术》中详尽地记述了我国古代用蓝草制靛的方法，这是世界上最早的关于制造蓝靛的工艺操作记载。明代科学家宋应星在《天工开物》中对蓝草的种植、造靛和染色工艺进一步全面性阐述和总结。这一技术不仅在中国得到广泛应用，还经由古代陆路和海上丝绸之路传播到亚欧地区，产生了深远的影响。

印染技艺历经多代匠人的精心传授与改进，从最初的简单染色方法，发展到精致的图案印制和多种颜色的应用，技艺逐渐成熟并实现了跨越式的提升。每一代匠人都在前人的基础上加入了自己的创造，使得传统印染技艺不断焕发出新的生命力。

"青出于蓝"的背后体现的是对古代印染技术的敬重与突破。从古代的手工染色到现代的工业化生产，传统的染色技艺不断融入现代元素，在保留传统风格的同时，逐步形成了具有时代特色的新型印染工艺。比如现代的数码印染技术和环保染料的使用，都是在古老技艺的基础上进行的创新。"青出于蓝"不仅是对个人超越的赞美，还反映了古代印染技术在传承中如何不断创新。从古代的简单染色到现代的多元化发展，对传统技艺的创新正是传承非遗技艺和文化的重要表现。

【诵文】

《劝学》开篇点明主旨，强调学习的重要性，提出"学不可以已"，情感坚定有力。通过一系列生动比喻，如"青，取之于蓝，而青于蓝""冰，水为之，而寒于水"等，阐明了学习能够突破自身局限，激励人们不断进步。这些比喻的活泼性与文本的节奏相辅相成，强化了劝学的道理，使文章生动且富有感染力。接着，作者指出君子通过广泛学习和自我反省，能够获得智慧与正确的行为，突显学习的深远意义。随后，作者通过"积土成山"和"积水成渊"的比喻，强调积累的重要性，逐渐引出"积善成德"的观念，着重表明道德修养的关键在于日积月累。接着，通过"骐骥一跃，不能十步；驽马十驾，功在不舍"以及"锲而舍之，朽木不折；锲而不舍，金石可镂"强调了坚持与努力的重要性。最后，通过"蚓无爪牙之利，筋骨之强"指出用心专注的必要，提醒人们保持专注、脚踏实地，避免浮躁。

整篇文章通过层层递进的比喻与论证，表达了作者对学习、坚持和专注的重视，鼓励人们通过不断学习、积累和自我修养来实现自我提升。诵读时要满含对学习的劝勉之情，声音根据情感变化而调整。开篇坚定起调，点明主旨；中间生动表达，展现比喻；最后恳切收尾，传达期望。亮明观点时语气坚定，描述比喻时舒缓情感。句间停顿要合理，突出层次。整首诗节奏适中、表达坚定、态度恳切，诵读时咬字要精准，像文中的多音字、通假字别读错。《劝学篇》句式整齐，读来朗朗上口。但作者又巧妙地在排偶中适当穿插散句，使文气流畅而不呆滞，诵读时可通过声音的高低、强弱、缓急，充分展现出语句的韵味和荀子劝学的思想。

7 礼记·学记[①] **（节选）**

礼记·学记
（节选）

玉不琢，不成器；人不学，不知道。是故古之王者建国君民，教学为先。《兑命》[②]曰：念终始典于学。其此之谓乎！

虽有嘉肴，弗食，不知其旨也；虽有至道，弗学，不知其善也。是故学然后知不足，教然后知困。知不足，然后能自反也；知困，然后能自强也。故曰：教学相长也。《兑命》曰：学学半[③]。其此之谓乎。

善学者，师逸而功倍，又从而庸[④]之。不善学者，师勤而功半，又从而怨之。善问者，如攻坚木，先其易者，后其节目，及其久也，相说以解，不善问者反此。善待问者，如撞钟，叩之以小者则小鸣，叩之以大者则大鸣，待其从容，然后尽其声；不善答问者反此。此皆进学之道也。

【解字】

①选自《礼记译注》（上海古籍出版社1997年版）。
②兑命：《尚书》（《礼记集说》今亡）"兑命篇"。兑，读 yuè。
③学（xiào）学（xué）半：教学过程，一半在"教师的教"，一半在"学生的学"。
④庸：归功。

【说文】

玉如果不经过雕琢，就无法成为器物；人如果不通过学习，就无法明白道理。所以古代的君王治理国家、管理百姓时，把教育作为首要任务。《兑命》中说"要始终关注学习的规律"，说的就是这个道理。

即使有美味的佳肴，如果不去品尝，就无法知道它的滋味；即使有高深的道理，如果不去学习，也无法了解它的奥妙。所以，只有通过学习才能意识到自己的不足，只有通过教学才能体会到自己的困惑。知道自己不足，才能反思改进；体会到困惑，才能努力进取。因此说，"教学相长"，即教与学能够相互促进。《兑命》中说"学习本身就是收获的一半"，说的正是这个道理。

善于学习的人，老师教得轻松，学习效果却能加倍，而且能将学到的知识运用到实际中；不善于学习的人，老师费力教导，学习效果却只有一半，甚至还会因此心生抱怨。善于提问的人，就像劈开坚硬的木头，先从容易劈开的地方入手，再逐渐处理复杂的部分，时间一长，问题就会迎刃而解；不善于提问的人则与此相反。善于回答问题的人，就像敲钟，用小力敲击时声音轻，用大力敲击时声音响，回答时也能从容应对，充分表达自己的想法；不善于回答问题的人则与此相反。这些都是学习进步的正确方法。

【通文】

《学记》是《礼记》中的一篇经典文章，它概述了战国后期儒家教育思想，是中国古代教育史上最早且最系统的教育理论，具有永恒的价值。在《学记》中，教育家精神的核心包括重视教育的价值、教学互动、激发学生主体性与自强精神，以及教育实践与反思的重要性。文章开篇提出"古之王者建国君民，教学为先"，强调教育在国家建设中的基础性作用，教育家应担负起培养人才的责任；"学然后知不足，教然后知困"指出教师需终身学习，不断提高自己的教育素养；"知困，然后能自强"提倡培养学生面对困难时的自强精神；"教学相长"强调教师与学生的双向互动，体现了教育过程中的相互成长；"善学者，师逸而功倍"强调学习的成果要在实践中体现，培养学生解决实际问题的能力。"善问者，如攻坚木，先其易者，后其节目"提醒教师应根据学生的能力进行分层教学；"善待问者，如撞钟"强调教师需尊重学生差异，激发他们的主动性；《学记》通过阐述这些思想，展示了教育家应具备的使命感、教学方法与培养学生品德的责任。

【达理】

职业教育强调"做中学，学中做"，学生通过实践学习，才能发现自身知识与技能的不足，而教师通过教学，也能发现教学方法和内容存在的改进空间。这一理念是"工学结合""理实一体"教学模式的理论依据。"以学生为中心"的教学理念强调教师的指导作用，而非单向灌输；"善学者，师逸而功倍"，即善于学习的学生能主动探索，如此一来，教师的引导就能事半功倍。教师应通过采用启发式、项目式教学，引导学生主动学习，而非被动接受知识。"善问者，如攻坚木"强调了提问的策略，即先解决简单问题，再深入研究复杂问题。在"任务驱动"教学法中，教师应鼓励学生逐步深入学习，培养他们解决实际问题的能力。"善待问者，如撞钟"说明了教师应根据学生的提问方式给予不同层次的回应，以激发学生的学习兴趣。"差异化教学"理念强调教师应关注不同学生的学习需求，为他们提供适合其成长的反馈与支持。"念终始典于学"强调了学习应贯穿人生始终，而职业教育正是推动终身学习的重要途径。学生需要不断适应新技术、新岗位、新市场，通过职业教育使他们在面对实际工作场景时具备必要的技能，实现自身的可持续发展。

【诵文】

开篇以"玉不琢，不成器；人不学，不知道"为喻，开宗明义地点出学习对人的重要性，情感庄重、严肃，体现出对教育意义的深刻认知。诵读时语调庄重，语速稍慢，重音落在"不……不……"。"玉不琢"理性剖析，读得缓慢，语调稍降，突出玉石未经雕琢不成器；"不成器"语调稍扬，加深印象；"人不学"语调稍降，"不知道"语调稍扬，强调学习对人的关键作用；接着形象地说明学习的必要性，随后阐述"教学相长"的道理，还论述了善于学习、善于提问以及善于回答问题的方法。"善学""不善学"，加强语气，突出差异，语调坚定，语速适中。"善学者"读得有力，语调稍扬，突出善学的主体；"师逸而功倍"语调稍降，说明善学的效果；"不善学者"语调稍降，"师勤而功半"语调稍扬，对比不善学的情况。"善问者，如攻坚木……"同样，"善问者"语调稍扬，"先其易者"语调稍降，按描述逐步推进，突出坚定的语气，清晰理解进学方法。

整体诵读时，先以庄重缓慢的声音开启，强调学习的重要性，随后用平稳适中的语调叙述学习与教学的关系，以坚定有力的节奏阐述进学方法。古人以"玉不琢，不成器；人不学，不知道""虽有嘉肴，弗食，不知其旨也；虽有至道，弗学，不知其善也"等论述强调学习的重要性与必要性，深入探讨教学相长及善学、善问、善答等教育方法，展现出古人对教育的高度重视。

8 孟子·告子下①（节选）

故天将降大任于是人②也，必先苦其心志，劳其筋骨，饿其体肤，空乏其身，行拂③乱其所为，所以动心忍性，曾益其所不能。

人恒过然后能改；困于心衡于虑而后作；征于色发于声而后喻。入则无法家拂士④，出则无敌国外患者，国恒亡。

然后知生于忧患而死于安乐也。

【解字】

①选自《孟子译注》（中华书局 2019 年版）。
②是人：这个人，指有能力承担重任的人。
③拂：违背，不顺利，读 fú。
④拂士：辅佐君主的忠诚之士。拂，读 bì。

【说文】

所以上天将要赋予某人重大的任务，一定要先让他的心意苦恼，使他的筋骨劳累，让他的身体饥饿，让他的行迹穷困，让他的行为总不能顺利，这样以提振他的天赋的本性，增强他的能力。

一个人经常会有过错，然后才能改正；内心困顿，思虑滞塞，才能奋发；憔悴枯槁之色表现到脸色上，吟咏叹息之气发于声音，然后才能被人理解。国内没有坚守法度的大臣和足以辅佐君主的贤士，国外没有与之匹敌的邻国和持久的祸患，这样的国家往往会灭亡。因此忧患能激励人勤奋，使人得以生存发展，而贪图安逸和享乐就会导致灭亡。

【通文】

《告子下》是儒家经典《孟子》中的一篇，主要论述了磨难对于个人成长和国家兴衰的重要性，强调个人若要承担大任，必须经过磨炼，通过心理、身体、环境等方面的挑战，锤炼意志，增长能力。人只有在经历过错误和困境后，才能反思和进步，并通过不断尝试和表达，逐渐被人理解和认可。无论是个人还是国家，都必须在忧患中奋发图强，若沉溺于安逸则会导致衰亡。

近年来，"内卷"与"躺平"成为年轻人的热议话题。然而，上述观点启发青年应以积极的态度看待困境和挑战，将其视为成长的必经之路。在"大众创业，万众创新"的浪潮下，许多创业者在初期面临资源匮乏、市场压力、失败风险等诸多困难。孟子的这段话可视为创业者的精神支柱：创业过程中的挫折与磨砺正是"曾益其所不能"的机会，只有经历这些，才能承担更大的责任，最终实现创新价值。在全球化和科技竞争加剧的背景下，中国在经济、科技等领域崛起的过程中，也需要克服各种外部压力和内部挑战，在困难时期保持信心和韧性。国家层面所面对的技术封锁、经济转型等"苦其心志，劳其筋骨"的过程，正是为崛起积蓄力量。

【达理】

职业教育的目标是培养高素质技术技能人才，而技能的提升、职业精神的养成，往往离不开实践中的磨炼和挑战。正如文中所言，"必先苦其心志，劳其筋骨"，职业教育应注重培养学生的实践能力，通过严格的实训、岗位实习，使其在真实工作场景中锻炼技能、磨砺意志，从而提升解决问题的能力。"人恒过然后能改"，说明学习和成长需要不断反思与改进。职业教育应鼓励学生在实训过程中发现问题、总结经验，并在试错中进步。这种能力对于学生未来的职业发展至关重要。"入则无法家拂士，出则无敌国外患者，国恒亡"提醒我们，职业教育不能闭门造车，而应对接产业需求，培养既有技术能力，又具备国际竞争力的复合型人才。只有不断改革创新，增强忧患意识，才能在全球化的竞争环境中站稳脚跟。职业教育的最终目标，不只是教授技能，更是培养能够"生于忧患"的人才，让他们在严峻的挑战中成长，在实践中成就更好的自己。

【诵文】

开篇点明主旨，以斩钉截铁、庄重严肃的口吻，将使命的沉重感传递给每一位读者，指出上天将赋予重任给某人，情感庄重、严肃，语调庄重，语速适中。"故天将降大任"读得稍重，强调使命降临。接着一气呵成，坚定有力地铺陈出磨难的各个维度，从内心的煎熬，到身体的劳损，再到生活的困窘，直至做事处处碰壁，无一遗漏，每个短句读得有力，突出磨难的程度。"所以动心忍性，曾益其所不能"则将情绪推至高潮，激昂振奋地揭示出磨难背后的积极意义是使人心性坚韧，增长才干。此时，情感激昂、振奋，展现出历经磨难后的积极效果。诵读时语调激昂，语速适中，"动心忍性""曾益其所不能"读得高昂，展现出积极向上的力量。适中节奏用于表达激昂振奋，稍缓节奏用于表达坚定。

这段文字淋漓尽致地展现了孟子关于人才成长需历经磨难的思想，字里行间满是积极向上、坚韧不拔的精神力量，激励着人们勇敢直面困境，砥砺前行。诵读时，要传达出一种积极向上、坚韧不拔的信念。开篇庄重起调引出主旨，中间坚定表达突出磨难，结尾激昂收尾展现力量。通过情感、音量的变化，充分体会孟子关于人才成长需历经磨难的主体思想，突出其积极意义，展现历经磨难后的成长。

9 吕氏春秋·诚廉① （节选）

石可破也，而不可夺②坚；丹③可磨也，而不可夺赤。坚与赤，性之有也。性也者，所受于天也，非择取而为之也。豪士之自好④者，其不可漫⑤以污也，亦犹此也。

【解字】

①选自《吕氏春秋》（上海古籍出版社2014年版）。
②夺：使之改变。
③丹：朱砂。
④好：读 hào。
⑤漫：玷污。

【说文】

石头可以被打碎，但不可以改变它坚硬的质地；朱砂可以被研磨，但不可以改变它赤红的颜色。坚硬和赤红是石头、朱砂的本性所在。本性是从上天那里接受下来的，不是可以任意择取变更的。洁身自好的豪杰义士，其名节也像石之坚，丹之赤一样不可玷污。

【通文】

《吕氏春秋》亦称《吕览》，是战国时期秦国丞相吕不韦集合门客们共同编撰的一部杂家名著。《吕氏春秋·诚廉》是《吕氏春秋》一书中的一篇，主要论述了诚实与廉洁这两种德行的重要性，体现了古代儒家思想中对道德修养的要求。该篇着重强调了诚实与廉洁对个人品德和社会秩序的关键作用，提倡通过诚实守信和廉洁自律来塑造良好的社会风气和治理环境。

在《吕氏春秋·诚廉》中，吕不韦及其门客们通过引用典故和历史人物的行为，探讨了个人品德修养和社会伦理。个人通过内心的诚实和外在的廉洁可以赢得他人的信任与尊敬，诚与廉对社会稳定和长治久安也起着积极作用。

【达理】

诚实是为人立足的根本，廉洁则是治家理政的重要基石。两者结合，能够使人无愧于心、无愧于社会，也有助于国家的稳健发展。

小到个人，大到民族、国家，最根本的就是要做到自信自立。自信能够防腐拒变，就像磐石本性坚硬、朱砂本性赤红，不会因外力而改变。真正洁身自好的人，也不会因外在的诱惑而让信念有丝毫动摇。以石坚丹赤为喻，意在强调即使外部环境如何变化也要坚守原则和本色，不可丧失廉洁与正直的内在品质。反腐倡廉提倡干部须加强自身修养，将廉洁理念内化为行为自觉，保持坚定的自我约束力，不被贪欲和腐化所影响，保持清廉的本性。廉洁自律源于个人对道德操守的高度重视，人在面对诱惑或外部压力时，应当保持坚贞与清廉，如同石之坚、丹之赤，避免被不正之风所污染。在道德教育和廉政文化建设中，古代智慧与理论为反腐倡廉提供了有力支持。

"天地英雄气，千秋尚凛然"（刘禹锡《蜀先主庙》），石之坚、丹之赤，不仅可以形容圣贤豪杰的坚贞操守，更可以类比赞颂革命志士和长征精神。习近平总书记在《在纪念红军长征胜利80周年大会上的讲话》中引用"石可破也，而不可夺坚；丹可磨也，而不可夺赤"，强调了长征精神的坚韧不拔与革命信念的坚定。长征精神体现了中国革命时期革命者对理想信念的坚定追求，在困难面前的坚韧毅力，为国家和人民的无私奉献，集体主义精神的弘扬以及在重大危机下的创新与应变能力。这些精神至今仍然在推动中国社会的发展中起着重要作用。

【诵文】

开篇以石头与朱砂为喻，语气坚定有力，展现其坚硬与赤红的本质特性。"石可破也，而不可夺坚""丹可磨也，而不可夺赤"突出强调它们不可改变的本性，语调紧凑有力。接着，语调平和地阐述本性来源，说明"坚与赤"是天赋而非后天选择，语气沉稳清晰。结尾情感激昂，赞美豪士坚守精神，"豪士之自好者"语调有力，突显豪士的品质，"其不可漫以污也"节奏加快，强调坚守精神，语调稍降，表达崇敬之情。

整体诵读时，注意情感层次。开篇坚定起调，强调事物的本质，运用洪亮、厚重的声音，展现强大的气场；中间平和叙述，说明本性来源，声音轻柔、沉稳，营造出平和的氛围；结尾激昂收尾，赞美豪士的品质，诵读时注意提高音量，声音饱满且富有激情，充分体现并传达出对坚守自身品质、不为外界所动摇的高尚精神的赞美。

10 礼记·中庸① （节选）

人一能之，己百之②；
人十能之，己千之。
果能此道矣，虽③愚必明，虽柔必强。

【解字】

①选自《礼记译注》（上海古籍出版社1997年版）。

②己百之：意思是自己要付出百倍的努力。

③虽：即使。

【说文】

别人做一次就能掌握的事情，自己通过努力练习一百次也能掌握；别人练习十次才能学会的事情，自己多花时间练习一千次也能学会。如果能够坚持这样的方法去做，即使资质愚钝，也必定能够变得聪明；即使性格柔弱，也必定能变得坚强有力。

【通文】

《中庸》是中国古代论述人生修养境界的一部道德哲学专著，是体现和研究儒家伦理观念的重要典籍，原属《礼记》第三十一篇，是戴圣编撰的《小戴礼记》中的一篇，相传为战国时期子思所作。其内容肯定"中庸"是道德行为的最高标准，认为"至诚"则达到人生的最高境界，并提出"博学之，审问之，慎思之，明辨之，笃行之"的学习过程和认识方法。南宋朱熹将其与《论语》《孟子》《大学》合并，并作《四书章句集注》，从此始有"四书"之说。

"人一能之，己百之；人十能之，己千之。"深刻诠释了自强不息的精神内核，激励人们通过坚持不懈的努力和奋斗，突破自我局限，追求不断进步。自强不息不仅是一种品格修养，更是职业教育中不可或缺的精神动力。职业教育强调"德技并修，知行合一"，有的同学可能起点并不高，但他们凭着一股不服输的劲头和对技能梦想的执着追求，日复一日，勤学苦练，不畏艰难。"焚膏油以继晷"，在车间、实训室中反复演练；"恒兀兀以穷年"，在

技能竞赛、实习岗位上磨砺技艺；"为伊消得人憔悴"，为一个精确动作、一道工艺流程夜以继日地钻研；"衣带渐宽终不悔"，为成长成才甘于寂寞、忍住辛苦。"虽愚必明，虽柔必强"揭示了一个亘古不变的道理：无论起点如何，凭借坚定的决心与持续的努力，必定能够突破自身的局限获得智慧与力量。它传递出的是一种顽强的生命力与无畏的奋斗精神，强调"愚笨"并非终局，通过不断积累和锤炼，依然能够明理；"柔弱"并非不足，通过坚持与磨砺终能转化为强大的力量，这恰恰契合了自我提升与成长的内在逻辑。职院学子们凭借坚韧不拔的信念，开始了从"愚"到"明"、从"柔"到"强"的蜕变过程。他们在无数次失败后重新站起，在一次次打磨中砥砺前行。职业教育不仅仅是技能的培养，更是个人品质与心理素质的锤炼。正是这份"愚"者必明、"柔"者必强的信念激励他们跨越重重障碍，最终在技能的赛道上"蓦然回首"，发现自己早已站上新的高峰，成为有技术、有智慧、有力量的"大国工匠"接力者。职业教育是通向更广阔未来的新起点，它如一把钥匙，打开了通往梦想与机遇的大门。唯有自强不息，方能技高一筹、行稳致远。

【达理】

"长风破浪会有时，直挂云帆济沧海。"中国在历史的长河中曾历经波折，却始终怀揣希望，砥砺前行，实现了从"忍辱负重"到"惊艳世界"的华丽蜕变。"人一能之，己百之；人十能之，己千之"为社会各个领域提供了奋斗的实践指引，激励人们通过勤奋和努力实现自我价值，突破天赋和环境的限制。在科技发展领域，这一理念激励新生企业通过加倍的努力实现"弯道超车"，特别是在人工智能、芯片研发等领域快速崛起。例如，中国在5G通信领域的快速发展，是多年来坚持投入和勤奋研发的结果；中国"嫦娥工程""北斗卫星系统"等项目的成功，依赖的是科研工作者几十年的默默努力和一丝不苟的工作态度。在体育竞技中，天赋固然重要，但后天的努力和刻苦训练往往决定了最终的成败。中国女排"顽强拼搏"的精神正是靠坚持不懈的高强度训练和永不放弃的毅力赢得了世界的尊重。职业教育强调"以技能改变命运"，许多从事技术岗位的人通过不断的实践和努力提升自己的技能水平。职业技能的培养本质上依赖于"重复实践"的过程，无论是焊接、数控编程，还是电子维修，都需要通过反复练习才能精通技术。高水平技能型人才的培养，只有坚持精进技术，才能从初级阶段成长为高水平工匠。例如，"大国工匠"中的许多人物也并非天赋异禀，而是通过数万次的反复锤炼达到高超技艺，成为行业标杆。

【诵文】

开篇语调坚定，语速稍慢，突出坚定激昂。"人一能之"读得缓慢，语调稍扬，突出他人一次做到的情况；"己百之"语调稍降，加重语气，强调自己百倍的努力；"人十能之"语调稍扬，"己千之"语调稍降，同理突出自己千倍的付出，营造出坚定的氛围。结尾强调努力结果，语调自信，语速稍慢。"果能此道矣"应读得有力，语调稍扬，突出对遵循此方法的肯定；"虽愚必明"语调稍降，"虽柔必强"语调稍扬，加重语气，突出努力带来的必然改变，展现出自信的态度。

整段内容体现了对不懈努力、持之以恒就能实现自我提升的肯定与倡导。开篇坚定起调，阐述努力方法，最后自信收尾，强调努力结果。

11 管子·形势解① （节选）

起居时，饮食节，寒暑适，则身利而寿命益。起居不时，饮食不节，寒暑不适，则形体累而寿命损。惰而侈则贫，力而俭则富。夫物莫虚至②，必有以③也。故曰："寿夭贫富，无徒归④也。"

【解字】

①选自《管子》（中华书局2009年版）。
②虚至：凭空而至。
③以：原因。
④徒归：凭空降临。

【说文】

作息规律，饮食有节制，顺应寒暑变化，身体就会健康，寿命也会延长。如果作息紊乱，饮食无度，不顺应寒暑变化，身体就会疲惫，寿命也会缩短。一个人如果懒惰奢侈，就会陷入贫困；如果勤劳节俭，就会变得富足。世间万物不会凭空到来，一切皆有其因。因此，人寿命的长短、贫富的状态，都不是偶然的。

【通文】

《管子·形势解》是《管子》一书中的一篇。《管子》大约成书于战国至秦汉时期，主要记录了春秋时期齐国政治家、思想家管仲及其学派的言行和事迹。这段话虽简短，却蕴含着深刻的人生哲理，对于现代职业教育中的成长路径、技能养成和人生规划有着重要的启示意义。管子强调，人生的结果源于自身的行为与选择，而非偶然。一个人平日里是否刻苦学习、认真实训，是否严于律己、不断精进，都会在未来的职业道路上显现结果。技能的高低、发展的快慢，往往不是天赋使然，而是日积月累、自我修炼的成果。职业教育不仅是学习一技之长的过程，更是培养责任意识、工匠精神和终身学习态度的过程。没有一份成功是轻而易举得来的，每一次进步都源于踏实努力；没有一份收获是凭空降临的，每一分成就都承载着汗水与坚持。选择职业教育，就是选择了一条脚踏实地、自我成就的道路。唯有不断努力、奋发图强，才能把命运掌握在自己手中，实现技能报国、成才圆梦的美好愿景。

【达理】

　　职业教育不仅要求学生掌握技能，也需要他们拥有健康的体魄和充沛的精力。学生应当遵循"起居时，饮食节，寒暑适"的原则，保持良好的作息习惯，合理饮食，这样才能精力充沛地投入学习和工作中。例如，对于学习道路测量、机电、护理等需要高度集中精力的专业而言，良好的作息习惯直接影响学习效率和操作精准度。"惰而侈则贫，力而俭则富"提醒职业院校的学生，成功的关键在于勤奋学习、踏实工作，并养成节俭的习惯。在职业发展中，只有不断努力、精进技能，才能提高自身的竞争力，而奢侈懒惰则会导致职业发展受阻。保持良好作息、勤奋节俭，是职业成长的重要法则，唯有如此，学生才能在未来的职场竞争中立于不败之地。

【诵文】

　　开篇阐述生活与健康的关系，清晰地从正反两面揭示生活起居、饮食习惯以及对寒暑变化的应对，语调平和，语速适中。"起居时"读得清晰，语调稍扬，"饮食节"语调稍降，"寒暑适"语调稍扬，"则身利而寿命益"语调稍降，平稳叙述遵循规律的好处；"起居不时"语调稍降，"饮食不节"语调稍扬，"寒暑不适"语调稍降，"则形体累而寿命损"语调稍扬，陈述不遵循规律所产生的危害。接着阐述勤奋节俭与贫富的关系，语调平稳，语速适中。"惰而侈"读得清晰，语调稍降，"则贫"语调稍扬，突出懒惰奢侈导致贫穷；"力而俭"语调稍降，"则富"语调稍扬，说明勤奋节俭带来富裕。结尾总结强调世间万物的出现都有其原因，人的寿命长短、贫富状况与自身行为相关，诵读时语调坚定，语速稍慢。"夫物莫虚至"读得有力，语调稍扬，"必有以也"语调稍降，强调事物有因；"故曰"语调稍扬，"寿夭贫富，无徒归也"语调稍降，加重语气，突出观点。

和谐篇

一方水土一方人

——天地人共生生

地北天南　江海同流

12　游山西村①

陆游②

莫笑农家腊酒浑，丰年留客足鸡豚③。
山重水复疑无路，柳暗花明④又一村。
箫鼓追随春社⑤近，衣冠简朴古风存。
从今若许闲乘月⑥，拄杖无时夜叩门⑦。

【解字】

①选自《剑南诗稿校注》（上海古籍出版社2017年版）。

②陆游（1125—1210年）：字务观，号放翁，越州山阴（今浙江绍兴）人。南宋著名文学家、史学家和爱国诗人。

③足鸡豚：意思是准备了丰盛的菜肴。足，足够，丰盛。豚，指猪肉，读 tún。

④柳暗花明：柳色深绿，花色红艳。

⑤春社：古代把立春后第五个戊日当作春社日，祈求五谷丰登。

⑥若许：如果这样。闲乘月：有空闲时趁着月光前来。

⑦叩门：敲门。叩，读 kòu。

【说文】

不要笑农家腊月里酿的酒浑浊不醇厚，丰收的年景农家待客菜肴非常丰盛。

山峦重叠水流曲折正担心无路可走，忽然柳绿花艳间又出现一个山村。春社日将近，一路上迎神的箫鼓声随处可闻，布衣素冠，淳朴的古代风俗依旧保留。今后如果还能趁着大好月色出外闲游，我随时会拄着拐杖来敲你的家门。

【通文】

《游山西村》是一首富有画面感的纪游抒情诗。诗人紧扣诗题中的"游"字，剪取沿途的所见所感将其巧妙融入诗中，写出了山村之美，也表达了内心的喜悦与慰藉。首联写丰年之际农家热情款待来客，民风淳厚，朴实自然。颔联写景寓理，那句脍炙人口的"山重水复疑无路，柳暗花明又一村"，描绘了山水交错、小路曲折的行走体验。一个"疑"字写出了行走时的迷惘，而"又一村"则展现了豁然开朗的惊喜，也隐含了困境之后往往有转机的人生哲理。颈联描绘村民在春社日的风俗活动，"衣冠简朴古风存"一句尤其透露出诗人对传统乡土文化的珍视。尾联写夜晚继续闲游，意犹未尽，流露出诗人愿与乡民长久为友的情感。全诗通过描绘自然风光、民俗风情与行游之乐，寄托了诗人虽身处困境却不失希望的心境。语言朴实自然，画面清新完整，游兴贯穿始终，情景交融、情理相生，堪称运用白描手法与营造意境的典范之作。

【达理】

陆游的《游山西村》是一首富有生活气息和哲理意味的诗作，虽写于南宋，但其精神内核与当下乡村振兴战略的持续推进不谋而合，蕴含着"乡村之美、转机之望、文化之根、人情之暖"。这首诗不仅是对古代田园牧歌式生活的描绘，更像是一幅现实与理想交汇的画卷，折射出新时代中国农村的活力与希望。

首联以平实的语言展现了农村人家的热情与丰盈。虽然腊酒浑浊，却醇厚可口；虽然只是家常饭菜，却饱含人情味。当前乡村振兴战略中所倡导的不仅是经济的振兴，更是生活方式与价值观的回归。近年来，随着乡村基础设施不断完善，返乡创业逐渐成为趋势，越来越多的年轻人从城市回到乡村，投身农业、文旅、电商等领域。正是这种"莫笑"的姿态，让人们重新认识了农村的价值，也激发了乡村发展的内生动力。

颔联道出了人生与社会发展的辩证哲理。在当前全球经济发展不确定性增加、就业形势趋紧的背景下，许多人面临"疑无路"的处境。"柳暗花明"的转机常常出现在人们意想不到的地方，农村经济在政策支持和技术变革的双轮驱动下正在焕发新的生机。越来越多大城市的年轻人回乡创业，通过短视频平台记录农耕日常、美食制作、乡村风光，既带动了个人收入，也推动了当地农产品的销售，这种"直播带货"模式已成为农村经济发展的新引擎。

颈联描写春社祭祀的民俗，展现了农村社会的传统文化与精神内涵。在城市化进程中，农村不仅提供了物质资源，更保留了精神家园。当下国潮兴起，非物质文化遗产复苏，不少创业者把传统文化作为内容资源，打造有地方特色的文创产品与旅游路线，使传统与现代融合发展，而这正是文化自信在乡村振兴中的具象体现。

诗人在尾联描绘了理想生活的状态：邻里之间和睦，生活节奏缓慢，夜晚还能"闲乘月"造访朋友。如今，随着数字基础设施下沉，乡村不仅通了路、通了网，更通了"人心"。越来越多的城市人在"内卷"中感到疲惫，开始向往乡村的慢生活，乡村也因多元化的发展成为一种新的生活选择。

《游山西村》不仅仅是一首田园诗，更是对现代社会乡村振兴图景的文化诠释。从返乡创业到直播带货，从传统文化的复兴到生活方式的转变，正是这一个个"柳暗花明"的瞬间，让我们看到一个充满生机的农村，一个承载希望的未来。而陆游笔下那个"鸡豚足备"的山村，或许正是我们每个人心中的"桃花源"。

【诵文】

开篇节奏适中，语调亲切，展现出乡村生活的平和。"山重水复"读得有力，语调稍扬，突出山水的曲折复杂。"疑无路"语调稍降，稍作停顿，展现出疑惑的心境。"柳暗花明"读得轻快，语调稍扬，展现出景色的突然变化。"又一村"语调稍降，加重语气，突出惊喜之感。"箫鼓追随春社近，衣冠简朴古风存"节奏稍快，语调轻快，"箫鼓追随"读得有力，语调稍扬，突出热闹氛围。"春社近"语调稍降，"衣冠简朴"语调稍扬，"古风存"语调稍降，快速读出，展现乡村传统文化与生活气息。结尾表达留恋，"从今若许闲乘月，拄杖无时夜叩门"语调稍扬，稍作停顿，展现出悠然向往。

整首诗体现了诗人对乡村生活的热爱与赞美，诵读时亲切起调，后悠然收尾。读时情感自然流露，从最初的亲切温暖到惊喜豁达，直至最后无限向往，让人仿佛沉醉于乡间独有的热闹景象之中。

13 望海潮·东南形胜①

柳永②

望海潮·
东南形胜

东南形胜，三吴③都会，钱塘自古繁华。烟柳画桥，风帘翠幕，参差④十万人家。云树绕堤沙，怒涛卷霜雪，天堑⑤无涯。市列珠玑，户盈罗绮⑥，竞豪奢。

重湖⑦叠巘⑧清嘉，有三秋桂子，十里荷花。羌管弄晴，菱歌泛夜，嬉嬉钓叟莲娃。千骑⑨拥高牙⑩，乘醉听箫鼓，吟赏烟霞。异日图将好景，归去凤池⑪夸。

【解字】

①选自《柳永别传》（三秦出版社2008年版）。望海潮：词牌名，柳永所创新声。
②柳永（约987—约1053年）：字耆卿，祖籍河东（今山西），出生于北宋崇安（今福建省武夷山市）。首创长调词，代表作有《雨霖铃·寒蝉凄切》《八声甘州》等。

③三吴：《水经注》以吴兴（今浙江省湖州市）、吴郡（今江苏省苏州市）、会稽（今浙江省绍兴市）三郡为三吴，泛指今江苏南部和浙江的部分地区。

④参差：错落有致，上下不齐貌，读 cēn cī。

⑤天堑：天然壕沟，多指长江，这里指钱塘江。堑，读 qiàn。

⑥绮：形容绫罗绸缎的华丽，读 qǐ。

⑦重湖：以白堤为界，西湖分为里湖和外湖，故曰重湖。重，读 chóng。

⑧巘：小山峰，读 yǎn。

⑨千骑：形容州郡长官出行时随从众多。骑，读 jì。

⑩高牙：古代将军的旗杆用象牙装饰，这里指高扬的仪仗旗帜。

⑪凤池：此指中书省，代指朝廷。

【说文】

杭州地处东南方，地理形势优越，风景优美，是三吴的都会，钱塘自古以来就相当繁华。如烟一般的柳色、装饰华美的桥梁、挡风的帘子、青绿色的幕帐、高低错落的房屋，大约有十万户人家。高耸入云的大树环绕着钱塘江沙堤，又高又急的潮头冲过来，浪花像霜雪在滚动，宽广的江面如天然险阻无际无涯。市场上陈列着琳琅满目的珠玉珍宝，家家户户都存满了绫罗绸缎，显示出无尽的奢华。

里湖、外湖与重重叠叠的山岭十分清秀美丽。秋天桂花飘香，夏季十里荷花。晴天欢快地吹奏羌笛，夜晚划船采菱唱歌，钓鱼的老翁、采莲的姑娘都喜笑颜开。（两浙转运使孙何）外出时，成群的马队簇拥着高高的牙旗缓缓而来，声势煊赫。在微醺中听着箫鼓管弦，吟诗作词赞赏美丽的水色山光。有朝一日要把这美好的景致画出来，回到京城时一定向人们夸耀这美好的所在。

【通文】

京杭大运河承载着历朝历代的文化情缘，流淌着无尽的诗词歌赋。文人骚客吟咏运河两岸的风光，使其成为一条诗词的黄金水道，一条承载着隋唐印记的文化之路。

柳永的词描写了宋代杭州的繁荣与美丽，展现了钱塘江大潮的雄浑和百姓的幸福生活。开篇通过细腻的景物描写，突出了钱塘（今浙江省杭州市）的地理和经济优势，钱塘作为京杭大运河南端的起点，促进了南北交通与商业文化交流，成为富庶与繁华的象征。词中除了描绘了钱塘的自然景色，还描写了人们在美景中享受生活的场景，体现了杭州人民的富足与闲适。这首词通过对城市与自然的描写，勾画出一幅美丽的江南画卷。京杭大运河的开通和畅通无阻，是这些繁荣与美景得以存在和发展的基础。运河不仅仅是连接南北的交通要道，更是促进经济、文化交流和自然景色与人类生活相融合的纽带。这首词通过对景物的描写，将京杭大运河的历史意义和文化背景融入其中，展现了江南地区特有的水文化和运河文化的深远影响。

【达理】

　　《望海潮》通过细腻的描绘，展示了钱塘的自然美景和繁荣景象，勾画出一个充满生机的江南水乡。"东南形胜，三吴都会，钱塘自古繁华"强调了钱塘的地理优势，并将其与商业和文化繁荣紧密相连。柳永所描绘的杭州不仅是自然景观与人文荟萃之地，也是现代都市经济圈发展的缩影。近年来，城市化进程加快，许多城市通过打造都市经济圈、提升基础设施和优化资源配置，推动区域经济的联动与繁荣，如京津冀、长三角、粤港澳大湾区、成渝双城经济圈等。杭州作为长三角经济圈的重要一员，凭借现代化的交通网络和产业集群，促进了城市间的深度融合与资源共享。诗中的"烟柳画桥，风帘翠幕，参差十万人家"描绘了城市的繁华，展现了人与自然、商业与居住的和谐共生。现代都市经济圈不仅注重经济效益，还需关注居民的生活质量和环境的可持续性，杭州在这一方面表现突出，西湖周围自然景观与城市生活区的有机融合，使其成为全球知名的生态城市之一。现代城市规划强调生态保护与城市发展的平衡，绿色建筑、公共空间和生态系统的综合利用已成为重要理念。诗中的"云树绕堤沙，怒涛卷霜雪，天堑无涯"呈现了钱塘江浩渺壮丽的景象，也体现了自然力量的伟大。在全球化背景下，区域经济合作和资源互联互通尤为重要，以长三角为例，区域内城市通过高效的交通运输和物流系统相互连接，形成了一个有机整体，推动了区域经济的快速发展，打破了地域隔阂，实现了资源、人才、资本的无障碍流动，增强了协同发展能力。在现代都市经济圈中，产业集群和创新驱动发展成为核心动力。杭州作为"互联网之都"，通过阿里巴巴等互联网巨头的引领，汇聚了大量创新型企业，展现了现代经济圈中"市列珠玑"般的繁荣景象。产业集群效应促进了高科技、文化创意、金融服务等多个行业的发展，形成了"竞豪奢"的经济氛围。最后，"重湖叠𪩇清嘉，有三秋桂子，十里荷花"将笔触转向自然景观，表现了钱塘的宜居环境和深厚的文化底蕴。现代都市经济圈的建设过程中，文化和旅游产业的整合成为提升城市吸引力和软实力的重要手段。杭州深厚的文化底蕴，如西湖文化、丝绸文化等与现代经济紧密结合，形成了独特的"文化＋经济"发展模式。通过挖掘城市的文化资源，杭州打造了具有竞争力的文化产业，成为提升城市品牌和吸引投资的重要方式。

　　柳永的《望海潮》通过对钱塘景象的细腻描绘，展现了一个国泰民安的理想世界。现代都市经济圈的建设，无论是交通、产业集聚，还是生态与文化的结合，都呈现出多元化与全方位的发展特征。借鉴历史和文化的力量，现代都市经济圈不仅推动了区域经济的增长，也塑造了充满独特魅力的现代都市。

【诵文】

　　开篇起笔不凡，盛赞杭州作为三吴地区重要都会，展现其繁华，为全词奠定热情洋溢的基调。上阕细腻描绘杭州城风貌，屋舍错落、十万人家安居，钱塘江波澜壮阔，绿树成荫，商贸繁荣，富庶显现。下阕转向西湖，山水如画，桂香与荷花交织，湖畔生活悠闲，百姓饮酒作乐。词人表达了对杭州的眷恋，希望将美景带回朝廷与同僚分享。诵读时，上阕语速稍快、高昂，突出杭州的繁华与重要性。"烟柳画桥"读得轻柔，展现优美景象；"十万人家"

语调稍扬，突出城市规模。"竞豪奢"语调加重，强调奢华场景。下阕"清嘉"语调稍扬，突显西湖清秀，"十里荷花"读得轻快，突出荷花盛开的景象。"羌管弄晴"读得轻快，展现愉悦氛围；"嬉嬉钓叟莲娃"读得活泼，展现欢乐生活。结尾语速稍慢，语调充满期待与珍视。整体诵读时，以高昂的声音、较快的语速和紧凑的节奏展现出杭州的豪迈与繁华；中间部分用适中的声音、轻快的语调和平稳的节奏，描绘出杭州的美丽景色与闲适生活；结尾以稍慢语速、充满憧憬的语调，传达出对杭州的赞美与期待。

14 与朱元思书①

吴均②

风烟俱净，天山共色。从流飘荡，任意东西。自富阳至桐庐一百许里，奇山异水，天下独绝。

水皆缥碧③，千丈见底。游鱼细石，直视无碍。急湍甚箭，猛浪若奔。

夹岸高山，皆生寒树，负势竞上，互相轩邈④，争高直指，千百成峰。泉水激石，泠泠⑤作响；好鸟相鸣，嘤嘤成韵。蝉则千转不穷，猿则百叫无绝。鸢飞戾天⑥者，望峰息心；经纶世务者，窥谷忘反。横柯⑦上蔽，在昼犹昏；疏条交映，有时见日。

【解字】

①选自《艺文类聚》（上海古籍出版社2013年版）。书：是古代的一种文体。

②吴均（469—520 年）：字叔庠（xiáng），吴兴故鄣（今浙江安吉）人。

③缥碧：原作"漂碧"，据其他版本改为此，浅青色。缥，读 piǎo。

④轩邈：意思是这些高山仿佛都在争着往高处和远处伸展。轩，向高处伸展。邈，向远处伸展，读 miǎo。

⑤泠泠：读 líng，形容水流的声音清亮。

⑥鸢飞戾天：老鹰高飞入天，这里比喻追求名利极力攀高的人。见《诗经·大雅·旱

麓》："鸢习戾天，鱼跃于渊"。鸢，俗称老鹰，善高飞，是一种凶猛的鸟，读 yuān。戾，至，到，读 lì。

⑦柯：树木的枝干，读 kē。

【说文】

烟雾都消散尽净，天空和群山融为一色。我乘着船随着江流漂荡，任凭船按照自己的意愿，时而向东，时而向西。从富阳到桐庐一百里左右的水路上，山水奇特独异，天下独一无二。

水都是浅青色的，深深的江水清澈见底。一直看下去，水底游动的鱼儿和细小的石头都可以看得很清楚，毫无障碍。湍急的水流比箭还快，凶猛的巨浪好像飞奔的骏马。

江两岸的高山上，全都生长着苍翠的树木，一看便让人心生寒意，高山凭依高峻的地势争着向上，往高处和远处伸展；群山竞争着高耸，笔直地向上，直插云天，形成千百座山峰。山间泉水冲击着岩石，发出泠泠的响声；美丽的鸟相互和鸣，鸣声嘤嘤，和谐动听。蝉长久不断地鸣叫，猿不停地啼叫着。看到这些雄奇的山峰，那些极力追求功名利禄的人，追逐名利的心就会平静下来；看到这些幽美的山谷，忙于治理国家大事的人都会流连忘返。横斜的树木遮蔽了上面的天空，即使在白天，林间也昏暗如黄昏；稀疏的枝条互相掩映，有时还能露出阳光。

【通文】

《与朱元思书》是吴均在魏晋南北朝社会动荡背景下写给友人朱元思的山水书信，由景及人展现畅游心境，在继承骈文传统的基础上通过形式、意境和叙事的多维度创新，成为古代散文的典范之作。首段描绘富春江的全景，"风烟俱净，天山共色"展现清新壮阔的远景，表达秋日泛舟的愉悦心情。接着写江水的静动美，水色缥碧、游鱼细石，水流激荡，动静结合。第三段描写山景，从寒树到群峰竞上，赋予山峰生命力，树木繁茂，山林交响。全篇通过"鸢飞戾天者，望峰息心；经纶世务者，窥谷忘反"两句借景抒怀，寄情山水，表达了追求内心宁静的志趣，反映了士人对精神归属的渴望。

整篇文字语言凝练，意境清幽，把动与静、声与色、光与影巧妙结合，将山川之美、声色之妙、人生哲思融为一体，展现出吴均高超的写景技巧和深厚的文化情怀，宛如一幅充满生命力的江南山水画卷。

【达理】

这确实是一份跨越千年的"生活倡议书"。

吴均在《与朱元思书》中以清丽的文字描绘富春江沿岸的山水胜景，在静谧的自然画卷中蕴含着一种深切的人文关怀和生态意识。它不仅向我们展现了古人对自然的细致观察与由衷热爱，也提醒我们在高度城市化、数字化、快节奏的现代生活中，要重新审视人与自然的关系，找回属于自己的内心安宁与诗意栖居。

当下，中国正加快生态文明建设步伐，推进"绿水青山就是金山银山"的发展理念。我们倡导绿色发展、低碳生活，强调人与自然和谐共生，正是为了实现文中"水皆缥碧、千丈见底"所描绘的清澈自然。真正可持续的未来，不只是科技与城市的扩张，更是山水之间、鸟鸣蝉唱中的生态平衡，是能古今共通的美学追求与心灵共鸣。

当下，工作压力日益沉重、信息流不断冲击，越来越多的人开始向往有"松弛感"的生活。我们不仅要在物理上走近自然，也应在精神上重新建立与自然的联系。哪怕是短暂的亲近山林、放下手机去听一听泉水激石的泠泠之声，也能让我们暂时摆脱焦虑，找回那个更真实、更平静的自己。当代社会在"进"的同时，也渴望"退"一步，在高效运转之余，也需要大自然给予的抚慰与疗愈。

吴均这篇短短数百字的山水小品，留给我们的不仅是江南风光的审美愉悦，更是一种生活方式的启示：在喧嚣中保留内心的清澈，在浮躁中坚持一种从容与诗意。这种格调，不仅是古代文人的风骨，也是我们今天依然可以拥有的生活态度。千年前的山水文字，仍然值得今天的我们去细读、去体会、去践行。

吴均的一纸书信，让我们看到传统山水文化在新时代语境中的恒久价值。它不仅属于古代文人，也属于每一个今天仍愿意走进山水、聆听自然、追求"松弛与自由"的现代人。

【诵文】

"风烟/俱净，天山/共色"语调应舒缓、平和。"从流/飘荡……天下/独绝"这部分要稍加强调，突出作者对景色的赞叹。"水皆缥碧，千丈见底"语调平稳，展现水的清澈。"急湍甚箭，猛浪若奔"节奏加快，语调激昂，表现水的湍急。"夹岸/高山……泠泠/作响"语速加快，体现其活力与生机。"好鸟/相鸣……有时/见日"可根据语义适当停顿，强化那种远离尘世喧嚣、沉醉于自然美景、享受内心安宁的意境。

整体诵读时，注意体现出作者丰富多样的情感态度与表现手法。文中运用了夸张、比喻、以动衬静等多种手法，将景物描绘得栩栩如生。不仅抒发了对大自然的热爱之情，更展现出一种向往自然、超脱尘世、退隐山林的高洁志趣。

15 蜀相[①]

杜甫[②]

丞相祠堂何处寻？锦官城外柏森森。
映阶碧草自春色，隔叶黄鹂空好[③]音。
三顾[④]频烦天下计，两朝[⑤]开济[⑥]老臣心。
出师未捷身先死，长使英雄泪满襟。

【解字】

①选自《杜工部集》（上海古籍出版社2003年版）。蜀相：三国蜀丞相诸葛亮。
②杜甫（712—770年）：别名杜少陵、杜工部，字子美，被后人称为"诗圣"。
③好：读hǎo。
④三顾：指刘备三顾茅庐。
⑤两朝：刘备、刘禅父子两朝。
⑥开济：指帮助刘备开国和辅佐刘禅继位。

【说文】

何处去找武侯诸葛亮的祠堂？就在成都城外那柏树茂密的地方。碧草映照着石阶，呈现出自然春色；树上隔着树叶的黄鹂，婉转鸣唱亦不过空作好音。先主刘备为统一天下曾三顾茅庐，问计于诸葛亮，丞相诸葛亮辅佐两代君主忠心耿耿。可惜出师伐魏还没有取得最后的胜利就先生病去世了，这常使历代英雄对此涕泪满裳！

【通文】

杜甫的《蜀相》是一首缅怀诸葛亮的诗，诗人借回忆这位历史人物，表达了对其忠诚与才智的深深敬仰，同时流露出对现实局势的忧思。开篇通过设问引出对诸葛亮的思念，点出他的祠堂静立在郊外，苍柏成林，肃穆庄严。接着，用春草与黄鹂的自然之景，衬托祠堂的冷清，也反衬出诸葛亮英魂不在、英名长存。诗中回顾诸葛亮鞠躬尽瘁、为国为民奔波一生的功绩，字里行间充满敬佩。最后，情感达到高潮，诗人感慨诸葛亮壮志未酬，却早逝沙场，使得后人读来无不动容。全诗将自然景色与历史人物交织，情真意切，既有对诸葛亮忠诚品格的赞扬，也蕴含着诗人对世事无常的深深感叹，折射出杜甫作为诗人的历史使命感与人文关怀。

【达理】

杜甫的《蜀相》通过描述诸葛亮的忠诚与牺牲，展现了这位历史人物的非凡智慧和对国家、民族的深厚情感。"映阶碧草自春色，隔叶黄鹂空好音"呈现了一个理想的环境，这可以与现代职业教育中良好的学习环境和氛围相提并论。国家大力发展职业教育，致力于为学子们提供先进的教学资源和丰富的实践机会，培养能够直接服务于社会和经济发展的高素质人才。杜甫在诗中提到"两朝开济老臣心"，不仅是对诸葛亮为国事付出的赞美，也提醒我们，职业教育应具备跨时代的责任感，不仅是为当前的市场需求培养人才，更要着眼于未来的社会发展，为社会提供切实可行的人才支持，推动经济和技术的进步。"三顾频烦天下计"的描述则折射出教育者和企业方需要持续互动沟通，精准对接人才需求，从而动态地调整课程设置与培训方案，强化学生的实践能力，以确保所培养的人才能够适应快速变化的科技和市场环境，为企业输送"用得上、干得好、留得住"的复合型技术技能人才。

无论是《蜀相》，还是现代的职业教育，都体现了一个共同的主题：为国家和社会发展尽心尽力，尽管道路上充满挑战与困难，但仍然值得我们为之奋斗。

【诵文】

诗人以设问开篇，怀着敬意探寻丞相祠堂，营造出肃穆、寂寥的氛围。接着回顾诸葛亮为刘备出谋划策、辅佐两朝，表现其忠诚与智慧。诗的结尾，诸葛亮未能完成北伐大业便去世，令英雄为之悲痛。杜甫通过此情感抒发，既缅怀诸葛亮，也透露了自己壮志难酬的悲愤。首联语调庄重，语速稍慢，"何处寻"读得稍扬，"柏森森"读得沉稳，体现探寻与肃穆。颔联和颈联节奏适中，语调凝重。尾联节奏稍缓，"身先死""泪满襟"读得低沉，加重语气，突出悲痛之情。整体诵读时，庄重起调，以设问寻祠，中间凝重写景述史，最后悲痛收尾并抒发感慨。读时注意在描绘祠堂寂寥之景和抒发悲痛、惋惜之情时，语速可适当放慢，而在描述刘备与诸葛亮之间的故事时，语速可稍快一些，以增强叙述的节奏感。

16 汉江临眺①

王维②

楚塞③三湘④接，荆门九派通。江流天地外，山色有无中。
郡邑⑤浮前浦⑥，波澜动远空。襄阳好风日，留醉与山翁⑦。

【解字】

①选自《瀛奎律髓》（上海古籍出版社2023年版）。汉江，即汉水，发源于陕西宁强，经湖北至汉阳入长江。临眺：登高望远，一作"临泛"，临流泛舟之意。
②王维（701？—761年）：字摩诘，河东蒲州（今山西永济）人，有"诗佛"之称。
③楚塞：指襄阳一带的汉水，因其在古楚国北面的边境地带，故称楚塞。
④三湘：湘水合漓水称漓湘，合蒸水称蒸湘，合潇水称潇湘，故又称三湘。
⑤郡邑：指汉水两岸的城镇。邑，读yì。
⑥浦：水边。
⑦山翁：晋代将军山简，曾守襄阳。这里借指当时襄阳的地方长官。

【说文】

汉江流经楚塞又折入三湘，西起荆门往东与九江相通。江水滔滔远去，好像一直涌流到天地之外，两岸山色时隐时现，若有若无。远处的城郭好像在水面上飘动，波翻浪涌，辽远的天空也仿佛为之摇荡。襄阳的风景天气好，我愿留在此地酣饮陪伴山翁。

【通文】

《汉江临眺》是王维融画入诗的力作。清新、宁静的自然景色和悠远的意境，展现了诗人独特的山水情怀和哲理思考。整首诗通过描绘襄阳的山水景色，表达了诗人对自然的热爱和对逍遥自在的追求。王维在这首诗中展现了其特有的"诗中有画，画中有诗"的艺术风格，成功地把襄阳的自然景色与内心的宁静和哲理融为一体。

作者在诗中用简练的语言点出了襄阳的地理要冲地位，作为长江与汉江交汇之处，水路交错，舟船往来，展现出一派繁忙的景象，也象征着经济与文化的交流往来。与此同时，这样的描写中也隐含了动与静、人间喧嚣与自然宁静之间的对比与思考。接下来的描写拉开了空间的层次，江水悠悠向远方流去，两岸青山时而清晰可见，时而隐入云雾之中，仿佛一幅不断变化的山水长卷，让人感受到自然的辽阔与深远，也引发对人生起伏、世事变幻的感慨。结尾描写诗人在晴好日子里与山中老人对饮，在山水之间忘却尘世烦忧，展现出一种闲适自得、归于自然的生活态度。全诗景中有情，情中见理，自然与人生融为一体，画面静美，意味深长。

【达理】

王维在《汉江临眺》中描绘了襄阳的山水，借此展现了襄阳作为古代交通枢纽的重要地位，同时传达了他对自然的热爱。襄阳位于长江与汉江交汇处，自古是兵家必争之地，也是商贸交通的关键节点，时至今日依旧扮演着连接东西、沟通南北的交通枢纽角色，随着高铁、航空等交通方式的发展，推动着区域经济的增长，成为"一带一路"倡议中的重要门户。尽管城市日益现代化，襄阳的山水仍保持宁静与和谐，这体现了自然与城市发展的平衡。然而，交通建设带来的环境问题与资源压力也需要关注，襄阳在快速发展的同时应平衡自然保护与现代化的需求，这与王维诗中自然景色的深远寓意相呼应，提醒我们要在追求进步的同时，保持对自然的敬畏与保护。

古人的诗句，通过刻画襄阳的自然与交通枢纽地位，展现了一个流动与宁静、繁荣与自然相互交织的画面。将这一意境与当代社会发展相结合，我们不禁反思，在现代化进程中如何与自然和谐共生，推动城市与环境的可持续发展。

【诵文】

开篇"楚塞三湘接，荆门九派通"节奏稍快，突出开阔豪迈。中间"江流天地外，山色有无中。郡邑浮前浦，波澜动远空"节奏适中，其中"山色有无中"语调轻柔，展现出空灵的意境。"郡邑浮前浦"读得平稳，"波澜动远空"语调稍扬，突出江水的磅礴气势。结尾"襄阳好风日，留醉与山翁"节奏稍缓，每个短句间停顿稍长，"留醉与山翁"语调平稳，突出对襄阳风光的喜爱。

整体诵读时，高昂起调描绘地理风貌，空灵表达展现景色之美，愉悦收尾抒发情感。要读出诗人对襄阳风光的喜爱与不舍，感受诗人对自然山水深深的热爱与陶醉。

17 忆江南·其一①

白居易②

江南好，风景旧曾谙③。
日出江花④红胜火，春来江水绿如蓝⑤。
能不忆江南？

【解字】

①选自《白氏长庆集》（上海古籍出版社1994年版）。
②白居易（772—846年）：字乐天，号香山居士，祖籍太原（今山西太原）。唐代现实主义诗人，官至刑部尚书，有"诗魔"和"诗王"之称。
③旧曾谙：从前很熟悉。曾，读céng。谙，读ān。
④江花：江边的花。
⑤绿如蓝：绿得比蓝还要绿。"如"用法犹"于"，有胜过的意思。蓝，蓝草，其叶可制青绿染料。

【说文】

江南的风景多么美好，如画的风景久已熟悉。春天到来时，太阳从江面升起，把江边的鲜花照得比火还红，碧绿的江水绿得胜过蓝草。怎能叫人不怀念江南？

【通文】

白居易曾任杭州、苏州刺史，江南的旖旎风光在他心中留下了深刻印象。回到洛阳后，他常常回忆那段旧游岁月，写下不少赞美江南的诗作。这首词便是他六十七岁时所写，抒发了对江南的赞美、忆念之情。词总写江南春光，以明丽色彩取胜。一个轻巧自然的"好"字，把江南春日碧水、花香、晴光、烟雨的种种美好统统收入笔下。也正因为"好"得如此深切，才引出那份绵长不尽的"忆"。最后以"能不忆江南"作结，将感情推向高潮，一个"忆"字胜过千言万语，不仅写出他虽身在北地，却心系江南的深情，也带出一种春意盎然、令人神往的画面感。全词情景交融，语言清新，节奏轻快，读来令人如临其境，仿佛身随词人一同流连于江南春光之中。

【达理】

　　白居易的《忆江南》以其柔美的笔触描绘了江南的自然风光，唤起了人们对这片土地的深厚情感。词中"日出江花红胜火，春来江水绿如蓝"展现了江南春日的美丽景色，细腻而生动，令人心生向往。自然风光在现代人心中占据着重要的位置，成为人们逃离快节奏生活，寻求宁静与和谐的理想之地。如今，随着环保意识的逐渐增强，绿色生活和生态保护成为社会热点话题，公众对江南这片美丽土地的关注不仅停留在诗歌中，更体现在实际的行动上。例如，近年来，江南水乡的生态修复和环境保护工作逐步推进，通过一系列绿色政策和项目，许多城市和乡村的生态环境得到了有效改善，这也使得"春来江水绿如蓝"的景象重新出现在人们的生活中。与此同时，现代人对江南文化的追求不仅仅是追忆古人笔下的美景，更多的是在现代生活中找到一份宁静与悠然。无论是江南水乡的古镇旅游，还是城市中绿色空间的开发，都体现了现代人在繁忙生活中对自然与心灵归属的渴望。通过诗歌与现实的结合，我们可以感受到古人的情感与现代社会的共鸣，这也提醒我们要珍惜和保护这片美丽的江南水土。

【诵文】

　　《忆江南·其一》是一首小令，上阕直抒胸臆，表达出对江南的喜爱，情感热烈明快。下阕具体描绘江南春天美景，让人有身临其境之感，仿佛沉醉其中。最后以反问句收束全词，进一步强化了对江南的怀念之情，词人借对江南景色的回忆，抒发了对往昔生活的怀念。

　　"江南好，风景旧曾谙"节奏适中，"江南好"读得稍重，突出对江南的赞美。"日出江花/红胜火，春来江水/绿如蓝"节奏稍紧凑，语调欢快，"红胜火""绿如蓝"读得鲜明，展现出江南景色的蓬勃生机。"能不忆江南"语调浓郁，语速稍慢，"能不"读得稍扬，"忆江南"读得有力，强化对江南的怀念。

　　整体诵读时，明快起调，赞美江南；欢快表达，描绘美景；浓郁收尾，强化怀念。要充分感受词人对江南美好风光的赞美与眷恋，展现其难忘与思念之情。

18　小孤山①

谢枋得②

小孤山

人言此是海门关，海眼③无涯骇众观。
天地偶然留砥柱，江山有此障狂澜。
坚如猛士敌场立，危似孤臣末世难。
明日登峰须造极，渺观宇宙我心宽。

【解字】

①选自《谢叠山全集校注》(华东师范大学出版社1995年版)。

②谢枋得(1226—1289年):南宋文学家,信州弋阳(今江西弋阳)人,字君直,号叠山。

③海眼:急流遇阻所形成的大漩涡。

【说文】

人们都说这里是海上的大门关卡,急流漩涡无边无际足以让人胆战心惊。这山是天地偶然留下来的砥柱,江山有此山就可以挡住任何狂风巨澜。小孤山坚固得犹如猛士在战场上屹立,又高危得好似孤单的臣子在末世时的艰难。明天我要登上峰顶,放眼眺望宇宙,我的心才会宽一些。

【通文】

小孤山位于安徽宿松县境内,孤立于长江之中,四面无依,地势险峻,南宋时为重要军事关隘。南宋末年,忠臣谢枋得因抗元失败归隐山林,终以绝食殉国。这首《小孤山》正是他借山抒怀、托物寄志之作。首联引用"人言"引出小孤山之险,形容其如"海门关"般扼守江心,又以"海眼无涯"描绘江水深急,突显其位置的险峻与重要。颔联从写景转入立意,认为小孤山是天地间的巧夺天工,是自然的奇迹;引用"砥柱"之典,将其比作动荡江流中的坚定支撑,江山与狂澜既是实景,也是动荡局势的象征,寄托了坚守与担当之意。颈联以比喻和拟人手法,将小孤山视为战场上的猛士,或乱世中的孤臣,身处困境却不改忠心,写出诗人虽无力回天,仍誓死守志、不肯屈服的悲壮情怀。尾联情感奔涌,"明日登峰须造极,渺观宇宙我心宽"既写登高望远的开阔胸襟,也寓托身高山、誓以生命守国的信念。全诗笔力雄健,情感深沉,借物言志,展现出诗人忠义不渝、誓死报国的精神风骨与浩然正气。

【达理】

《小孤山》以铿锵有力的笔调，描绘了江中奇峰小孤山如砥柱中流般傲然挺立于波涛汹涌之间的壮美图景。全诗气势磅礴，既赞美自然奇景的险峻伟岸，又寄寓诗人自身的情志与家国情怀。将这首诗放入当下语境，它所承载的"砥柱精神""孤而不屈""登峰造极"的内核，正是青年在困顿中自强、国家在风浪中担当、科技与文化走向自立自强的精神映照。

在百年未有之大变局中，国家如砥柱稳住航向，迎难而上推进高质量发展。面对国际局势的不确定、科技封锁与经济转型压力，中国以沉着自信的姿态在激流中挺立，在全球科技博弈中攻坚克难，突破关键核心技术，奋力攀登科技高峰，点亮民族未来，于变局中开新局。广大青年学子在压力下逆境成长，在磨砺中淬炼担当，成为民族复兴的坚实力量。

谢枋得笔下的小孤山穿越历史长河，孤峭挺拔、傲立江中，正如国家与人民在时代风浪中的坚守与奋起。这不仅是一种地理意象，更是一种精神象征：在风高浪急处不失方向，于高峰临顶时不忘初心。我们当以"敌场猛士"的勇气、"登峰造极"的志气和"渺观宇宙"的胸怀，在时代浪潮中稳步前行，勇攀新高。

如此，我们每一个人，终将成为新时代的"砥柱"。

【诵文】

诗人借小孤山自比，将其比作猛士和孤臣，表达在抗元斗争中，虽独木难支却坚定不屈的情感。这其中既有对时局艰难的无奈，更有抗争到底的决心。最后，诗人表达了登上小孤山巅、放眼宇宙的意愿，展现出以身许国、胸怀天下的豪迈气概，以及对未来的坚定信念。整首诗托物言志，诗人借助小孤山这一形象，抒发了渴望挺身而出、报效国家的宏大志向，情感真挚深沉。

首联语速适中，"人言"稍停，"海门关"重读，"海眼无涯"缓读，"骇众观"语调上扬表惊叹。颔联声音洪亮有力，"天地偶然"慢读，"留砥柱"上扬有力，"江山有此"稍停，"障狂澜"读得坚定。颈联前半句"坚如猛士"坚定有力，"敌场立"沉稳，后半句"危似孤臣"慢而沉重，"末世难"加重语气显无奈悲壮。尾联"明日登峰"语速稍快显期待，"须造极"语气坚定，"渺观宇宙"语调舒缓，"我心宽"平和且豪迈。

整体诵读时，节奏以"二二三"为主，同时根据诗句内容和情感表达灵活调整。要注意表达出对小孤山所处环境的险恶的惊叹，以及对大自然的敬畏。以"海门关"来形容其位置险要，用"海眼无涯"描绘周围江水的汹涌湍急。

19 饮湖上初晴后雨①

苏轼

水光潋滟②晴方好，山色空蒙雨亦奇。
欲把西湖比西子③，淡妆浓抹总相宜。

【解字】

①选自《苏轼诗文词选译》（凤凰出版社 2017 年版）。
②潋滟：水面波光闪动的样子。潋滟，读 liàn yàn。
③西子：西施，春秋时代越国有名的美女，原名施夷光，居古代四大美女之首。家住浣纱溪村（在今浙江诸暨市）西，所以又称西施。

【说文】

晴日阳光下的西湖，水波荡漾，光彩熠熠，美丽至极；雨中的西湖，山间云雾缭绕，缥缈朦胧，又显出另一番奇妙景致。如果将美丽的西湖比作美人西施，那么淡妆浓抹都显得十分自然。

【通文】

这首描写西湖的诗作，展现了苏轼对自然景色的深切热爱和豁达洒脱的心境。诗人并未局限于一时一地的描绘，而是从整体上捕捉西湖晴雨之间的变化之美。前两句如同一幅流动的山水画，既有晴天湖面波光粼粼、灿烂耀眼的景象，又有雨中山色空蒙、如梦如幻的画面，勾勒出西湖在不同天气中各具魅力的姿态，映射出诗人无论顺境逆境都能欣赏美、热爱生活的积极态度。诗的后两句更是巧妙地运用了比喻，将西湖比作古代美人西施，无论是淡妆还是浓妆，皆自有风姿，传达出一种"美在自然、贵在本真"的审美追求。诗人笔下的西湖之美不拘形态、皆有神韵，正如西施之美不在妆容而在神态。

全诗构思独到、语言生动，情与景交织、意与象相融，不仅体现了苏轼豪放旷达的情怀，也赋予西湖一种具象而温柔的人格化美学形象，成为传颂千古的佳作。这首诗传递出的，不仅是对自然的热爱，更是一种豁达、包容、从容面对生活的智慧与力量。

【达理】

苏轼的《饮湖上初晴后雨》以西湖的晴雨之美为描绘对象，通过"水光潋滟晴方好，山色空蒙雨亦奇"将自然变化之美娓娓道来，再以"欲把西湖比西子，淡妆浓抹总相宜"巧妙转化为人文之美、审美之理，在审美多元的语境中，焕发出新的意义。

诗中描绘西湖在晴雨不同状态下的迷人之姿，恰如现代人对多元之美的重新认知。在一个追求多样性与包容性的时代，人们开始跳出单一标准看待美与价值，不再执着于"唯一正确答案"，而是欣赏"淡妆浓抹总相宜"的丰富面貌。年轻人开始拒绝"完美主义陷阱"，接纳自己的不完美，也尊重他人的多样生活方式。这是一种社会心态的"从晴到雨"，也是内在认同的"亦奇"。现代人面对快节奏、高压力的城市生活，越来越渴望自然中的诗意与沉静。苏轼在诗中呈现出的不以晴雨论优劣的审美态度，正是一种"松弛感"的古典诠释。当下的"city walk""反内卷生活""自然疗愈""云旅游"等生活方式，正是人们试图在城市喧嚣中寻得那份"空蒙"与"宁静"的体现，这也是古人对自然哲思的当代回响。

晴天的光影潋滟、雨天的空蒙山色，都是自然的馈赠，皆值得珍视。现代社会绿色生态发展理念强调顺应自然、尊重自然的价值观，正如苏轼不以气候之好坏论西湖之美，而是理解自然自身的多样性之美。

苏轼这首《饮湖上初晴后雨》虽出自千年前，却因其包容、温润、内敛又具格局的气质，回应了今天人们对自然、个体、审美、生态等话题的多重追问。时代变幻如风，而这样一首温柔有力的诗，始终是我们面对生活风雨时，一份淡然与慰藉的答案。

【诵文】

诗的前两句生动地描绘出西湖晴天时湖水波光粼粼，闪耀着动人的光彩，雨天时山峦被云雾缭绕，尽显奇妙之态。截然不同的景致，展现了西湖在不同天气下各具特色的美。苏轼欢快愉悦的心情溢于言表，满是对西湖晴雨景色的欣赏。读时语调轻快，语速稍快，"水光潋滟""山色空蒙"读得清晰，灵动展现出西湖晴雨不同的美景。而后两句诗人以巧思作比，把西湖比作美女西施，形象地传达出西湖之美无论何时都恰到好处，无论是哪种状态，都难掩其天然的魅力，传递出诗人对西湖及自然的热爱。诵读这两句时，节奏稍缓，"比西子""总相宜"读得稍重，突出比喻的精妙。整体诵读时，开篇写景部分语速稍快，突出欢快愉悦，结尾比喻抒情部分语速稍慢，强调赞叹沉醉。尤其是强调西湖无论何种状态皆美时，语气要更加坚定，读出对自然之美的赞颂。

20　临江仙·滚滚长江东逝水①

杨慎②

临江仙·滚滚长江东逝水

滚滚长江东逝水③，浪花淘尽英雄。是非成败转头空。青山依旧在，几度夕阳红。

白发渔樵④江渚⑤上，惯看秋月春风。一壶浊酒⑥喜相逢。古今多少事，都付笑谈中。

【解字】

①选自《廿一史弹词注》（凤凰出版社 2017 年版）。临江仙：词牌名。

②杨慎（1488—1559 年）：字用修，号升庵，明代著名文学家，四川新都（今四川成都新都区）人。

③东逝水：是江水向东流逝水而去，这里将时光比喻为江水。

④渔樵：此处指隐居不问世事的人。樵，读 qiáo。

⑤渚：原意为水中的小块陆地，此处意为江岸边。渚，读 zhǔ。

⑥浊酒：用糯米、黄米等酿制的酒，较混浊。浊，读 zhuó。

【说文】

滚滚长江向东流，多少英雄像翻飞的浪花般消逝。争什么是与非、成功与失败，到头来都是一场空。只有青山依然存在，太阳依然日升日落。

在江边的白发隐士，早已看惯了岁月的变化。和朋友难得见了面，痛快地畅饮一杯酒。古往今来的多少事，都付之于人们的谈笑中。

【通文】

杨慎的《临江仙·滚滚长江东逝水》是一首感怀历史、抒发胸臆的千古名作。全词以奔涌不息的长江为背景，铺展开一幅英雄兴衰、世事变幻的宏大画卷。开篇以江水之势象征历史的无情流转，表达了词人对功名利禄转瞬即逝的深刻感悟，也映射出一种超然物外、看破浮沉的人生态度。"青山依旧在，几度夕阳红"，动静之间，山河依旧，日月更替，既感叹时代变迁，也彰显自然与精神的恒久之美。词中"白发渔樵江渚上，惯看秋月春风"描绘出一幅宁静闲适的画面，渔舟唱晚，风轻云淡，寄托了词人对简单生活的向往与回归初心的淡泊情怀。结尾则将全词意境推向高潮，引发现代人对名利、时间、人生价值的思考。在人生起伏面前，与其执念不舍，不如与知己对饮，把世事化为谈资，在欢笑中领悟人生的真意。

【达理】

杨慎的《临江仙·滚滚长江东逝水》是一首穿越历史烟云、饱含哲思与苍凉的词作，诗人借长江不息之水，抒发对时局、人生、功名的深刻思索。在内卷焦虑、时代巨变、个体重构自我认知的情境下，这首词不失为现代人安顿内心的一剂精神良方。

在信息爆炸、变革不断的今天，"滚滚长江东逝水，浪花淘尽英雄"仿佛道尽了时代洪流中个体命运的无常。多少风云人物、热点事件，一夜爆红，又一朝陨落。社交媒体制造的"高光时刻"如浪花般耀眼又易逝，我们正在见证"英雄"被浪潮迅速更替的现实。而这浪花背后，是对权力、名利、成功标准的重新审视，也是年轻一代对"什么值得追求"的集体反思。"是非成败转头空，青山依旧在，几度夕阳红"透露出一种看破世事的达观。在充满不确定性的现代社会，无论是企业的沉浮、科技的竞逐，还是个体在职场中的起落，"成败"往往只是阶段性的符号。而真正恒久的，是"青山依旧"的内在价值与长期主义精神。这像是对"功成不必在我，功成必定有我"的注解，也提醒人们从短期焦虑中抽身，去思考更长远的人生。"白发渔樵江渚上，惯看秋月春风"将意境转入超然洒脱的状态。如今在"躺平"与"奋斗"之间不断摇摆的年轻人，渴望的正是一种既不虚耗自我，也不盲目竞逐的生活状态。词句写出了"退一步天地宽"的智慧，也映射了现代"松弛感生活"趋势的心理根源。在高压的城市节奏中，人们开始追求像"渔樵"一样淡泊、从容、与自然和谐共处的生活节奏。

"一壶浊酒喜相逢，古今多少事，都付笑谈中"是整首词最令人宽慰的收笔。无论古今多少兴衰荣辱，到最后都不过是茶余饭后的谈资。这一份被拉长的历史感与时间尺度，回应了当下很多年轻人所面对的"生涯危机"与"意义感迷失"。不是一切都要有结果，有时活在当下的"喜相逢"、偶一会心的笑谈，才是真正抵御时代焦虑的温柔方式。

《临江仙·滚滚长江东逝水》不仅是历史的回响，更是当代心灵的注脚，它提醒我们在大时代的浪潮中，不必急于定义成功与失败，不妨以从容和清醒的心态去面对变局，以幽默和淡然的态度去化解重负，在日常中修炼心性，在沧海中守住一份山河不变的安稳。

【诵文】

上阕描绘长江奔腾，英雄如浪花般消逝，揭示世事成败的短暂虚幻。青山与夕阳的对比，凸显人事变迁与自然永恒的无常。诵读时注意节奏稍缓，语调豪迈，每个短句间停顿稍长，"滚滚长江"读得有力，语调稍扬，突出长江的气势，"东逝水"语调稍降，稍作停顿，展现出时光流逝之感。"浪花淘尽"语调稍扬，"英雄"语调稍降，加重语气，突出英雄在历史中的消逝。"青山依旧在，几度夕阳红"节奏稍缓，加重语气，突出无奈。下阕勾画白发渔翁形象，他超脱世俗、与友共饮，淡然看待历史的兴衰。诵读时节奏适中，"江渚上"语调稍降，"惯看"语调稍扬，"秋月春风"语调稍降，展现淡然。"一壶浊酒喜相逢。古今多少事，都付笑谈中"节奏适中，语调稍扬，稍作停顿，突出豁达从容的态度。

整首词的情感从豪迈感慨到深沉无奈，最终归于超脱、淡泊名利，表现了作者对历史兴衰的豁达与从容。诵读时情感从豪迈感慨逐渐过渡到深沉无奈，最后归结为超脱豁达，以读出对历史兴衰的感慨和淡泊名利的旷达情怀。

21　望岳①

杜甫

岱宗②夫③如何？齐鲁青未了。

造化钟④神秀，阴阳⑤割昏晓⑥。
荡胸生曾⑦云，决眦⑧入归鸟。
会当凌绝顶，一览众山小。

【解字】

①选自《杜工部集》（上海古籍出版社2003年版）。

②岱宗：对泰山的尊称。泰山亦名岱山或岱岳，五岳之首，在今山东省泰安市城北。古代以泰山为五岳之首、诸山所宗，故又称"岱宗"。历代帝王凡举行封禅大典皆在此山。

③夫：语气助词，补充音节的作用，无实义，读fú。

④钟：聚集。

⑤阴阳：阴指山的北面，阳指山的南面。这里指泰山的南北。

⑥昏晓：黄昏和早晨。极言泰山之高，山南山北判若清晓与黄昏，明暗迥异。

⑦曾：同"层"，重叠，读céng。

⑧决眦：眼角（几乎）要裂开。这是由于极力睁大眼睛远望归鸟入山所致。决，裂开。眦，读zì，眼角。

【说文】

五岳之首的泰山怎么样？在齐鲁大地上，那苍翠的美好山色没有尽头。大自然把神奇秀丽的景象全都汇聚其中，山南山北阴阳分界，晨昏迥然不同。那升腾的层层云气，使心胸摇荡；极力睁大眼睛远望归鸟隐入了山林。我定要登上那最高峰，俯瞰在泰山面前显得渺小的群山。

【通文】

诗人以设问引出泰山，一开篇便激发起读者对这座名山的无限遐想与敬仰。紧接着描绘泰山满眼苍翠，层峦叠嶂的景象，那绵延不绝的绿色，如波涛般在大地上铺展开来，视觉冲击之强烈，使人仿佛置身其间，顿生仰望之情。诗人又进一步描写泰山的神奇秀丽与巍峨高大，仿佛天地间的灵气与美好都凝聚于此：山南如暮、山北如朝，朝晖夕阴交错辉映，将泰山的雄奇与神秘展现得淋漓尽致。站在山脚之下，云雾缭绕、气象万千，诗人心潮澎湃，激动不已，极目远眺，追寻那倦鸟归巢的身影，流露出他沉醉于自然、渴望登高的真切情感。最后一句表达出诗人矢志登临绝顶、俯瞰群山的壮志豪情，句中满含进取精神与远大抱负，使全诗情绪由沉醉走向奋发，由景观升华为志向。整首诗虽无明显比喻，却借对泰山壮丽景色的细致描写，传递出诗人不畏艰难、追求卓越的理想与气魄。"望"字统摄全篇，虽未明言，却将登高望远、志存高远的胸襟展现得生动而深远，读来令人心生振奋、斗志昂扬。

【达理】

杜甫的《望岳》以泰山为描写对象，既写景又抒志，气势磅礴、境界高远。首句开门见山展现出泰山横亘齐鲁、岿然不动的伟岸气象，一如当代中国在世界格局中日益稳固、自信的形象。诗人被自然震撼而激荡的精神，如同当代青年在科技浪潮的冲击下、在城市高压的环境中，对理想与价值的渴望与挣扎，既有彷徨，也有破云而上的冲动。尤其当下面对人工智能的飞速发展、全球气候变化的严峻挑战、社会焦虑情绪的蔓延等种种"时代巨峰"，人们内心的波澜起伏未必亚于杜甫仰望泰山时的感受。

最振奋人心的是结尾句"会当凌绝顶，一览众山小"，这不仅是诗人立志登顶的豪言，更是千百年来激励无数人追求卓越、突破极限的精神象征。在现代语境中，它呼应的是国家追求高水平科技自立自强的目标，是青年群体面对内卷与焦虑时不放弃上升通道的坚韧，是每一个在职场、科研、教育、创业领域奋力向上的身影。诗文虽写于千年前，却传达出坚定的信念与登高望远的格局，告诉我们无论山有多高，只要胸怀远志、步步攀登，终可"凌绝顶"，俯瞰众山之巅。

【诵文】

首联语调好奇，语速稍慢，"岱宗夫如何"读得稍扬，"齐鲁青未了"读得沉稳，体现对泰山的探寻之意。颔联和颈联语调赞叹，语速适中，"钟神秀""割昏晓""生曾云""入归鸟"节奏适中，展现出泰山景色的神奇与壮美。尾联语调激昂，语速稍快，"凌绝顶""众山小"读得有力，增强气势，突出诗人的雄心壮志。整体诵读时，要把握好情感节奏。既要读出对泰山的好奇，又要强调对泰山神奇巍峨的赞叹。当读到"会当凌绝顶，一览众山小"时，语调激昂高亢，放慢语速，坚定有力地吐出每个字，尽显诗人的豪情壮志。

22 白雪歌送武判官归京①

岑参②

白雪歌送
武判官归京

北风卷地白草③折，胡天④八月即飞雪。
忽如一夜春风来，千树万树梨花开。
散入珠帘湿罗幕，狐裘⑤不暖锦衾薄⑥。
将军角弓不得控，都护⑦铁衣冷难着。
瀚海⑧阑干⑨百丈冰，愁云惨淡万里凝。
中军⑩置酒饮归客⑪，胡琴琵琶与羌笛。
纷纷暮雪下辕门，风掣⑫红旗冻不翻。
轮台东门送君去，去时雪满天山路。
山回路转不见君，雪上空留马行处。

【解字】

①选自《全唐诗》（中华书局 2018 年版）。

②岑参（约 715—770 年）：唐代著名边塞诗人，与高适并称"高岑"。

③白草：西域牧草名，秋天变白色。

④胡天：指塞北的天空。胡，古代汉民族对北方各民族的通称。

⑤狐裘：狐皮袍子。裘，读 qiú。

⑥锦衾薄：锦缎做的被子（因寒冷）都显得单薄。形容天气很冷。衾，读 qīn。

⑦都护：镇守边镇的长官，此为泛指，与上文的"将军"是互文。都，读 dū。

⑧瀚海：沙漠。这句说大沙漠里到处都结着很厚的冰。

⑨阑干：纵横交错的样子。

⑩中军：称主将或指挥部。古时分兵为中、左、右三军，中军为主帅的营帐。

⑪饮归客：宴饮归京的人，指武判官。饮，动词，宴饮。

⑫风掣：红旗因雪而冻结，风都吹不动了。掣，拉，扯，读 chè。

【说文】

北风席卷大地折断了白草，塞北的天空八月就飘降大雪。仿佛一夜之间春风吹来，树上犹如梨花争相开放。雪花飞进珠帘沾湿了罗幕，狐裘不保暖盖上锦被也嫌单薄。将军战士们冷得拉不开弓，铠甲冻得难以穿上。无边沙漠结着厚厚的冰，万里长空凝聚着惨淡愁云。主帅帐中摆酒为归客饯行，胡琴、琵琶、羌笛合奏来助兴。傍晚辕门前大雪落个不停，红旗冻僵了风也无法牵引。轮台东门外欢送你回京去，你去时大雪盖满了天山路。山路曲折已不见你的身影，雪地上只留下一行马蹄印迹。

【通文】

岑参的《白雪歌送武判官归京》是其边塞诗中的代表之作，创作于第二次出塞期间。诗中以一场突如其来的大雪为背景，展开对友人送别的深情描绘，将边塞雪景的奇丽、军旅生活的豪迈与惜别之情巧妙融合。开篇四句描写清晨初雪，仿佛春风一夜之间将万树梨花点缀在天地之间，既有视觉的惊艳，又让人感受到边地严寒中的壮美。士兵们在冰雪覆盖的边塞依旧精神昂扬地训练，雪花与铁甲交映，彰显了他们不畏艰苦、积极进取的精神风貌。接下来两句通过大胆的夸张手法，将漫天飞雪描绘得如沙场烟尘般铺天盖地，极具气势，也衬托出边疆的辽阔苍茫。而在这宏大背景下，将士们载歌载舞、纵情欢宴，鼓角与羌笛交织出一种别样的热烈气氛，展现出他们乐观豪放、不惧风雪的英雄气概。最后三句转入送别情景，友人骑马踏雪而去，旌旗在寒风中如冻铁般坚硬，象征着不屈的军魂与深沉的情谊。诗人目送背影渐行渐远，离情在静谧雪色中愈发深浓。

整首诗画面感极强，语言精练而富有张力，将边塞的自然风光与将士的精神风貌融合为一体，不仅写出了离别的哀愁，更激发出一种坚韧不拔、昂扬向上的生命力量，是一首情景交融、意境高远的边塞诗佳作。

【达理】

岑参的《白雪歌送武判官归京》以震撼力十足的笔触描绘了边塞的壮丽雪景与士兵在严酷环境中的坚韧精神，情景交融，寓意深远。开篇展现了北地严寒的气候与荒凉景象，令人仿佛置身于一片风雪肆虐、寸草枯黄的大地，凸显了士兵在极端环境中奋斗求生的艰难。紧接着"忽如一夜春风来，千树万树梨花开"一转画风，以绝妙的比喻将漫天飞雪描绘得如春花盛开，雪压枝头，洁白如玉，呈现出一幅瑰丽奇幻的雪景图，也寄寓出困境中孕育希望、逆境中绽放美丽的积极意象，仿佛再冷的冬夜也挡不住春意的来临。"散入珠帘湿罗幕，狐裘不暖锦衾薄"则从细节着笔，描绘了风雪入室、寒意难耐的真实感受，传达出即便锦衣裘暖也抵不过自然的威压。这不仅是对环境的描写，也暗喻人生路上外在荣耀难掩内心冷暖。"都护铁衣冷难着"，铿锵之中透露出边关将士虽铁血铮铮，亦难免身心俱寒，恰如人们在人生旅途中，即使强大也会感受到挫折的重压。但诗人笔锋一转，"中军置酒饮归客，胡琴琵琶与羌笛"，在风雪之夜的军营中燃起温情的暖火，将士们饮酒作别、琴瑟相和，在苦寒之地奏出人间真情。这一幕，仿佛能看到风雪之中人与人之间的温暖连接，如一缕春风拂过心头。最后几句勾勒出送别场景，雪路漫漫，诗人目送友人踏雪而行，直到"山回路转不见君，雪上空留马行处"，天地寂寥，唯留马蹄印迹，象征着离别后的空落，却也昭示人生行程虽有分别，但回忆与情谊长存，足以照亮前行之路。

整首诗在极寒之境中抒写情感温度，于苍茫大地中展现坚毅与豪情。岑参用风雪讲述人生，以送别寄托哲思：不管命运多么冷峻，唯有不惧困境、勇敢前行，才能迎来如春风般的曙光。正如诗中所言，"忽如一夜春风来"，在人生最艰难的时刻，也许希望已悄然临近，我们所要做的，便是坚定前行，静待花开。

【诵文】

开篇通过描绘北方边塞的奇特景象，凸显出恶劣气候，令人震撼。雪后的景色如春日般壮丽，紧接着描写严寒天气对军营生活的影响，凸显极度寒冷。接着，沙漠中的冰雪景象与营帐内的欢乐场景形成鲜明对比。傍晚，雪中红旗冻结，增添了冷清氛围。最后在轮台东门送别友人，雪地上的马蹄印象征离别的惆怅与不舍。全诗通过生动的雪景与细腻的情感描写，展现了边塞风光与深厚的友情。

"千树万树梨花开"语调欢快，展现出雪后如春花盛开的美景。"中军置酒饮归客"语调稍扬，"胡琴琵琶与羌笛"读得欢快，展现出饯行的热闹。"去时雪满天山路"语调低沉，"山回路转不见君"稍作停顿，"雪上空留马行处"读得低沉，突出送别时的惆怅。整体诵读时，轻快起调描绘雪景，显惊喜赞叹，后多样描述严寒与饯行，凸显边塞气候恶劣。最后惆怅收尾，语速更慢、语调含情，抒不舍之情，尾音可适当延长，以抒发依依惜别之意。

天涯咫尺 风寄乡愁

23 次北固山下^①

王湾^②

客路青山外，行舟绿水前。
潮平两岸阔，风正一帆悬^③。
海日生残夜，江春入旧年。
乡书何处达？归雁^④洛阳边。

【解字】

①选自《唐诗三百首》（中华书局2016年版）。次：旅途中暂时停宿，这里指停泊船只。北固山：在今江苏镇江，倚长江而立。

②王湾（约693—751年）：号为德，唐代诗人，洛阳（今河南洛阳）人。

③风正：顺风。悬：挂，形容船帆高高扬起。

④归雁：北归的大雁，象征游子思乡。古代有用大雁传递书信的传说。

【说文】

旅人的道路延伸向青山之外，小船行驶在碧绿的江水之上。潮水的上涨，显得江面更为宽阔，船帆高悬，船顺风航行，显得更加轻快。海上的落日追赶着将尽的夜色，江上的春意也在驱逐着冬日的旧年。寄出的家书不知要送往何处？请北归的大雁捎回我的家乡洛阳。

【通文】

诗人途经北固山，清晨远眺江南山水，冬末春初的景色引发思乡之情。前四句描绘了江水宽阔、风帆高悬、旭日东升的景象，展现出江上的生机勃勃。后两句通过大雁传书，表达了诗人身处他乡的惆怅与思乡之情。诗人借"客路"点出漂泊之感，青山绿水、春雪消融，表现了自然的生机与时节的变换。大江宽阔、舟帆静悬，残夜未消，红日从水天一线跃起，春意悄然而至，象征着新生和力量。大雁掠过晴空，诗人想起"鸿雁传书"，希望它们带去自己对洛阳亲人的问候。这既回应了"客路"的漂泊感，也表达了对家乡的思念。在良辰美景中，诗人内心的乡愁未曾消散，融入了自然的景致与岁月流转。

【达理】

这首诗写的是舟行江上、远行客子的旅途感受，开篇描绘出旅途中山水相伴的清新景致，仿佛今日人们坐着高铁穿行在祖国大地，眼前的青山绿水使奔波的旅程也多了几分诗意；诗中的"潮平两岸阔，风正一帆悬"正如当下交通通达、出行顺畅，时代的"顺风"助力人们奔赴远方，也回到故乡；"海日生残夜，江春入旧年"映照着春节将至、万象更新的气息，跨年的旅程不只是时间的交替，更是情感的回归，是一年奔波后的落点；古人以鸿雁寄书传情，今日只需轻点手机，亲情便跃然眼前。科技改变了沟通方式，却冲淡不了那份思念。

千年前的诗情画意，如今依旧动人心弦。在山河间奔走的，是归心似箭的你我。古诗中的江舟，早已变成动车和航班，而不变的，是人们对团圆、对家的那份牵挂与温柔。诗意和生活，在每一个归途中交汇相融。

【诵文】

开篇语调平稳，语速稍慢，突出平和孤寂，"客路青山外"读得轻柔，"行舟绿水前"每个短句间停顿稍长，语调稍扬，展现出旅途的漂泊感。中间语调开阔，语速适中，"潮平两岸阔"读得舒缓，"风正一帆悬"以适中的节奏平稳描绘景色，展现出开阔的江面和船帆高悬的画面；"海日生残夜"读得平稳，"江春入旧年"语调稍扬，突出新旧交替的意境。结尾语调深沉，语速稍慢，"乡书何处达"读得缓慢，"归雁洛阳边"语调平稳，突出思乡之情。

整体诵读时，注意情感变化，开篇语速适中，平稳起调，描绘旅途；中间开阔表达，展现壮丽的景色，用声轻柔，带出漂泊感；结尾深沉收尾，语速放慢，加重语气，读来饱含深情，将思乡之情淋漓尽致地展现出来。

24 别董大·其一①

高适②

千里黄云白日曛③，北风吹雁雪纷纷。
莫愁前路无知己，天下谁人不识君。

【解字】

①选自《高适岑参集》（凤凰出版社 2020 年版）。董大：唐玄宗时著名的琴师董庭兰，以擅长弹奏琵琶闻名，在其兄弟中排名第一，故称"董大"。

②高适（约700—765年）：唐代边塞诗人，世称高常侍，与岑参并称"高岑"，其诗作笔力雄健，气势奔放，洋溢着奋发进取、蓬勃向上的时代精神。

③曛：曛黄，夕阳西沉时的昏黄景色，读 xūn。

【说文】

千里阴云，遮天蔽日，日色也因此变得暗淡无光。北风呼啸，大雪纷飞，雁群南迁。不要担心前路茫茫知音难觅，普天之下有谁不认识你董庭兰啊！

【通文】

这首诗是高适为挚友董庭兰所作的一篇壮行之作，字里行间饱含真情与信任。在冬日黄昏、寒风凛冽之际，董大虽才艺出众，却一时无伯乐相识，不得不挥别故人、踏上他乡之路。诗人以几笔素描，便勾勒出一幅寒风中送别的画面：黄昏将至，天寒地冻，离别之情愈发沉重，令人仿佛身临其境，感受到风中送别的凄凉与不舍。然而，这份情感并不沉溺哀怨，而是转化为深切的关怀和积极的鼓励，令人动容。

诗人深信董大不凡的才华与高尚的人格，即使远行千里，也终会遇到懂得赏识他的人生知己。那一句"莫愁前路无知己，天下谁人不识君"，如同一道光穿透暮色，不仅化解了别离的愁绪，也为董大点燃了希望之火。这种不加修饰的情感与信念，是朋友之间最真挚的慰藉。临别之际，高适没有沉湎于离愁别绪，而是以豪迈之语作赠，既表达了对友人未来的美好祝愿，也鼓舞其坚定信心、继续前行。

整首诗在景与情的交织中，流露出温暖而强大的力量。送别虽然短暂，却凝结了长久的情义和无尽的期待。正因如此，这首诗常被用作送别赠言，其慷慨激昂与深情厚谊，至今仍打动人心，激励人们在离别之际带着祝福出发，带着希望前行。

【达理】

当下，许多年轻人在求职、创业、逐梦的路上难免会遭遇挫折、感到迷茫。一次次投简历却石沉大海，项目受阻，或是努力多年却迟迟未见成果，这些都难免让人心生困顿。但就像高适在诗中写的那句穿越千年的鼓励："莫愁前路无知己，天下谁人不识君。"真正有才华、肯坚持的人，终究会被世界看见、认可。

如今，社会越来越推崇"长期主义"的信念与"匠心精神"的坚守。成功不是一蹴而就的闪亮时刻，而是日复一日踏实积累、默默耕耘的结果。每一个被拒绝的项目、每一个深夜还亮着灯的窗口，都是未来崛起的伏笔。只要脚踏实地，不断精进自己，在一次次打磨中让能力变得扎实，终有一天会在属于自己的舞台上熠熠生辉。人生就像一颗种子，深埋在黑暗的土壤中，沉默扎根，看似沉寂，其实是在悄悄积蓄力量。也许短时间内无人问津，也许你还站在人生的十字路口，但只要不放弃生长，终会破土而出，迎风而立。人生的光芒，不一定来得早，但在坚持与成长中，那束专属于你的光终会照亮四方。

别急着怀疑自己，只管勇敢向前吧！世界辽阔，总有一处天地，等你绽放才华，实现梦想。

【诵文】

开篇描绘景象时，语调低沉、语速稍慢，凸显凄凉的氛围。"千里黄云"展现黄云的广阔，"白日曛"凸显天色昏暗，"北风吹雁，雪纷纷"语调有力，描绘出风雪交加的景象。结尾时，语调高昂、语速稍快，"莫愁前路"坚定有力，"无知己"带有劝慰，"天下谁人不识君"气势增强，语调略扬，体现出对友人的高度肯定，展现出豪迈豁达的情怀。整体诵读时，要呈现出高适对友人董大的深厚情谊，既有担忧又有鼓励，充满豪情与信心。

长相思

25 长相思①

纳兰性德②

山一程，水一程，身向榆关③那畔④行，夜深千帐灯。

风一更⑤，雪一更，聒⑥碎乡心梦不成，故园无此声。

【解字】

①选自《饮水词校笺》（中华书局 2015 年版）。长相思：词牌名。

②纳兰性德（1655—1685 年）：清朝词人，王国维有评："北宋以来，一人而已。"

③榆关：今山海关，古名榆关。

④那畔：山海关的另一边，指身处关外。畔，读 pàn。

⑤更：旧时一夜分为五更，每更大约两小时，读 gēng。

⑥聒：声音嘈杂，使人厌烦，读 guō。

【说文】

一路上跋山涉水，马不停蹄地向着山海关进发。夜深宿营，只见无数座行帐中都亮着灯火。挨过了一更又一更，只听得风雪一阵又一阵，吵得我乡心碎乱，乡梦难圆。在我的故乡是多么温暖宁静呀，几曾听到这聒耳的风雪之声？

【通文】

这是一首寄情边塞、饱含思乡情怀的佳作，描绘了征战在外的将士在风雪军旅中对故土的深切思念，字里行间渗透着浓浓乡愁与壮志豪情。"山一程，水一程"与"风一更，雪一更"前后映照，既描绘了跋山涉水、奔赴前线的艰辛征程，也象征着人生风雨兼程、不断前行的坚韧意志。这种自然与情感的交融，不仅展现出词人丰富的生活体验，也折射出他从平凡中发现美、表达美的创造力。

"山一程，水一程"写出亲人送别的依依不舍，也体现出词人奔波远行的辛劳，重叠复沓，富有民歌节奏之美；"身向榆关那畔行"一句，勾起人们对"万里赴戎机"的铁血壮志联想，奔赴边关，豪情万丈；"夜深千帐灯"更是全词情感的高潮，满营帐灯火辉映夜色，场面何其壮阔，令人想起"大漠孤烟直，长河落日圆"的辽阔气象。此时边塞风雪交加，词人辗转反侧，思乡心切，唯愿在梦中归家，却被风声雪响扰乱了梦境。同样的风雪，在家乡是温情回忆，在他乡却成心头忧思。这情感运用可谓"三级跳"，由写景入情，再由梦境破碎升华到对故土的思念，层层推进，如行云流水，自然流转。全词虽用朴素白描之语，却写得深情厚谊、真挚动人。不仅刻画出一位征人雪夜孤营中望向故乡的深情眼神，也透露出他渴望为国建功、归心似箭的壮志情怀，令人读来心有所感，倍添力量。这是一首以静衬动、以景托情的词中佳构，写尽了边关夜色中的温情。

【达理】

现代社会，许多年轻人背井离乡，为了梦想和事业远赴他乡打拼，面对孤独与挑战，他们也像词人一样，夜深时思乡难眠。这首词提醒我们，无论身处何地，都应珍惜家国情怀，同时向所有奋斗在外、为社会发展贡献力量的人们致敬。

这首词描绘了戍边将士跋涉千里、风雪交加的艰辛，以及夜深人静时对家乡的思念。许多边防官兵常年驻守在艰苦环境中，他们像词中的戍边将士一样，远离家乡，在严寒风雪中站岗，默默奉献，守护祖国边疆，正如词中"风一更，雪一更"所描绘的那样。国家鼓励高素质青年参军入伍，许多大学生战士携笔从戎、逐梦军营，肩负起守卫国土的责任。尽管边防一线的环境艰苦，但他们选择投身军旅，为国家安全贡献青春。这种精神正是"强军梦"的体现，展现了新时代青年人的责任与担当。正如他们所说："清澈的爱，只为中国！"

【诵文】

上阕开篇"山一程，水一程"通过简短的六个字，展现了旅途的漫长与艰辛，每一步都意味着离家更远，饱含无奈却不得不前行。诵读时语调平稳、语速稍慢，营造出词人在山水间艰难行进的画面。接着，队伍朝山海关进发，"身向"语调稍扬，"榆关那畔行"语调平稳，指明方向；夜晚，营帐中的灯火映衬出孤独感，"夜深"语调稍降，突显寂静，"千帐灯"语调稍扬，展现孤寂的夜景。下阕"更"字重复，带来风雪肆虐的感觉，"风一更"语调稍重，"雪一更"语调低沉，突出恶劣天气的艰难，"聒碎"语调加重，表达风雪的搅扰，"乡心梦不成"语调稍扬，思乡之情溢于言表，"故园无此声"语调平稳、带有愁苦。

整首词反映了纳兰性德在随扈途中对故乡的思念与孤独愁苦的情感，诵读时要把纳兰性德在羁旅途中的种种情绪，从无奈、孤独到愁苦、眷恋，都细腻地展现出来。这首词就像一部情感纪录片，开篇以平稳缓慢的声音，展现行程的漫长；中间用适中低沉的语调，叙述环境并渲染氛围；结尾以深沉缓慢的声音，表现得缠绵而不颓废，语气苍凉而低沉，于柔情之中显露男儿镇守边塞的慷慨报国之志，充分表现出远征将士对故乡的思念之情。

26 苏幕遮①

范仲淹②

碧云天，黄叶地，秋色连波，波上寒烟翠③。
山映斜阳天接水，芳草无情，更在斜阳外。
黯④乡魂，追旅思，夜夜除非，好梦留人睡。
明月楼高休独倚，酒入愁肠，化作相思泪。

【解字】

①选自《宋词三百首》（中华书局2016年版）。苏幕遮：词牌名。
②范仲淹（989—1052年）：字希文，苏州吴县人。北宋杰出思想家、政治家、文学家，世称范文正公。范仲淹政绩卓著，文学成就突出，他倡导的"先天下之忧而忧，后天下之乐而乐"思想和仁人志士节操，对后世影响深远。
③寒烟翠：水雾本为白色，但因上接碧天，下承绿水，远望之时便与水天同色。
④黯：因思念家乡而黯然神伤，读 àn。

【说文】

蓝天高远，白云缥缈，大地铺满金黄的落叶，秋天的景色映照在连绵起伏的水波上，水面浮动着一层淡淡的寒烟，隐隐透出一抹青翠。远山映照着夕阳，天边的水天相接，广阔无垠。那一片芳草看似无情，却依旧蔓延到了落日的余晖之外，让人平添几分惆怅。

思乡之情深深萦绕，旅途的愁绪难以排解，只有在梦中才能暂时忘却忧伤，安然入睡。夜深人静，独自登上高楼，明月高悬，却更添孤寂。饮下杯中美酒，本想借酒消愁，谁知愁绪更深，最终化作滚滚热泪，流淌在相思的愁绪之中。

【通文】

作者借抒发秋日感怀，寄托漂泊异乡、思念故土的深切情感，使这首抒发羁旅思乡之情的佳作穿越千年依然打动人心。上阕以绚丽生动的笔触描绘出一幅苍茫辽远的秋日画卷：碧空万里，黄叶纷飞，天地相接间，色彩斑斓、层次分明。碧蓝如洗的天空与金黄满地的秋叶相映成趣，秋水之上，笼罩着一片苍翠如烟。远山沐浴在斜阳余晖之中，水天一色，辽阔壮美。下阕则以景托情，情景交融，表现了身处异乡的孤独与思念。夜色深沉，难以入眠，独自凭栏高楼，只得借酒排遣心头的乡愁。可酒虽入口，却难解心头的思念，只换来更多对故乡的牵挂。唯有在梦中，才能与熟悉的故园重逢片刻。然而梦境并不常来，乡愁却日夜不息。每当夜静月明，便登楼望远，思绪万千。纵使漂泊天涯，这份对故乡的深情从未被时光冲淡，反而愈发厚重、温暖人心。

【达理】

秋意如水，天地辽阔，却透出一股难以言说的寂寞与惆怅。古人借斜阳芳草寄托乡愁，今人则在高楼林立、车水马龙之间，依旧感受到那句"黯乡魂，追旅思"的深沉情绪。"明月楼高休独倚"的孤单，不只是古人的感怀，更是当代游子的共鸣。乡愁的模样曾经是一封家书千里传情，如今可能是一通视频电话、一张朋友圈的照片，甚至是一条深夜收到的语音问候。科技让我们看得见彼此，却触不到饭桌上的热气，也替代不了那份实实在在的团圆温度。就像词中所说，"酒入愁肠，化作相思泪"，也许我们早已不再借酒浇愁，但那份深夜里辗转难眠的牵挂，依旧真实而沉重。

秋色仍浓，天水一色。古人的词句跨越千年，依然贴近人心，道尽今日离愁；而今人的漂泊，也依旧在那一轮明月下，默默照见故乡的方向。古今共情，皆在一念乡思、一寸柔肠之中。

【诵文】

上阕描绘了一幅色彩鲜明的秋日景象：湛蓝的天空与遍地黄叶相互映衬，开阔之中带着些许萧瑟。对秋日景色的描绘中透露出一丝惆怅，秋色蔓延至水波之上，寒烟笼罩泛出翠色，秋意愈发浓郁。夕阳映照山峦，水天相连，而那无边的芳草，仿佛并不顾及人的愁苦，一直延伸向远方。这样的景色描写，营造出一种悠远、萧瑟的氛围，为下文的抒情埋下了伏笔。情感悠远、深沉，随着景色的延展，愁绪渐浓。诵读时语速稍慢，语调平稳，如"碧云天，黄叶地"，缓慢的语速展现出秋日景色的开阔，平稳语调营造出宁静氛围。下阕直接抒发了词人内心的情感，词人因思乡而心情黯然，羁旅之愁始终萦绕在心头。除了在美好的梦境中暂时忘却忧愁外，每个夜晚都难以入眠，这足以见得思乡之情的浓烈，这里情感愁苦而哀怨，直接抒发思乡与羁旅之愁。诵读时"黯乡魂"读得深沉缓慢，"黯"字语调稍重，突出黯然神伤的状态；"追旅思"语调稍扬，强调羁旅愁思的萦绕。全句语速稍慢，语调愁苦，慢语速突出情感的深沉，愁苦语调体现内心的哀怨。

全词生动体现了词人在羁旅漂泊中对故乡的深切思念，以及那难以排遣的愁绪。诵读时注意情感变化，开篇以平稳缓慢的声音展现秋日景色，中间用适中深沉的语调描绘景色、酝酿情感，结尾尽显对故乡思念与排遣不去的愁绪。

27 古诗十九首·行行重行行①

佚名

行行重行行②，与君生别离。相去万余里，各在天一涯。
道路阻且长，会面安可知？胡马③依北风，越鸟④巢南枝。
相去日已⑤远，衣带日已缓。浮云蔽白日，游子不顾反⑥。
思君令人老，岁月忽已晚。弃捐勿复道⑦，努力加餐饭。

【解字】

①选自《古诗十九首集释》（中华书局2020年版）。古诗十九首：南朝萧统从传世无名氏"古诗"中选录十九首编入《文选》，后人称"古诗十九首"，主要反映士子宦途失意、游子思乡及思妇怨情。

②重行行：行了又行，走个不停，行而不止。重：又，读chóng。

③胡马：指北方的马，古称北方少数民族为胡。如胡人、胡服、胡琴、胡饼等。

④越鸟：指南方的鸟。越，指百越，泛指中国南方沿海一带。

⑤已：通"以"，读yǐ。

⑥顾：念。反：通"返"。

⑦弃捐：抛弃，丢开。复：再。道：谈说。

【说文】

走啊走啊走，老是走个不停，就这样与你活生生的分开了。从此你我之间相隔千万里，我在天这头你在天那头。路途是那样的艰险又遥远，要见面可知道是什么时候？北马南来依旧依恋着北风，南鸟北飞筑巢于向南的树枝。彼此分离的时间越久，衣服越宽大，人也越消瘦。飘荡的游云遮住了太阳，他乡的游子不想再次回还。思念你以至于身心憔悴，年复一年岁月不再。还有多少心里话都不说了，只愿你在外努力加餐，多加保重。

【通文】

《古诗十九首》是中国古代五言诗选辑，是乐府古诗文人化的显著标志，深刻再现了汉末社会变革时期文人内心的觉醒与情感的张力。整组诗真实而深刻地描绘了人们最基本、最普遍的情感体验，语言质朴自然，风格浑然天成，被刘勰誉为"五言之冠冕"。南朝萧统在编选《文选》时，将这十九首风格统一、主题相近、作者不详的五言古诗归为一组，题名为"古诗十九首"，赋予其独立而重要的文学地位。

其中，《行行重行行》尤为感人，它以细腻真挚的笔触描绘了离别与相思的情感，在动荡的东汉末年背景下，传达出夫妻相隔、久别难归的苦涩情怀。诗的前六句回忆别离情景，描写道路遥远、音讯难通，充满了对重逢的渴望。后十句则深入表现思妇日夜牵挂丈夫的深情，用"衣带日已缓"巧妙而含蓄地刻画出思念成疾、日渐消瘦的哀愁。比兴句"胡马依北风，越鸟巢南枝"寓意鲜明，借自然之像道出人心之归，抒发了对团聚的强烈期盼。全诗采用叠词与排比的修辞手法，使情感更为浓烈、节奏更为和谐，兼具民歌的清新与文人诗的深刻。它不仅表达了古人对亲情、爱情的珍视，也体现了对情感纯粹与真挚的追求。这种情感跨越千年，依然令人动容，是中华诗词中不可多得的经典之作。

【达理】

开篇一句"行行重行行，与君生别离"，将离别之苦写得直白动人，情感层层递进，仿佛将人带回那个在风尘中送别的古道边。如今虽不再"驿路风霜"，但离别的滋味，在时代洪流中依旧真切。

今天的我们，离别更多是为了奔赴生活与梦想。即便远隔千里，却都在各自的岗位上努力生活，拼搏前行。"胡马依北风，越鸟巢南枝"正是这种分散各地却又心有所系的写照。"相去日已远，衣带日已缓"，思念在时间中慢慢沉淀。每一次视频连线、每一通报平安的电话，都像是千年前的"书信抵万金"。而"浮云蔽白日，游子不顾反"又何尝不是当下许多人面对压力与责任，暂时无法回家的真实写照。最后一句"努力加餐饭"，朴素又贴心。它像极了亲人微信里的留言，或是深夜灯下的一句轻声叮咛。在这个快节奏的时代，也许我们不能常回家看看，但那份牵挂却始终在心里，不曾走远。

古诗虽久远，却写尽了今天无数人的生活片段。离别仍在继续，但正因有牵挂，人间才如此温柔可亲。

【诵文】

开篇以重复词语强调路途遥远，倾诉出与爱人分离的锥心之痛，语调沉痛，语速稍慢，"行行重行行"读得缓慢，突出路途的漫长与分离的无奈，"与君生别离"语调稍扬，强调生离的痛苦。作者从自身变化着笔，通过写因长久思念而身形消瘦、衣带渐宽，将思念之深刻画得入木三分。"相去万余里"读得平稳，"各在天一涯"语调稍扬，突出距离之远；"道路阻且长"读得缓慢，"会面安可知"语调稍降，体现无奈；"相去日已远"读得舒缓，"衣带日已缓"语调稍轻，展现思念之深；"浮云蔽白日"读得平稳，"游子不顾反"语调稍扬，带有埋怨。"思君令人老"读得缓慢，"岁月忽已晚"语调稍扬，感慨时光流逝；"弃捐勿复道"读得平稳，"努力加餐饭"语调稍缓，突出自我安慰与牵挂。

五言诗的词格一般是二一二或二三的形态。整首诗情感跌宕起伏，从开篇悲痛不舍，到中间忧愁无奈，再到结尾复杂的情绪交织，将对远行爱人的深切思念和内心复杂情感展现得淋漓尽致。诵读时注意情感递进，开篇沉痛起调，点明分离，中间忧愁表达叙述思念，最后复杂收尾，自我安慰。语势不必太高涨，情绪不必太浓烈，中度给情，语调偏低、偏缓，用"行板"的节奏叙述即可。

卜算子·我住
长江头

28 卜算子·我住长江头①

李之仪②

我住长江头，君住长江尾。日日思君不见君，共饮长江水。
此水几时休，此恨③何时已。只愿君心似我心，定④不负相思意。

【解字】

①选自《宋词三百首》（中华书局 2016 年版）。卜算子：词牌名。
②李之仪（约 1035—1117 年）：沧州无棣（今属山东）人，北宋词人。
③恨：遗憾。
④定：词中的衬字。在词规定的字数外适当地增添一两个不太关键的字词，以更好地表情达意，谓之衬字，亦称"添声"。

【说文】

　　我住长江上游，你住长江下游。日夜想念你却见不到你，但我们共饮着同一条江的水。长江之水，悠悠东流，要流到何时才会停止？这段相思离别之恨又要到什么时候才会结束？但愿你的心同我的心一样，我一定不会辜负这一番相思情意。

【通文】

　　这首词借长江水抒发了深切的思念之情。上阕写相隔之远与相思之切，开头两句直言"我"和"君"相隔长江两端，暗示相逢之难，思念之深。重叠的句式增强了深情的力量，塑造出一位翘首思念的女子形象。第三、四句写日日思君却不能相见，而长江水成了阻隔恋人的屏障，也寄托了思念。以"长江"为抒情线索，长江水既是阻隔恋人的天然屏障，也是遥寄情思的自然纽带；长江水流不息，既是离愁别恨的触发物，又是相恋相期的见证。下阕进一步表达别恨与思念的纠缠，连续的问句表现出情感的强烈，表露出别恨无法停止的无奈。通过从思到盼，再到恨与愿的递进，长江水象征着无尽的离愁。最后两句诗意一转，将视角从情绪的起伏转向情感的坚定与恒久。江水的长流成为感情永恒的象征，表达了离愁别恨与爱情的深沉与持久。整首词情真意切，画面鲜明，将个人的情感体验融入壮阔的自然意象之中，传递出穿越时空的深情与希望。

【达理】

　　作者通过江水的意象，表达了绵长不绝的思念，将情感寄托在水中，跨越时空传递着深深的牵挂。当下，人们因求学、工作或移民而与家人、朋友天各一方，通过互联网和视频通话维系亲情与友情，即便不能相见，依然共享同一片天地，心意相通。尤其是许多在大城市打拼的年轻人，常年无法陪伴家人，春运回家成为一年中最重要的情感寄托，这种"此恨何时已"的痛苦在现实中常常上演。即使相隔千里，人们仍通过书信、视频等方式表达关心与爱，延续着李之仪笔下的深情。在全球化背景下，许多学者、教师和留学生远赴异国传播文化或求学，他们与家人和祖国的联系也充满了"江水绵绵不绝"式的思念。这种情感不仅是个人的，也是文化纽带的体现。长江水象征着时间与空间的联结，这一意象在今天也能延伸至国际合作。例如，中国的澜沧江在流出境后成为湄公河，沿途经过缅甸、老挝、泰国、柬埔寨、越南等五个国家。中国与这些东盟国家通过澜湄合作、自由贸易区及区域全面伙伴关系协定等实现了经济、贸易、环保和文化交流等多领域合作，推动区域互联互通与可持续发展。这首词尽管创作于北宋，但词中的深情与坚韧在今天依然具有现实意义，提醒我们珍惜人与人之间的联结。无论是亲情、爱情、乡愁，还是国际合作与社会责任，都值得持之以恒地珍惜和坚守。

【诵文】

《卜算子》是双调词牌，开篇词人通过"长江头"与"长江尾"的距离表达思念的遥远与无奈，语调平稳舒缓，语速适中，营造淡淡的忧伤氛围。词中的"头"和"尾"尾音稍作延长，强调两人间的遥隔；"日日"要读紧凑，体现思念的频繁，"思君"语调上扬，突出情感的强烈，"不见君"则语气加重，语速稍慢，表达渴望相见却无奈无法实现的愁苦。下阕中，词人触景生情，看着江水滔滔，感慨相思如江水般无尽头。这里的"恨"并非怨恨，而是因思念无法排解而生出的愁绪。接着，词人表达心愿，希望心上人能与自己一样深情不负。"几时"和"何时"要读得急切，表现出对相思之苦的无奈与哀怨，"休"和"已"的发音要饱满略带悲愤；而"只愿"语气轻柔而充满期待，"君心似我心"温柔坚定，最后"定不负"要有力量，坚定表达对爱情的美好期许。

整首词没有华丽的辞藻，却体现出词人的深情和对感情的忠贞。词人坚信且渴望彼此心意相通，不负这份真挚的情感。词中体现出对爱情的执着追求与热切期望，以江水之悠悠不断，喻相思之绵绵不已。诵读时，上阕平稳起调述分离，下阕诵读语调轻媚、委婉，在中低处徘徊，以长江水之长表现女主人公思念的浓切，语句应始终处于"流动"的状态，以体现水之长、思之长、怨之长！

29 送柴侍御[①]

王昌龄[②]

流水通波[③]接武冈，送君不觉有离伤。
青山一道同云雨，明月何曾是两乡[④]。

【解字】

①选自《全唐诗》（中华书局 2018 年版）。侍御：官职名。
②王昌龄（？—756 年），唐代诗人，字少伯，京兆长安（今陕西西安）人。
③通波：四处水路相通。
④两乡：作者与柴侍御分处的两地。

【说文】

沅江四处水路相通连接着武冈，送你离开并没有感到悲伤。

两地的青山同承云朵荫蔽、雨露润泽，同顶一轮明月又何曾身处两地呢？

【通文】

这首送别诗表面上明朗乐观，实则充满深情厚谊。诗人巧妙运用"道是无晴却有晴"这般含蓄委婉的手法，在轻松洒脱的笔触中渗透着离别的哀愁。通过流水绵延、波涛相接的意象，诗人描绘出友人即将远行的方向，暗示两地虽近，却终隔水相望。诗中的"青山一道同云雨，明月何曾是两乡"巧妙将距离化为亲近，用自然景象抚慰离别的痛苦，将"两乡"融为"一乡"，表现了两人情谊的深厚。诗人通过温柔的笔触宽慰友人，尽管内心有伤，却强作开朗。此情此景，青山依旧，明月常悬，每当月华如水时，友情的回响便在心中涌动。诗人通过不露痕迹的抒发，将深挚的思念镌刻在天地间，既是在安慰朋友，又传递出不渝的友情与别后的思念，令人回味无穷。

【达理】

如今，无论是 5G 通信、跨境电商，还是"一带一路"倡议所推动的国际合作，都在打破地理上的阻隔，让不同国家和地区的人民紧密相连。正如诗中所言，青山虽隔，但云雨共沐，明月虽远，却同照一方。这种跨越地域的情感共鸣，正是现代社会互联互通、合作共赢的生动写照：虽远隔千山万水，但守望相助、携手共进，真正体现了"天下一家"的理念。

【诵文】

这首送别诗语言既温暖又充满深情，展示了诗人细腻的体贴与关怀，体现了两人之间的真挚情谊。诵读时，开篇"沅水通波接武冈"要重读"沅水""武冈"，语调平稳舒缓；"送君不觉有离伤"则"送君"重读，带出淡淡惆怅；"青山一道同云雨"节奏均匀，"同"稍作停顿；结尾"明月"清朗，语调渐缓。

整体诵读时，前面慢读表忧虑，后面稍快显故作轻松。在讲情谊深厚处，"怎能"和"深厚"语气加重，语调上扬，展现坚定情感。诗人突破了空间的限制，以云雨、明月等自然元素，强调了彼此之间情感的相通，传达出一种人分两地、情同一心的美好情感共鸣，体现了诗人对友情的深刻理解和对情感纽带的珍视。

30 望月怀远①

张九龄②

望月怀远

海上生明月，天涯共此时。情人怨遥夜，竟夕③起相思。

灭烛怜光满，披衣觉露滋。不堪盈手赠，还④寝梦佳期。

【解字】

①选自《唐诗三百首》（中华书局 2016 年版）。怀远：怀念远方的亲人。
②张九龄（673 或 678—740 年）：韶州曲江（今广东韶关西南）人。
③竟夕：一整夜。
④还：读 huán。

【说文】

一轮明月在海上升起，你我天各一方共赏出海的月亮。有情人怨恨夜长，彻夜不眠地将你思念。灭掉烛灯，月光洒满屋子令人怜爱，披上衣服出门来，露水沾湿了衣服。不能手捧月光送你，还不如再回到梦境中，或许还能与你欢聚一堂。

【通文】

诗人以明月起兴，抒发对远方亲友的深切思念。开篇之句，境界辽阔，将海天之间初升的明月与"天涯共此时"自然衔接，借月寄情，情景交融，极具感染力。诗中以月为媒，将相隔千里的思念之情凝于一瞬，营造出"共时共景"的情感共鸣氛围。全诗处处不离月，句句不离怀远，情意缠绵却不显哀怨，语言自然浑成，不露雕饰之痕，真可谓情动于中而形于言。张九龄以简练质朴之语，写尽千古离愁，堪称"以月寄情"的典范之作。

此诗虽短，却意境深远，既展现了唐人情思之真、意象之美，也体现出诗人超越个人情感，将个体思念升华为普遍共鸣的胸怀，令人久久回味，不愧为脍炙人口的千古名篇。

【达理】

不独古人有此情，今人亦有此情。现代科技让全球华人在中秋节、春节等传统佳节即使身处异地，仍能通过视频通话、社交网络等方式共赏明月、互致问候。然而，再先进的技术也无法完全清除空间上的距离感，正如诗中写道"情人怨遥夜，竟夕起相思"，现代人面对屏幕那头的亲友，也常有"虽可见而不可即"的遗憾。

【诵文】

描绘明月从海面升起，天涯之人皆能共赏的壮阔静谧画面，尽显诗人对美景的赞叹，情感宁静、壮阔。"海上生明月"展现出明月缓缓升起的壮丽景象，语调舒缓，营造出宁静、壮阔的氛围；"天涯共此时"语调稍扬，凸显出人们在同一时刻共赏美景的情感。接着，诗人进入相思主题，描绘因长夜难眠而深陷思念的痛苦。"情人怨遥夜"语调缓慢，"怨"字强调抱怨情绪，紧接着"竟夕起相思"语调上扬，突出强烈的相思之情。灭烛后仍痴迷月光，披衣出门感受夜露，这些细节生动展现了其辗转反侧的心情。结尾处，诗人无法将明月赠予思念之人，只能寄望于梦中相聚，"不堪盈手赠"语调缓慢，"还寝梦佳期"语调稍扬，表现出无奈与期盼，更增添了惆怅与相思之苦。

全诗情感层层推进，从赞叹到相思，再到无奈惆怅。诵读时平稳起调，描绘月色；幽怨表达，抒发相思；惆怅收尾，展现无奈。此诗属于低沉舒缓型节奏，诵读时需注意"思"之情怀的抒发。整体语势应呈现波峰状，不论起句和收句如何，高点在句腹。音调不宜过高，头尾"压"着一点，中间则鼓胀饱满。

31　宣州谢朓楼饯别校书叔云①

李白

宣州谢朓楼
饯别校书叔云

弃我去者，昨日之日不可留；乱我心者，今日之日多烦忧。
长风万里送秋雁，对此可以酣②高楼。蓬莱文章建安骨，中间小谢又清发③。
俱怀逸兴壮思飞，欲上青天览明月。抽刀断水水更流，举杯消愁愁更愁。
人生在世不称意④，明朝散发弄扁舟⑤。

【解字】

①选自《李太白全集》（中华书局2015年版）。宣州：今安徽宣城一带。朓，读 tiǎo。饯别：以酒食送行。校，读 jiào。
②酣：畅饮，读 hān。
③小谢：指谢朓。这里用以自喻。清发：清新秀发的诗风。发，读 fā。
④称意：称心如意。称，读 chèn。
⑤明朝：明天。朝，读 zhāo。发，读 fà。扁舟：小舟，小船。扁，读 piān。

【说文】

弃我而去的，昨天已不可挽留，扰乱我心绪的，今天使我极为烦忧。万里长风吹送南归的鸿雁，面对此景，正可以登上高楼开怀畅饮。你的文章就像汉代文学作品一般刚健清新。而我的诗风，也像谢朓那样清新秀丽。我们都满怀豪情逸兴，飞跃的神思像要腾空而上高高的青天，去摘取那皎洁的明月。想要抽出宝刀去斩断流水，水不但没有被斩断，反而流得更湍急了。我举起酒杯痛饮，本想借酒消去烦忧，结果反倒愁上加愁。啊！人生在世竟然如此不称心如意，还不如明天就披散了头发，乘一只小舟在江湖之上自在地漂流（退隐江湖）罢了。

【通文】

此诗的重点落在感怀。全诗感情沉郁、奔放，几乎句句都是精华。此诗旨在以蓬莱文章比李云，以谢朓清发自喻，借送别赞美对方，惜其生不称世。首二句，不写叙别，不写楼，却直抒郁结，道出心中烦忧。三、四句突作转折，从苦闷中转到爽朗壮阔的境界，展开了一幅秋空送雁图。一"送"一"酣"，点出了"饯别"的主题。"蓬莱"四句，赞美对方文章如蓬莱宫幽藏，刚健遒劲，有建安风骨，同时流露自己的才能，以谢朓自比，表达了对高洁理想的追求，同时体现了诗人的文艺观。末四句抒写感慨，理想与现实不可调和，不免烦忧苦闷，只好在"弄扁舟"中去寻求寄托。这既是对现实的逃避，也是自我疏解的途径，诗人欲从黑暗中找寻光明。诗人的思想感情瞬息万变，艺术结构腾挪跌宕，起落无端，断续无迹，深刻地表现了诗人矛盾的心情。此诗语言豪放自然，音律和谐统一，"抽刀断水水更流，举杯消愁愁更愁"成为千百年来描摹愁绪的名言，众口交赞。

【达理】

全诗充满豪情与愁绪，映照出古今相通的人生际遇。面对快速变迁的时代，"昨日之日不可留"不禁让人感慨科技日新月异、社会发展加速，进而思考如何在信息爆炸中坚守自我、保持定力；"抽刀断水水更流，举杯消愁愁更愁"折射出当代年轻人面临的就业压力与"内卷"困境，如何在迷茫中找到方向是人生的必修课；"明朝散发弄扁舟"则启示我们要在"躺平"与"归园田居"式生活之间找到平衡，在社会洪流中坚守理想、应对挑战，实现个人价值与社会责任的统一。

"欲上青天览明月"表达了李白对广阔天地的向往。从"嫦娥奔月"的神话到"嫦娥探月"工程的成功实施，从"天问"火星探测到"天宫"太空遨游，中国航天人以勇攀科技高峰的精神，逐步实现了古人对浩瀚星空的梦想。这不仅是科技的腾飞，更是民族自信与文化自觉的体现。将个人理想融入国家发展，把"仰望星空"与"脚踏实地"相结合，为科技强国建设贡献青春力量，是当代大学生的使命与担当。

【诵文】

这首诗开篇直抒胸臆，表达了对时光流逝的无奈和内心的烦忧，情感愤懑且愁苦，刻画出对现状的强烈不满。接着，诗人描绘壮阔的秋日景象，情绪从烦闷转向豁达，展现了在高楼上畅饮的豪情。紧接着，诗人通过文学典故赞美李云的文章有建安风骨，同时自诩诗作清新，体现了对文学才华的自信与推崇。自然景象和文学成就给予诗人力量，情感进一步升华，诗人与友人共享豪情，表达欲飞上青天摘明月的壮志，情感激昂、豪迈，呈现出对理想的热烈追求。结尾部分诗人无奈洒脱，面对现实的困境选择超脱，生动比喻愁绪如"抽刀断水"般难以排解，表达想远离尘世、追求自由自在的心境。整首诗体现了李白复杂的情感：既有对现实的愤懑与不满，又有对理想的追求和豪放洒脱的情怀。诗中的情感波动起伏，语调时而愤懑，时而豁达、激昂，最后以洒脱无奈的语气收尾，展现了李白内心深处的矛盾与豪情。整体诵读时，愤懑起调，抒发愁绪，豁达过渡，展现自信，激昂高潮，追求理想，洒脱收尾，面对现实。这首饯别抒怀诗，诗人既满怀逸兴，又难掩不平郁闷之气，要体会和把握诗人一波三折、起伏跌宕的内心情感。在诵读"抽刀断水水更流，举杯消愁愁更愁"时要注意虽然诗人的情绪一落千丈，急剧转折，但又体现出其倔强不屈的风骨，始终为我们传递出不放弃理想、不屈服于现实的豪迈雄放情怀。

32 夜雨寄北①

李商隐

君问归期未有期，巴山②夜雨涨秋池。
何当③共剪西窗烛④，却话巴山夜雨时。

【解字】

①选自《玉溪生诗集笺注》（上海古籍出版社 2011 年版）。寄北：写寄给北方的人。诗人当时在巴蜀，他的亲友在长安，所以说"寄北"。

②巴山：泛指川东一带的山。川东一带古属巴国。

③何当：何时能够。盼望之词。

④剪西窗烛：剪烛，剪去燃焦的烛芯，使灯光明亮。这里形容深夜秉烛长谈。

【说文】

你若问我归家的日期，我还没有定期！今夜巴山淅沥的夜雨，却已涨满秋池。

几时才相会秉烛夜谈，在那西窗之下？相互倾诉今宵巴山中，这听雨的情思。

【通文】

这是唐代诗人李商隐身居异乡巴蜀时以诗的形式写给远在长安的妻子（一说友人）的复信。"巴山"指四川东部的大巴山脉，而"夜雨"则是该地区典型的气候特征：四川盆地湿润多雨，特别是秋冬季节，夜间降雨频繁，使得"巴山夜雨"成为独特的地域意象。此诗前两句以问答和对眼前环境的抒写，阐发了诗人孤寂的情怀和对对方的深深思念；后两句设想来日重逢谈心的欢悦，以此反衬今夜的孤寂。这首诗即兴而作，写出了作者刹那间情感的曲折变化。语言朴实，在遣词造句上看不出修饰的痕迹。这首诗质朴、自然，同时具有"寄托深而措辞婉"的艺术特色。全诗构思新巧，跌宕有致，言浅意深，语短情长。

【达理】

在全球化和科技迅猛发展的今天，许多海外华人、援外工作者、留学生，乃至过着"双城生活"的年轻人，都经历着"君问归期未有期"般的远离与等待。在数字化时代，视频连线、云端相聚等方式，让"却话巴山夜雨时"有了新的呈现方式。无论是远赴他乡的务工者、在职场拼搏的年轻人，还是投身科研、奔赴各地的学者，都可能面临"君问归期未有期"的抉择与思念。在时代的洪流中，我们既要努力实现个人价值，也要珍视家庭情感，找到奋斗与陪伴之间的平衡点。在实现自身梦想的同时，如何用责任和爱温暖远方的亲人，让奋斗之路不再孤单，让亲情在时光中愈加深厚，是每一个追梦人的必修课。

【诵文】

这首诗开篇以对话形式直接回应归期问题，因无法确定归期而充满无奈，情感惆怅。接着，诗人描绘了巴山秋夜的环境，倾盆大雨、池塘水满，不仅点明时间地点，也渲染出孤寂、愁苦的氛围。随后，诗人转向对未来相聚的想象，期盼着在西窗下与对方剪烛夜谈，回忆巴山夜雨的情景，情感充满期盼与憧憬。全诗展现了李商隐对远方亲友的深切思念，同时流露出因归期未定而产生的惆怅。开头"君问归期未有期"语调无奈、语速稍慢，突出无法确定归期的愁苦；中间"巴山夜雨涨秋池"语调低沉，语速稍慢，渲染出孤寂的气氛；结尾"何当共剪西窗烛，却话巴山夜雨时"语调轻快、语速稍快，突出对相聚的期盼。整体节奏按"二二三"模式，适当拖长发音、调节节奏，表现无奈、期盼的情感变化。

整体诵读时，无奈起调，回应归期；低沉描绘，展现环境；轻快收尾，憧憬相聚。整体语速偏慢，开篇和环境描写部分语速更慢，想象相聚部分语速适当加快。注意读出无奈、孤寂、期盼等情感变化。

33　赋得古原草送别①

白居易

离离原②上草，一岁一枯荣。
野火烧不尽，春风吹又生。
远芳侵古道③，晴翠接荒城。
又送王孙④去，萋萋⑤满别情。

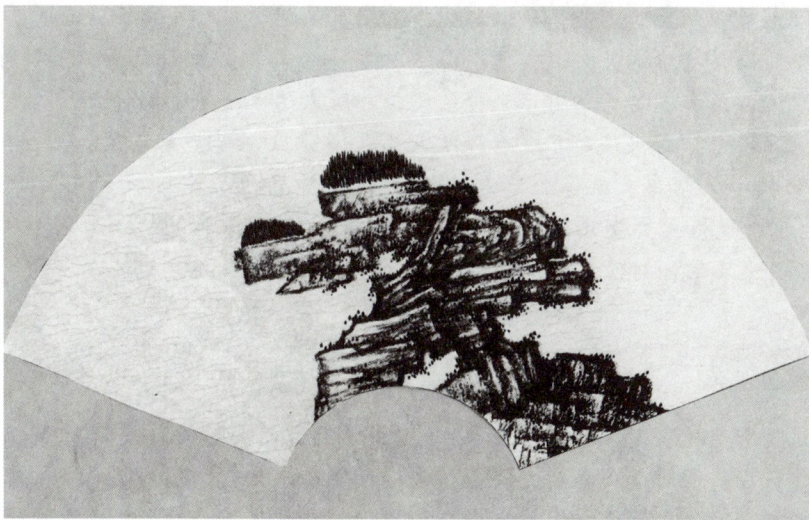

【解字】

①选自《宋本白氏文集》（国家图书馆出版社 2017 年版）。赋得：借古人成句命题作诗。诗题前一般都冠以"赋得"二字。这是古代人学习作诗或文人聚会分题作诗或科举考试时命题作诗的一种方式，称为"赋得体"。

②离离：青草茂密浓厚。原：原野。

③远芳侵古道：远处芬芳的野草一直长到古老的驿道上。芳：指野草那浓郁的香气。远芳：草香远播。侵：侵占，长满。

④王孙：本指贵族，这里指远方的友人。

⑤萋萋：形容草木长得茂盛的样子。

【说文】

原上草长得多么茂盛啊，每年秋冬枯黄春来草色浓。无情的野火只能烧掉干叶，春风一吹又生机勃勃绿茸茸一片。山野的花草弥漫在古道上，阳光照耀下碧绿连荒城。我又一次送走知心的好友，茂密的青草代表我的深情。

【通文】

这首咏物送别诗为试帖诗，诗题"古原草送别"，是白居易16岁时所作。草与别情，似从古代的骚人写下"王孙游兮不归，春草生兮萋萋"（《楚辞·招隐士》）的名句起，便有了千丝万缕的联系。《赋得古原草送别》是白居易的成名作，此诗通过对古原上野草的描绘，抒发了诗人送别友人时的依依惜别之情。它是一曲野草颂，也是一首生命的颂歌。前四句侧重表现野草生命的历时之美，后四句侧重表现其共时之美。全诗章法谨严，用语自然流畅，对仗工整，写景抒情水乳交融，意境浑成，字字含真情，语语有余味，堪称"赋得体"中的绝唱。此诗以茂盛不息的草喻示生命的顽强，既表达了送别的离情别绪，也展现出生命的顽强与希望。诗句"野火烧不尽，春风吹又生"更是象征着坚韧不拔、不屈不挠的精神。野草年年岁岁枯萎又繁盛，就像作者和友人的友情一样，深厚而长久。此诗不仅写出了"原上草"的独特性格，更塑造了一种从烈火中重生的理想典范。一句写枯，一句写荣，"烧不尽"与"吹又生"对仗工整，韵味悠长，堪称千古绝唱。

【达理】

诗句"远芳侵古道，晴翠接荒城"描绘了道路因时间久远而被青草覆盖的景象。在现代交通设施建设中，面对道路年久失修、植被侵蚀等道路老化问题以及养护技术方面的工程问题，需应用路面修复、桥梁加固、生态公路建设等新技术，并结合绿色发展理念，在道路工程中融入生态环保技术。

在创新创业、乡村振兴、科技攻关等领域，无数奋斗者如同原上草，虽经历风霜考验，依然在新时代的春风中蓬勃生长、迎来新生。这正是中国革命历程中，中国共产党和革命先烈们在艰难困苦中百折不挠、浴火重生的精神写照。无论是新民主主义革命时期的血雨腥风，还是抗日战争、解放战争的艰难斗争，革命力量虽屡遭打压，但凭借坚定的理想信念和人民群众的支持，总能在绝境中重生，在希望中壮大。新中国成立后，无论是改革开放还是新时代的发展征程，中国人民依然以顽强拼搏的精神，克服各种困难，实现了国家繁荣富强。面对全球变局和职场竞争，新时代青年应在时代洪流中继承革命精神，涵养坚韧品格，展现出直面挑战、勇毅前行的奋斗姿态，为中华民族伟大复兴贡献力量。

【诵文】

　　整首诗通过草的生长特性，既歌颂生命的顽强，也表达对友人惜别之情。在诵读时，开篇的"离离原上草，一岁一枯荣"要读得平稳，展现草的繁茂与平和的情感；"野火烧不尽，春风吹又生"则要读得有力，突出草的顽强；结尾"又送王孙去，萋萋满别情"语调惆怅，强调离别之情。

　　诵读时平稳起调，描绘草的生长；激昂表达，展现草的顽强；惆怅收尾，抒发离别之情。其中前两联语速适中稍慢品内涵，颈联语速适当加快显生机，尾联语速放慢表伤感。赞顽强、展生机、伤离别，读时注意情感递进。

34　蝶恋花·伫倚危楼风细细①

柳永

蝶恋花·伫倚
危楼风细细

　　伫倚危楼②风细细，望极春愁，黯黯生天际③。草色烟光残照里，无言谁会凭阑意④。

　　拟把疏狂图一醉，对酒当歌，强乐还无味。衣带渐宽⑤终不悔，为伊消得⑥人憔悴。

【解字】

①选自《乐章集校注》（中华书局2015年版）。

②伫倚危楼：长时间倚靠在高楼的栏杆上。伫，久立，读 zhù。危楼，高楼。

③黯黯：心情沮丧忧愁。生天际：从遥远无边的天际升起。

④会：理解。阑：同"栏"。

⑤衣带渐宽：指人逐渐消瘦。语本《古十九首》："相去日已远，衣带日已缓"。

⑥消得：值得。

【说文】

独上高楼，伫栏长倚，细细春风迎面吹来，望不尽的春日离愁，黯黯然弥漫天际。碧绿的草色与迷蒙的烟光掩映在落日余晖里，谁能理解我默默凭倚栏杆时的心意？我本想尽情放纵，一醉方休。与他人对酒高歌，才感到勉强求乐反而毫无兴味。即便我渐渐消瘦衣带宽松也不后悔，为了她我情愿一身憔悴。

【通文】

这首词描绘了词人独自凭栏远眺的孤寂景象，以及内心深处的无尽愁绪，是一首怀人之作。词人以细腻的笔触抒发了惆怅忧思与执着深情，把漂泊异乡的落魄感受同怀念意中人的缠绵情思结合在一起，抒情写景，感情真挚。上阕点明登楼引起了"春愁"，把主人公的外形像一幅剪纸那样凸显出来。继而点明时令，"风细细"带写一笔景物，为这幅剪影添加了一点背景，画面便立刻活跃起来了。全词紧扣"春愁"，实则暗指"相思"，却又迟迟不肯说破，只是从字里行间向读者透露出一些信息。眼看要写到了，却又煞住，调转笔墨，如此影影绰绰，扑朔迷离，千回百折，直到最后一句才真相大白。最后两句将相思感情推向高潮时戛然而止，激情回荡，具有很强的感染力。尤其是"衣带渐宽终不悔，为伊消得人憔悴"一句，深刻地表达了对爱情的坚贞和执着，成为千古流传的经典名句。

【达理】

"衣带渐宽终不悔，为伊消得人憔悴"表达了对理想和追求的执着，人们不惜付出辛劳和艰辛，且无怨无悔。科研工作者夜以继日地攻坚克难，运动员忍受高强度训练带来的艰辛，挥洒着常人难以想象的汗水，只为赛场上的一刻荣耀。即便伤痕累累，他们依然坚定前行。从载人航天到深空探测，航天人几十年如一日，默默奉献，攻克技术难关，用一生去追逐星辰大海。青年群体应如他们一样，以坚定信念迎接挑战，不负青春韶华。

【诵文】

上阕开篇，词人独倚高楼，微风拂过，春愁悄然而生。残阳下草色朦胧，词人无言，凭栏心意无人能懂。词人借景烘托春愁与孤独，情感惆怅、孤寂。下阕中，词人欲借酒消愁、对酒高歌，强作欢乐却愈发无味，烦闷与无奈加重。接着直抒胸臆，甘愿为思念之人日渐消瘦，对爱情的执着将情感推向高潮，情感坚定、执着。整首词刻画了柳永对爱情的执着追求与相思中的痛苦煎熬。上阕开篇语速稍慢，语调惆怅，营造出哀愁氛围；中间借酒消愁部分，语速适中，语调愁苦；下阕语速平稳，以愁苦语调展现情感转变；结尾部分语速稍慢，语调坚定，突出执着与忠贞。

　　整首词通过节奏和语调的变化，生动传达了从惆怅、无奈到坚定与执着的深刻情感。诵读时以惆怅缓慢的声音营造哀愁氛围开篇，继而用适中愁苦的语调叙述情感变化，结尾以坚定缓慢的声音展现对爱情的执着。

美育篇

心中山水别为景

——开启审美之旅

四时节令　春华秋实

35　春江花月夜① （节选）

张若虚②

春江潮水连海平，海上明月共潮生。
滟滟③随波千万里，何处春江无月明！
江流宛转绕芳甸④，月照花林皆似霰⑤。
空里流霜不觉飞，汀⑥上白沙看不见。
江天一色无纤尘⑦，皎皎空中孤月轮。
江畔何人初见月？江月何年初照人？
人生代代无穷已，江月年年望相似。
不知江月待何人，但见长江送流水。
白云一片去悠悠，青枫浦上⑧不胜愁。

【解字】

①选自《全唐诗》（中华书局 2018 年版）。

②张若虚（约 660—约 720 年）：扬州（今江苏扬州）人，唐代著名诗人，曾任兖州兵曹。与贺知章、张旭、包融并称为"吴中四士"。

③滟滟：波光荡漾的样子，读 yàn。

④芳甸：芳草丰茂的原野。甸，郊外之地，读 diàn。

⑤霰：天空中降落的白色不透明的小冰粒，读 xiàn。形容月光下春花晶莹洁白。

⑥汀：沙滩，读 tīng。

⑦纤尘：微细的灰尘。纤，读 xiān。

⑧浦上：水边。

【说文】

春天的江潮水势浩荡，与大海连成了一片；一轮明月从海上升起，好像与潮水一起涌出来。月光照耀着春江随着水波荡漾千万里，春天的江上哪里没有明亮的月光。江水曲折地绕着芳草丰茂的原野流淌，月光下的春花晶莹洁白。月光皎洁，所以不觉得有霜霰飞扬，洲上的白沙和月色融合在一起看不分明。江水和天空变成了一种颜色没有一点微小的灰尘，明亮的天空中只有一轮孤月高悬。江边是谁最先看到月亮？江上的月亮又是从哪一年开始照临人间的？人一代一代地没有穷尽，而江上的月亮却年年都相似。不知道江上的月亮在等待着什么人，只见长江不断地送走流水。天上的白云如游子的白帆悠悠远去，给青枫浦边的思妇留下无尽的相思之愁。

【通文】

《春江花月夜》把春、江、花、月、夜五种意象融合一起，营造出如梦如幻的美妙意境，抒写了离人的相思之情。闻一多先生评价这首时空咏叹调为"诗中的诗，顶峰上的顶峰，孤篇压全唐"，一千多年来使无数读者为之倾倒。一生仅留下两首诗的张若虚，也因这一首诗，"孤篇横绝，竟为大家"。全诗通过描绘春江月夜的美景，抒发游子与思妇的离愁别绪，并探讨人生的无常与时间的流转。诗中的月光与江水交织，既象征着生命的永恒，又隐含着时间的无情流逝。诗人通过细腻的笔触，刻画了春江的波光与月色的辉映，创造出一幅美丽而宁静的画面，带领读者进入一个幽远的境界。整首诗语言清新、韵律和谐，通过四句一换韵的结构，形成了悠扬的节奏感。诗人巧妙地将月光、江水与人物的情感交织在一起，构建了一个情景交融的艺术世界。

【达理】

一轮明月照春江，千年光影，依旧动人。诗中借月映江水，描春夜花林，写尽自然之美，也写尽人心的悠悠思绪。

"春江潮水连海平，海上明月共潮生。"一句之间，画面感扑面而来。如今的我们，也正与这份古老的浪漫并肩同行。中国的探月工程不停迈出新步伐，"嫦娥"奔月、"天问"探火，不仅是科技的跃升，也是千年来对"明月共潮生"的一种现实回应。昔日诗人遥望星空发问，今日我们用脚步去丈量宇宙的辽阔。

"江月年年望相似，人生代代无穷已。"诗中那份对时间流转的感慨，如今依然贴近人心。从高速发展的人工智能，到我们每天与变化对话的生活节奏，每一代人都在用自己的方式应对世界。而不变的，是对美好生活的追求，是在月光下静静想一想过去与未来的那份心境。千年前的月光照在江面，如今仍照进我们的生活。无论身处城市灯火，还是乡村田野，每当抬头看月，总会有一份穿越古今的安慰与共鸣。这不仅是一首诗的魅力，更是中华文化绵延不绝的生命力。

明月当空，曾照古人，江月依旧，人心不老。在变动不居的世界里，这份从容与诗意，仍是我们心底最柔软的光，照亮前行的路。

【诵文】

开篇气势激昂，生动描绘春潮与明月的壮阔景象。接着"滟滟随波千万里"等句情感转柔，细腻描绘月光下的美景，尽显诗人对自然的赞叹。"江畔何人初见月"一句起，情感变得深沉，引发诗人对宇宙与人生的思考，喟叹人生短暂、江月永恒。"白云一片去悠悠"起，情感转为忧愁，表露离别之苦。"可怜楼上月徘徊"进一步渲染了相思之情。

全诗通过春江月夜之景，既赞美自然美景，又探讨宇宙与人生，最终颂扬人间真情。节奏与语调的变化，凸显了从气势激昂到柔和细腻，再到深沉忧愁的情感起伏。诵读时需尝试理解诗人的心境，对春江花月夜的绮丽美景产生共情。情感变化从激昂的气势到柔和的赞美，再到深沉的思考、忧愁的离情和哀伤的深化。节奏上开篇舒缓、美景轻快、哲理放慢，语调依景、情、思变化，或扬或柔或沉或低，情感中包含对景的赞叹、对人生的感慨、对离人的哀愁，语速整体适中，情感激昂处快、情感细腻处慢，重音突出关键字词，如"连""生""年年"等，以传诗意。

36　立春偶成[①]

张栻[②]

律回[③]岁晚冰霜少，春到人间草木知。
便觉眼前生意[④]满，东风吹水绿参差[⑤]。

【解字】

①选自《宋诗三百首全解》（复旦大学出版社 2021 年版）。偶成：偶有所感而成。

②张栻（1133—1180 年）：字敬夫，号南轩，南宋汉州绵竹（今四川绵竹）人。

③律回：即大地回春的意思。作者是四川人，立春之时，北方仍是冰天雪地，南方已是冰霜稀少，这首诗是他在立春日无限兴奋喜悦时所作。

④生意：生机、生气。

⑤参差：高低不齐。形容水面波纹起伏的样子。参，读 cēn。差，读 cī。

【说文】

年终时候春回大地，冰霜渐渐减少，春天到来草木是最先知晓的。只觉得眼前已是一片生机盎然，东风吹来水面绿波荡漾。

【通文】

这是一首节令诗，诗人以"律回"为契机描写立春时节万物复苏、一派生机勃勃的春日图景，表达了对欣欣向荣之景的渴望。首句写立春时冰雪消融，气温回暖，暗示冬季结束，春意渐至。接着以拟人化手法写草木感知春意，生动传达自然界万物的变化。后两句描绘春水东风吹拂，万物勃发的生机，诗人通过细腻描写传递了春天的蓬勃气息，强调了春意盎然的力量。全诗充满活力，寓意深远，让人仿佛置身于春日的清新与希望之中，激励人们积极向上，在悠然自得的心境中萌生出无穷遐思。

【达理】

《立春偶成》通过简洁而生动的语言描绘了春天的景象，展现了自然界在季节交替中的蓬勃生机。开篇表明冬天的严寒逐渐消退，春天的气息悄然到来。冰霜少了，意味着严峻的考验和困境逐渐远去，取而代之的是温暖和希望。草木在春风中感知到生命的复苏，每个人也应在这个充满机遇的时代中重新发现自己的价值与潜力。"便觉眼前生意满，东风吹水绿参差"描绘了春风吹拂大地，带来了新的生机和活力。东风象征着希望，正如在科技、文化等领域，社会进步日新月异，无论是年轻人还是各行各业的从业者，都能在这片充满生机的土地上找到属于自己的舞台。在信息时代，社会的快速发展让许多人感受到生活的压力，但这正是不断追求进步、超越自我的动力所在，我们应在困境中看到春天的希望和美好。这首诗激励我们面对未来只要保持希望与勇气，保持积极向上的心态，抓住机遇，就能够焕发出属于自己的光彩，迎接属于自己的春天。

【诵文】

　　开篇点明立春这一时节，随着节气转换，岁末冰霜渐少，冬天即将过去，从中能感受到诗人平和又带着期待的心情，情感平和，满是对春天的盼望。诵读时节奏稍缓，每个短句间停顿稍长，"律回岁晚"读得舒缓，语调稍扬，展现出时节的转换；"冰霜少"语调稍降，突出冬天的消退。"春到人间"读得清晰，语调稍扬，"草木知"语调稍降，突出草木对春天的感知。"便觉眼前"语调稍扬，"生意满"语调稍降，强调春天的生机勃勃。"绿参差"语调稍降，突出水波荡漾的画面，增强欢快氛围。诗中东风拂水、水波荡漾的画面，灵动美好，情感欢畅。

　　整首诗体现了诗人在立春时节对春天来临的敏锐感知。节奏上七言按"四三"划分，语速适中，有快慢变化。依情控音量，展现诗中春之美感。从起初对春天的期待，到看到生机景象的欣喜，再到欣赏美好画面时的欢快，诗人真挚地表达出对春日的赞美之情。

37　元日①

王安石②

爆竹声中一岁除，春风送暖入屠苏③。
千门万户曈曈④日，总把新桃⑤换旧符。

【解字】

　　①选自《宋诗三百首全解》（复旦大学出版社 2021 年版）。元日：即春节。
　　②王安石（1021—1086 年），字介甫，号半山，谥文，封荆国公。抚州临川（今江西抚州临川区）人，北宋著名政治家、思想家、文学家，唐宋八大家之一。
　　③屠苏：亦作"屠酥"，"屠苏"本来是一种阔叶草，南方民间风俗，画了屠苏草作为装饰的房屋叫作"屠苏"。屠，读 tú。
　　④曈曈：日出时光亮而温暖的样子，读 tóng。
　　⑤桃：桃符，古代一种风俗，农历正月初一时人们用桃木板写上神荼、郁垒两位神灵的名字，悬挂在门旁，用来压邪，后演变成春联。

【说文】

　　爆竹声中旧的一年已经过去，迎着和暖的春风开怀畅饮屠苏酒。
　　初升的太阳照耀着千家万户，都把旧的桃符取下换上新的桃符。

【通文】

《元日》是一首七言绝句，生动地描绘了新年元日热闹、欢乐以及万象更新的景象。诗人从民间习俗中汲取灵感，巧妙地选取了春节期间富有代表性的生活细节，如点燃爆竹、饮屠苏酒、换新桃符等，营造了年节的欢乐气氛，富有浓厚的生活气息；同时展现出他对政治革新的向往和积极向上的精神，乐观和奋发之情跃然纸上。

首句描绘了在阵阵鞭炮声中，人们送走旧岁，迎来新年的情景。起句紧扣题目，渲染春节热闹欢乐的气氛。次句描写人们迎着和煦的春风，开怀畅饮屠苏酒。"千门万户曈曈日"写旭日的光辉普照千家万户。用"曈曈"一词表现日出时光辉灿烂的景象，象征无限光明美好的前景。结句"总把新桃换旧符"，既是写当时的民间习俗，又寓含除旧布新的意思。"桃符"是一种绘有神像、挂在门上避邪的桃木板，每年春节人们都会取下旧桃符，换上新桃符。"新桃换旧符"与首句爆竹送旧岁紧密呼应，形象地表现了万象更新的景象。

【达理】

《元日》以极简的笔触，勾勒出春节的欢庆氛围，写尽了年味，也传递出人们迎接新年的喜悦与期盼。这是王安石笔下的春节，也是千百年来中国人心中的年味。春节，是中国重要的传统节日之一。2024年12月4日，中国申报的"春节——中国人庆祝传统新年的社会实践"被列入联合国教科文组织《人类非物质文化遗产代表作名录》，这不仅是对传统习俗的国际认可，更是对中华民族文化记忆的珍视。从贴春联、放爆竹，到围炉守岁、共饮屠苏，这些沿袭千年的习俗，成为连接亲情、传承文化的纽带。"春风送暖"，吹散的不只是严寒，也吹动了人们心头的希望；"爆竹声中"，响起的不只是喜庆，更像是为新生活奏响序曲。今天的春节，依然承载着相同的情感。不论是城市的灯火通明，还是乡村的烟火人家，人们总会在这一刻放慢脚步，贴上一副新的春联，挂起一盏红灯笼，把希望写进门楣上，也写进心里。正如诗中所说，换下的不仅是旧符纸，更是重新出发的心态。

春节，不只是节令的更替，更是一次心灵的整装出发。在春风拂面的时刻，我们放下旧忧，迎接新愿，带着坚定与期待，迈向新的一年。

【诵文】

开篇生动描绘出在爆竹声中旧岁已除，人们沐浴着春风畅饮屠苏酒的欢乐场景，情感欢快喜悦，满是对新年的庆祝之情。诵读时语调轻快，节奏稍紧凑，营造出热闹的氛围，"除""苏""符"押"u"韵，让韵律自然流畅。"千门万户/曈曈日，总把新桃/换旧符"节奏适中，突出万象更新的景象，读出喜庆之感，展现出对未来的希望和憧憬。初升的太阳照亮千家万户，人们忙着取下旧桃符换上新桃符。此句情感中洋溢着希望与憧憬，不仅展现出新年元日热闹、欢乐和万象更新的动人景象，更体现了作者对新一年的美好展望，以及对变法革新的期待与决心。整首诗传达出作者对新年的喜悦，以及对未来的希望憧憬。

　　整体诵读时，从轻快的欢乐到上扬的希望，语速由稍快到适中。通过声音融入对新年的喜悦、对未来的希望憧憬之情，以及对诗中万象更新景象的赞美，尤其读到后两句时，要传达出积极向上的情感。

38　青玉案·元夕①

青玉案·元夕

辛弃疾②

　　东风夜放花千树③，更吹落、星如雨④。宝马雕车香满路。凤箫声动，玉壶⑤光转，一夜鱼龙舞。

　　蛾儿雪柳黄金缕，笑语盈盈暗香去。众里寻他千百度。蓦然⑥回首，那人却在，灯火阑珊⑦处。

【解字】

　　①选自《宋词三百首》（中华书局2016年版）。青玉案：词牌名。元夕：正月十五，即元宵节，又称上元节，唐宋以来有观灯习俗。

　　②辛弃疾（1140—1207年），原字坦夫，后改字幼安，中年后别号稼轩，历城（今山东济南）人。南宋官员、将领、文学家，豪放派词人，有"词中之龙"之称。

　　③花千树：花灯之多如千树开花。古时夜晚有宵禁之令，百姓不得随意外出。但上元节通常会解除宵禁，为期三天，人人皆可自由徜徉，畅享月下繁华。

　　④星如雨：指焰火纷纷，乱落如雨。星，指焰火，形容满天的烟花。

　　⑤玉壶：比喻明月，亦可解释为指灯。

　　⑥蓦然：突然，猛然。蓦，读 mò。

　　⑦阑珊：暗淡，零落，读 lán shān。

【说文】

　　东风吹开了元宵夜的火树银花，花灯灿烂，就像千树花开。从天而降的礼花，犹如星雨。豪华的马车在飘香的街道行过。悠扬的凤箫声四处回荡，玉壶般的明月渐渐转向西边，一夜舞动鱼灯、龙灯不停歇。美人头上都戴着华丽的饰物，笑语盈盈地随人群走过，只有衣香犹在暗中飘散。我在人群中寻找她千百回，猛然回头，不经意间却在灯火将尽未尽之处发现了她。

【通文】

《青玉案·元夕》是古代词作中描写"上元佳节"主题的佳作。整首词巧妙运用了对比手法，上阕描绘元宵节的热闹场景，花灯璀璨、乐声悠扬，宛如一幅繁华画卷；下阕则通过灯火阑珊的细节，表现寻找孤高女子的过程，展现她的独特魅力。词人通过对元宵节盛况的极力渲染，反衬出一位孤高淡泊、超群拔俗的女性形象，借此寄托了自己不愿与世俗同流合污的孤高品格。全词通过热闹景象表达复杂的内心世界，上阕通过灯火、烟花等盛况展示节日的繁华，而下阕则通过游女与心上人的对比，表达了对理想与美好事物的渴望。词中的"人"既象征着美人或理想对象，也可理解为词人对失落家国情怀的追溯，或对旧都的怀念。"灯火阑珊处"传达了词人对理想与现实差距的深刻感受，象征内心的孤寂与对美好时光的追忆。整首词以独特构思与深沉情感，展现了词人在国家动荡与个人孤独中的矛盾心境。王国维将"众里寻他千百度，蓦然回首，那人却在，灯火阑珊处"喻为古今成大事业、大学问者必经的境界之一，这充分说明这首词具有超越表面形象、包含更多言外意涵的特点和魅力。

【达理】

《青玉案·元夕》是一首通过元宵节的盛大场景表达内心深沉情感的词作。上阕描绘了节日中的灯火辉煌、烟花璀璨，渲染出浓厚的节庆氛围。词中的"东风夜放花千树，更吹落、星如雨"，巧妙地将烟火的绚烂与春风的吹拂相结合，形象地表现了夜空中五光十色的火树银花。街道上车马流动、鼓乐声声，整个城市似乎都沉浸在欢乐的气氛中。而在这样的盛大场景中，词人依然能从中发现一个特别的"人"，无论外界如何喧嚣，总有一颗独立于浮华之外的内心，在默默寻求着那份属于自己的平静与真实。下阕则转向描写游女，细腻地描绘了她们的身姿、笑语和暗香，然而词人心中真正寻找的"那人"并非这些繁华中的一员，而是在灯火阑珊处独自等待的人。这里的"那人"可以理解为理想中的伴侣、心中的挚爱，甚至可以看作象征理想与希望的追求对象。而"灯火阑珊处"的意境更是深具哲理，象征在纷繁复杂的世界中，那份真正属于自己的宁静与满足需要通过内心的坚持去发现。古人如此，今人亦然，虽然外界有着各种各样的诱惑与喧嚣，但每个人都可以从自己的生活中找到那个属于自己的"灯火阑珊处"，这不仅是对个人理想的追求，也是对社会理想的呼唤。当今社会科技飞速发展，世界变得越来越喧闹，个体的声音往往被淹没在人群中。然而，正如辛弃疾所写，"那人却在，灯火阑珊处"，我们每个人都可以在纷繁的生活中找到属于自己的位置，这种坚定不移的追求，体现了人们在现代社会中不忘初心、勇敢追梦的精神。每个奋斗的人都是在追寻自己的"那人"，在为社会创造更美好的未来。不管前方道路多么艰难，每个人都可以在自己的"灯火阑珊处"找到内心的宁静与力量，继续坚定不移地走下去，最终迎接属于自己的光辉时刻。

【诵文】

　　上阕前两句应读得有力，节奏紧凑，语调高昂，展现出烟花绚烂绽放所营造出的热闹氛围。后四句节奏稍紧凑，将热闹推向高潮。下阕前句情感稍显平淡，节奏适中，读得自然，在热闹中稍作停顿。词人在众人中千百次地寻找心中的那个人，突然回头，却发现她在灯火稀疏的地方，此时节奏稍缓，突出寻觅后的情感，舒缓的节奏突出深沉的情感。这里有一种历经寻觅后的怅然与惊喜，同时蕴含着超脱与孤寂的心境。这首词既体现了词人对元夕热闹场景的描绘，也展现了词人在热闹中追寻时的超脱、孤寂心境。

　　整体诵读时，从上阕的高昂欢快到下阕的平稳深沉，语速由稍快、适中偏快到适中、稍慢，整首词节奏舒缓，适当停顿，同时重音强调关键语句，如此便能更好地感受元夕的热闹和词人的情感变化。

39　钱塘湖春行①

白居易

钱塘湖春行

孤山寺北贾亭西，水面初平②云脚低。
几处早莺争暖树，谁家新燕啄春泥。
乱花渐欲迷人眼，浅草才能没③马蹄。
最爱湖东行不足，绿杨阴里白沙堤。

【解字】

①选自《白氏长庆集》（上海古籍出版社1994年版）。钱塘湖：即杭州西湖。

②水面初平：湖水才同堤岸齐平，即春水初涨。初：常用来表示时间，指不久。

③没：遮没，盖没。

【说文】

从孤山寺的北面到贾亭的西面，春水初涨，湖水刚与堤岸齐平，低垂的白云同湖面连成一片。几只早出的黄莺争相飞往向阳的树木，谁家新飞来的燕子忙着筑巢衔泥。纷繁的花朵渐渐开放使人眼花缭乱，浅浅的青草刚刚够上遮没马蹄。

最爱的湖东美景百游不厌，在杨柳成排的绿荫中穿过一条白沙堤。

【通文】

通过诗人生动细腻的描绘，《钱塘湖春行》展现了早春西湖的自然美景。首联从湖水写起，点明钱塘湖的方位和湖面水位的特点，展示了春水初涨与空中白云、湖面波光交织的美景。颔联则从静到动，通过描写鸟类莺歌燕舞，凸显了春天的生机。尤其是"几处"和"谁家"二字，表现出诗人对春景的细腻观察和内心的感受。颈联写花草的生长状态，草木尚未完全复苏，但春意已经显现，诗人通过"乱"和"浅"形容花草的状态，给人一种向春而生的感觉。尾联描写了诗人最喜爱的白堤景色，白沙堤在绿杨映衬下静卧湖中，游人如织，展示了春日的美好。整首诗将自然景物与诗人主观感受相结合，展现了春日游湖时的心境，清新自然，情感饱满。诗中的语言简练、形象生动，极具画面感，充分体现了诗人游湖时的喜悦与陶醉，也让人感受到大自然的勃勃生机。

【达理】

春天的西湖，总有让人驻足的理由。白居易在《钱塘湖春行》中写道："最爱湖东行不足，绿杨阴里白沙堤。"湖光潋滟，杨柳依依，但这条白堤并非只为风景而生，当年他任杭州刺史，疏浚西湖，筑堤修路，不仅留下了诗情画意，更为百姓排涝蓄水，造福一方。这一笔，是写在诗里的治水智慧，更是刻在湖畔的民生工程。

千年之后，治水兴利的脚步依然在路上。今天的"白堤"，或许是一条南水北调的输水干渠，穿越千山万水只为润泽北方干渴的土地；或许是一座现代化水库，默默调节旱涝保障供水；又或者，是一座城市里不起眼的地下调蓄池，把雨水悄悄藏起，待用时再缓缓释放。白居易用诗意守护西湖，我们用科技呵护水源。无论古今，水利工程从不是冰冷的钢筋水泥，而是最温暖的民心工程。正如诗人所言，"最爱湖东行不足"，那份对绿水青山的热爱和对民生福祉的执念，跨越千年，依旧在延续。

【诵文】

　　这首描写西湖早春的七言律诗，起笔便点明诗人的游览之地——在孤山寺北、贾亭之西。寥寥数语，便勾勒出西湖水面初涨、与堤岸平齐，低垂的白云悠悠然，和湖面上的波澜相接相融的画面，颇具韵致。诗人笔触细腻，早莺争栖暖树，新燕啄泥筑巢，一派生机勃勃的早春景象跃然纸上，让人也不禁为春天的活力而心生欣喜。繁花盛放，渐欲迷人眼，浅草初长，刚可没马蹄，西湖的烂漫春光尽显，诗人的欣赏与陶醉之情也溢于言表。诗至结尾，诗人直抒胸臆，将对湖东景色的喜爱推至高潮，他在绿杨阴里的白沙堤上流连忘返，足见其情之深。从情感脉络来看，起笔时平和，为景色铺陈，而后情感渐趋欢快、愉悦，至尾句达到顶点。

　　整首诗不仅饱含着诗人对西湖早春景色的深情喜爱与赞美，更体现出其对生活的那份热忱。诵读时从平稳的开篇到轻快的欣喜，再到愉悦的欣赏和强烈的喜爱。朗读时节奏遵循"二二三"的韵律，语速由稍慢、稍快、适中到适中。开篇语调平稳、语速慢，中间写春景时语调上扬、语速加快显欢快，结尾直抒喜爱之情时语调深情、语速缓。从平和到欢快再到眷恋，融入对西湖早春景色的喜爱之情。

40　春夜喜雨①

杜甫

春夜喜雨

好雨知时节，当春乃发生。
随风潜②入夜，润物细无声。
野径云俱黑，江船火独明。
晓看红湿处③，花重④锦官城⑤。

【解字】

①选自《全唐诗》（中华书局 2018 年版）。
②潜：暗暗地，悄悄地。这里指春雨在夜里悄悄地随风而至。
③红湿处：雨水湿润的花丛。
④花重：花因为饱含雨水而显得沉重。重，读 zhòng。
⑤锦官城：故址在今成都市南，亦称锦城。三国蜀汉时管理织锦之官驻此，故名。后人有用作成都的别称。

【说文】

　　好雨知道下雨的节气，正是在春天植物萌发生长的时候。随着春风在夜里悄悄落下，无声地滋润着春天万物。雨夜中的田间小路黑茫茫一片，只有江船上的灯火独自闪烁。天刚亮时看着那雨水润湿的花丛，娇美红艳，整个锦官城变成了繁花盛开的世界。

【通文】

《春夜喜雨》写于公元761年的春天，那时杜甫已在成都草堂安顿下来两年。他亲手种地，常和周围的农民打交道，对春天的雨特别有感触。整首诗围绕一个"喜"字展开，描绘了春雨悄然降临、滋润万物的美丽景象，不仅展现了自然的生机，也蕴含着诗人对生活、对大地深深的热爱与敬意。首联写春雨"知时节"，说的是它来得恰到好处，不早也不晚，就像一位了解农时、体贴人心的朋友。颔联用"细"和"潜"两个字，把春雨温柔、安静却又默默奉献的特性写得细致入微。颈联描写夜晚雨中的景色，山野小路被黑云笼罩，江上的小船却透出一盏灯光，在寂静中显得格外温暖动人，让人感受到春夜的宁静与希望。尾联写雨后的清晨百花齐放，生机盎然，流露出诗人对成都这片土地的喜爱。整首诗不只是写雨，更是写诗人对自然的喜爱与感激之情。他看见春雨，也看见了希望。

【达理】

在杜甫笔下，那场"知时节"的春雨悄然降临，正值春耕之际，无声地滋润着万物，也温柔地唤醒了大地的生机。而在这幅充满诗意的自然画卷之外，成都还有另一种"春色"——蜀锦。这种源远流长的丝织艺术传承至今，凝聚着代代匠人的智慧与心血。每一根丝线、每一块图案，都是时光与手艺交织的痕迹。如今，蜀锦与现代设计融合，成为当代生活中的艺术表达。正如春雨润物无声，我们在传承中守住了文化的根，在创新中赋予它新的生命力。作为文化符号的蜀锦不仅是传承千年的手工技艺，也是中国非物质文化遗产活化的典范之一，不仅展现了中华美学，也映照出文化自信的光亮。传统在当下流动，古老的技艺像春雨一样，润泽社会，带来繁荣与希望。

【诵文】

这首五言律诗开篇表现出诗人对春雨的欣喜，春雨在最需要的时候悄然降临，诵读节奏轻快，突出诗人对春雨的喜爱。接着描绘春雨伴春风悄然飘落，滋润万物，情感平和且愉悦，展现春雨的轻柔。随后笔触转向描绘一个静谧的雨夜：田野小路被乌云遮蔽，江上渔火闪烁，氛围宁静深邃。最后，诗人想象天明后的锦官城繁花带露，娇艳欲滴，情感转为欢快，对雨后美景充满期待。整首诗通过对春雨的描绘，表达了诗人对大自然的热爱与对美好生活的向往。

整体诵读时，节奏遵循"二三"的韵律。语速由稍快、稍慢、稍慢到稍快。"随风"句轻柔平和，"野径"句低沉宁静，末句上扬显欢快，情感融入对春雨、自然及生活的爱，从喜悦到平和，再到宁静与憧憬，层层递进。

41 清明①

杜牧②

清明③时节雨纷纷，路上行人欲断魂④。
借问酒家何处有？牧童遥指杏花村⑤。

【解字】

①选自《杜牧诗集》（上海古籍出版社 2015 年版）。

②杜牧（803—853 年）：字牧之，号樊川居士，京兆万年（今陕西西安）人，唐代诗人，著有《樊川文集》，与李商隐并称"小李杜"。

③清明：二十四节气之一，在阳历四月五日前后，既是节日也是节气。

④欲断魂：伤感极深，像灵魂要与身体分开一样。断魂：神情凄迷，烦闷不乐。

⑤杏花村：杏花深处的村庄，在今安徽贵池秀山门外。

【说文】

江南清明时节细雨纷纷飘洒，路上的行旅之人个个都神情凄迷，烦闷不乐。
询问当地之人何处买酒消愁？牧童只是用手指了指杏花深处的村庄。

【通文】

《清明》是一首七言绝句，主要写清明春雨中所见。开头交代情景、环境、气氛；其次描写人物，表现其凄迷纷乱的心境；而后提出摆脱这种心境的办法；最后的一问、一答、一动是整篇的精彩所在。诗人通过描写清明时节的细雨与行路者的心境，展现了诗人内心的复杂情感。诗中的"纷纷"形容细雨，正契合春雨的特征，细腻而凄迷。春雨不同于夏雨的暴烈，也不同于秋雨的淅沥，它温润如酥，给人一种湿润、冷冽的感受。第二句"路上行人欲断魂"则进一步揭示了行人的孤独与心情的沉重。"断魂"一词表达了极深的愁苦与思绪，暗示清明节原本是祭祖追思的日子，然而诗人此时却孤身行走，身心皆受清明气氛的影响，增添了心头的愁绪与惆怅。接着，诗人通过第三句表现行人寻找酒馆避雨以寻求解愁的方式，第四句"牧童遥指杏花村"巧妙地给出了解决途径。"遥指"既有距离感，又有含蓄的美，暗示杏花村不仅是物理上的方向，也是心灵的寄托之所。诗人用简洁的语言和含蓄的表达方式，传达了浓厚的情感，使得这首诗具有极高的艺术价值和审美意味。整首诗在结构上层层推进，最后以"遥指杏花村"收尾，留下了丰富的想象空间，读者不仅能感受到清明的氛围，也能体会到诗人心境的转折与升华。

【达理】

《清明》以寥寥数语，勾勒出一个阴雨连绵、行人愁绪满怀的清明时节。细雨如丝，滋润着大地，也渗入人的心中，让原本就沉重的思念更添几分哀愁。诗中描绘的，是在特定节日里对故人的追思与对归途的茫然，情景交融，意蕴深远。今天，我们依然在清明这一天祭扫、追思，无论时代如何变化，内心对亲人的怀念始终未变。清明的雨，像一种无声的语言，把我们和已逝之人连接在一起。即便无法再相见，那些关于亲人的记忆却常在脑海中浮现，如同那连绵不绝的春雨，轻柔却绵长，无法抹去。祭奠的方式或许变了，但情感的本质未曾改变。正如诗中那位借问酒家、借酒寄情的行人，在这个特别的日子里，我们每个人也都在寻找属于自己的安放与寄托之处。

清明，是一场关于告别、怀念与继续前行的心灵对话，是一场在雨中悄然绽放的思念。

【诵文】

清明时节，细雨淅淅沥沥地下着，像扯不断的银丝，眼前一片迷蒙。路上的行人形单影只，被这雨丝扰得心烦意乱。心中本就藏着些愁绪，此刻更是失魂落魄，脚步都变得沉重起来。"路上行人"平稳读出后稍作停顿，"欲断魂"语调下降，"欲"稍延长，"断魂"沉重哀伤，表现行人愁苦、失魂的心境，"纷纷""断魂"可拖音，饱含悲伤之情。结尾情感转变，"借问酒家"语调上扬，"何处有"中"何处"加重，尾音上扬，语速稍快，带着急切的期待。"牧童遥指"语调轻快，"遥指"清晰有力，"杏花村"舒缓悠长，展现牧童天真与村庄的美好，带来希望与生机，情感转为悠然、憧憬。"借问"上扬、急切，"牧童遥指"轻快，"杏花村"舒缓悠长。寥寥数笔，杜牧把清明的清冷、哀愁及行人在愁苦中对慰藉的渴望描绘得淋漓尽致。整体诵读时，节奏按"四三"划分，整体声音轻柔，停顿自然，情感从低沉的哀伤、悲痛逐渐过度到稍扬的缓和，再到沉重的忧愁。

42 长歌行·青青园中葵①

汉乐府

长歌行·
青青园中葵

青青园中葵②，朝露待日晞③。
阳春布德泽④，万物生光辉。
常恐秋节至，焜黄⑤华叶衰⑥。
百川东到海，何时复西归？
少壮不努力，老大徒伤悲。

【解字】

①选自《乐府诗集》（中华书局2019年版）。长歌行：汉乐府曲题。

②葵："葵"指位于"葵、藿、薤、葱、韭"五菜之首的冬葵，亦曰冬寒菜。

③晞：天亮，引申为阳光照耀，读xī。

④布：布施，给予。德泽：恩惠。

⑤焜黄：形容草木凋落枯黄的样子。焜，读kūn。

⑥华：同"花"，读huā。衰：读shuāi。

【说文】

园中的葵菜都郁郁葱葱，晶莹的朝露等待阳光照耀。春天给大地普施阳光雨露，万物生机盎然欣欣向荣。常恐那肃杀的秋天来到，树叶儿黄落百草也凋零。百川奔腾着向东流入大海，何时才能重新返回西境？年轻力壮的时候不奋发图强，到老来悲伤也没用了。

【通文】

《青青园中葵》是一首通过描写自然景象来咏叹人生的诗。作者以园中葵作为切入点，通过"托物起兴"的手法，将葵的青春活力与人生的青春相类喻，表达了对人生最宝贵时光的赞美。谷雨时节的葵生机勃勃，恰似充满希望和活力的青春，诗人借此赞美人生的青春时期如同春天一般美好。随着中国国际地位和影响力的提升，全球"中文热"持续升温，中文的世界性、通用性在不断增强，目前全球已有85个国家将中文纳入国民教育体系。自2010年起联合国将每年的农历谷雨交节之日定为"国际中文日"，这一举措传承着中华文化的韵味与蓬勃生命力。万物在经历春生、夏长后进入秋季，此时葵叶逐渐枯萎，这象征着青春的衰退和生命的无常。诗人用"常恐秋节至"一句表达了对青春易逝的惋惜，表明生命的流逝无法抗拒。通过"少壮不努力，老大徒伤悲"的警句提醒人们要珍惜青春，及时努力。自然界的万物通过四季的轮回完成了生命的历程，而人在年轻时若不趁着大好时光努力奋斗，让青春白白地浪费，等到年老时就会追悔莫及。诗人通过这一结论引导读者思考，使警示言辞更具力量与深度，避免了直白的说教，深刻而有力地触动人心。

【达理】

《青青园中葵》是古人所作的一首充满哲理的诗歌，诗中的每一句都承载着对时光流转的深刻感悟，也蕴含着珍惜青春、奋发图强的呼唤。诗人通过描绘园中葵菜的成长与衰败，揭示了人生的短暂与时光的无情，鼓励年轻人要在"少壮不努力，老大徒伤悲"的警示中找到动力，珍惜当下、拼搏未来。

清晨，园中之葵沐浴着朝露等待阳光的照耀，展现出生命的希望。每一朵葵菜都在等待阳光的照射，年轻人正处在如此充满希望的时代，唯有抓住当下努力拼搏，才能迎来属于自己的"阳光"。从国家的创新驱动发展战略，到不断完善提升的职业教育体系，在创造更多创业与就业机会的同时，也激励着年轻人保持进取心，珍惜青春时光，积累经验，不断创新，迎接未来的挑战，这是我们每个人都应汲取的力量。接着，"阳春布德泽，万物生光辉"则让人联想到当下国家注重科技创新与生态文明建设的伟大举措。从中国提出的"碳达峰""碳中和"目标到大力发展绿色经济，无不体现着对自然与人类的关怀。在新时代的舞台上，青年一代正是承载梦想与创新的力量，他们积极践行社会责任，推动科技进步与生态环保，成为时代的光辉与希望。诗人提到"常恐秋节至，焜黄华叶衰"，这既是对时光易逝的感慨，也是对青春易老的警醒。在当今社会，人口老龄化的趋势日益明显，许多行业和企业面临着"人才短缺"和"老龄化"带来的挑战。最后，诗人以壮丽的自然景象表达了时光不可逆转的感慨。如今，社会逐步走向多元化、信息化、智能化，新时代青年应与时俱进，努力掌握新技能，投身到国家发展的浪潮中，为社会进步贡献自己的力量。

《青青园中葵》不仅是对自然生命的观察，更蕴含着深刻的人生哲理。在当前这个充满挑战与机遇的时代，年轻人应当如园中之葵，朝气蓬勃，勇敢追求梦想；应当珍惜每一寸时光，努力提升自己，成为新时代的建设者与创新者；应当在国家发展与个人奋斗中，绽放出属于自己的一片光辉。全诗从"园中葵"说起，再用水流到海不复回打比方，说明光阴如流水，一去不再回。最后劝导人们，要珍惜青春年华，发奋努力，不要等老了再后悔。

大自然的生命节奏如此，人生亦然。

【诵文】

这首诗开篇呈现出生机勃勃之景：园子里葵菜繁茂，叶上晨露在阳光照耀下很快消散。春天给予大地恩泽，万物焕发蓬勃生机，让诗人心中满是对生命与自然的赞美，情绪欢快。可思绪一转，便有了担忧。想到秋天来临，树叶枯黄，万物凋零，不禁对时光飞逝、生命短暂充满忧虑。接着，看到江水东流入海，一去不返，心中惆怅不已，这恰似一去不复返的时光。诗的结尾满是严肃的劝诫，告诫人们年少时若不拼搏，到老只能空留悔恨。

全诗既体现了作者对时光流逝的感慨，也表达出劝人珍惜时光、努力奋进的心意。诵读时情感要从轻快的赞美到低沉的忧虑，再到惆怅的感慨和严肃的劝诫。读时便能感受到时光的宝贵和努力奋进的重要性。尤其"少壮不努力""徒伤悲"要读得有力，强调劝诫之意。

43 西江月·夜行黄沙道中①

辛弃疾

明月别枝惊鹊②，清风半夜鸣蝉。
稻花香里说丰年，听取蛙声一片。
七八个星天外，两三点雨山前。
旧时茅店社林边，路转溪桥忽见③。

西江月·夜行
黄沙道中

【解字】

①选自《稼轩词编年笺注》（上海古籍出版社 1993 年版）。西江月：词牌名。
②别枝惊鹊：惊动喜鹊飞离树枝。
③见：同"现"，显现，出现，读 xiàn。

【说文】

皎洁的月光从树枝间掠过，惊飞了枝头喜鹊，清凉的晚风吹来，仿佛听见了远处的蝉叫声。田里稻花飘香，蛙声阵阵，似乎在告诉人们今年是一个丰收年。

天边几颗星星忽明忽暗，山前下起了淅淅沥沥的小雨。往日的小茅草屋还在土地庙的树林旁，道路转过溪水的源头，它便忽然出现在眼前。

【通文】

《西江月·夜行黄沙道中》通过对夏夜乡村景色的描绘，展现了词人对自然的喜爱与内心的宁静，别具韵味。词人着意描写了黄沙岭的夜景：明月清风，疏星稀雨，鹊惊蝉鸣，稻花飘香，蛙声一片。词中围绕着夜行的特点，展现出夏夜乡村田野的幽美景色及词人对丰收年景的由衷喜悦。全词从视觉、听觉和嗅觉三个维度细腻地描绘了夏夜的山村田园风光，其景色幽美如画，恬静自然，生动逼真，于平易中见真切，于浑然一体中彰显准确，于连绵中呈陡转，是宋词中以农村生活为题材的佳作。

【达理】

词人通过描绘自然景象，抒发了对田园生活的热爱和对宁静理想的追求。开篇以宁静的夜晚为背景，月光、蛙鸣、鸟雀和微风交织成一幅理想的田园画，反映了人类对和谐美好生活环境的渴望。相比之下，现代城市的喧嚣与工业化痕迹让人怀念与自然亲近的时光。"稻花香里说丰年，听取蛙声一片"展现了农业社会丰收在望的景象，也借此呼唤人们关注农田生态系统的保护，推动可持续农业发展。随着城市化进程的加速，污染和光害使得星空模糊，许多人远离了自然，人与自然的联系逐渐疏远。"七八个星天外，两三点雨山前"则描绘了辽阔的自然景象，勾起人们对自然的向往。随着人们生活水平的提升，很多人开始寻找"慢生活"，从快节奏的城市生活中逃离，追求更为自然和宁静的生活方式。许多人选择回到乡村享受自然、放慢生活的步伐。通过对这首诗进行现代解读，我们呼吁大家在追求现代化的过程中，重新审视人与自然的关系，积极探索回归自然的途径。

【诵文】

上阕语气平和舒缓，带着一丝愉悦和悠然，其中"明月别枝""半夜鸣蝉"要读得缓慢，以展现出夜晚的宁静景象。"稻花香里""蛙声一片"要读得轻快，突出丰收的喜悦。下阕语调紧张，语速稍慢，"七八个星""两三点雨"要读得缓慢，体现对下雨的担忧。"路转溪桥""忽见"要读得轻快，突出找到茅店的惊喜。

整首词描写了作者在夜行途中的所见所闻，展现出对乡村生活的热爱以及对丰收的喜悦之情。从平和的欣赏到欢快的喜悦，再到紧张和轻松惊喜，语速应由稍慢、稍快、稍慢到稍快。诵读时宜从整体情感和意境出发，把握词中细腻的情感变化和画面感，让自己融入词中的情境，仿佛亲身经历这场夏夜的行旅，真切感受辛弃疾笔下的乡村风光和夜行人的心情起伏。

44 雨霖铃·寒蝉凄切①

柳永

雨霖铃·寒蝉凄切

寒蝉凄切，对长亭②晚，骤雨初歇。
都门③帐饮无绪，留恋处，兰舟④催发。
执手相看泪眼，竟无语凝噎⑤。
念去去，千里烟波，暮霭⑥沉沉楚天阔。
多情自古伤离别，更那堪⑦，冷落清秋节！
今宵酒醒何处？杨柳岸，晓风残月。
此去经年，应是良辰好景虚设⑧。
便纵有千种风情，更与何人说？

【解字】

①选自《宋词三百首》（中华书局 2016 年版）。雨霖铃：词牌名。

②长亭：古代在交通要道边每隔十里修建一座长亭供行人休息，又称"十里长亭"。靠近城市的长亭往往是古人送别的地方。

③都门：国都之门。这里代指北宋的首都汴京（今河南开封）。都，读 dū。

④兰舟：古代传说鲁班曾刻木兰树为舟，故这里用作对船的美称。

⑤凝噎：喉咙哽塞，欲语不出的样子。噎，读 yē。

⑥暮霭：傍晚的云雾。霭，读 ǎi。

⑦更那堪：更何况。那，读 nǎ。

⑧经年：年复一年。应，读 yīng。

【说文】

秋蝉的叫声凄凉而急促，傍晚时分，面对着长亭，骤雨刚停。在京都郊外设帐饯行，却没有畅饮的心绪，正在依依不舍的时候，船上的人已催着出发。握着对方的手含着泪对视，哽咽得说不出话来。想到这一去路途遥远，千里烟波渺茫，傍晚的云雾笼罩着天空，深厚广阔，不知尽头。

自古以来，多情的人总是为离别而伤感，更何况是在这冷清、凄凉的秋天！谁知我今夜酒醒时身在何处？怕是只有杨柳岸边，面对凄厉的晨风和黎明的残月了。这一去长年相别，我料想即使遇到好天气、好风景，也如同虚设。即使有满腹的情意，又向谁去诉说呢？

【通文】

《雨霖铃·寒蝉凄切》是柳永在离开汴京时与心上人诀别之作，描绘了深秋时节，寒蝉哀鸣、细雨凄迷的背景下，有情人依依惜别的动人场景。开篇"寒蝉凄切"点明节令，奠定全词哀婉基调，"骤雨初歇"增添离别的紧迫与感伤。"对长亭晚""都门帐饮"交代离别时的时间、地点与氛围，尽管席间有酒，却难掩心头离愁。"执手相看泪眼，竟无语凝噎"一句尤为传神，寥寥数语便刻画出情人间缱绻难舍、哽咽无言的告别瞬间，情感之深沉、哀愁之浓烈直抵人心。下阕转入别后情状，"今宵酒醒"对比宴前欢聚，酒醒后只剩"冷冷清清、凄凄惨惨戚戚"，渲染孤独与苦痛。词人纵观前路，景虽美而情难托，"念去去千里烟波"中流露出对未来的茫然与思念。整首词以层层递进的写法，将离别前的哀愁与别后的孤寂细腻呈现，情景交融、真挚动人，堪称抒写离愁别绪的千古绝唱。

【达理】

当今社会节奏飞快，虽然通信手段日新月异，却难掩人心间的疏离。点赞与评论代替了真正的交流，深层次的情感常常被淹没在碎片化的信息流中。现代人面对远程的工作和频繁的离别，常感"千种风情，无人可说"，如同词人所写，情意满怀却难觅倾诉之人。然而，这首词并非仅止于哀愁，它更寄寓着对生活无常的洞察与释然。人生中离别固然常有，但正因如此，才更应珍惜相聚的每一刻，真诚对待每一份情感，学会在离愁中成长，在别绪中学会宽容与放下。就像秋风中的送别，虽然寒凉，却也因曾相知而暖心头。

【诵文】

这是近一千年前北宋词人柳永与心上人话别的场景。首句"寒蝉凄切"，点明时至深秋节令，"蝉"而"寒"，鸣音"凄切"，渲染出悲凉的环境气氛，为下文伤别张本，也为全文奠定了感情基调。寒蝉凄切，骤雨初歇，词人在京都城外的长亭与恋人设帐饯别。两人恋恋不舍，正在难分难舍之际，船家却催促出发。他们紧握着手，泪眼相对，竟悲伤得说不出话来。之后词人想象自己乘船远去，在千里烟波中，面对沉沉暮霭笼罩的辽阔楚地，心中满是迷茫。下阕中，词人感慨多情之人伤离别，何况又逢冷清秋。他设想酒醒后，只剩自己在杨柳岸，伴着晨风残月，寂寞又哀伤。想到未来即便有良辰美景，没了恋人相伴，也都无意义，千般情意无人可诉，悲痛与无奈达到极点。

上阕节奏稍缓，突出痛苦与不舍，强调迷茫惆怅。其中"寒蝉凄切""骤雨初歇"要读得缓慢，语调凄凉。下阕语调哀伤，语速稍慢，强调悲痛与无奈。"多情自古""晓风残月"突出哀伤寂寞。整体诵读时，从凄凉的悲伤到痛苦、迷茫，再到哀伤和悲痛无奈。语速全程稍慢，如此，便能深切体会到作者离别的痛苦和对恋人的眷恋。

45 水调歌头·明月几时有①

苏轼

丙辰②中秋，欢饮达旦③，大醉，作此篇，兼怀子由④。

明月几时有？把酒⑤问青天。不知天上宫阙⑥，今夕是何年。我欲乘风归去，又恐琼楼玉宇⑦，高处不胜寒。起舞弄清影，何似在人间。

转朱阁，低绮户⑧，照无眠。不应有恨，何事长向⑨别时圆？人有悲欢离合，月有阴晴圆缺，此事古难全。但愿人长久，千里共婵娟⑩。

【解字】

①选自《东坡乐府笺》（上海古籍出版社 2016 年版）。

②丙辰：指公元 1076 年，这一年苏轼在密州（今山东省诸城市）任太守。

③达旦：到天亮。

④子由：苏轼的弟弟苏辙，字子由。

⑤把酒：端起酒杯。把，执、持。

⑥阙：古代城墙后的石台，读 què。

⑦琼楼玉宇：美玉砌成的楼宇，指想象中的仙宫。琼，读 qióng。

⑧绮户：雕花的窗户。绮，读 qǐ。

⑨长向：总是在。"向"是介词，意思是在。

⑩婵娟：指月亮。婵，读 chán，娟，读 juān。

【说文】

丙辰年（公元 1076 年）的中秋节，通宵痛饮直至天明，大醉，趁兴写下这篇文章，同时抒发对弟弟子由的思念之情。

明月从什么时候才开始出现的？我端起酒杯遥问苍天。不知道在天上的宫殿，今天晚上是何年何月。我想要乘御清风回到天上，又恐怕在美玉砌成的楼宇中，受不住高耸九天的寒冷。此刻在月光下翩翩起舞玩赏着自己的清影，天上哪里比得上人世间？

月儿转过朱红色的楼阁，低低地挂在雕花的窗户上，照着没有睡意的自己。明月不该对人们有什么怨恨吧，为什么偏在人们离别时才圆呢？人有悲欢离合的变迁，月有阴晴圆缺的转换，这种事自古以来难以周全。只希望这世上所有人的亲人能平安健康，即便相隔千里，也能共享这美好的月光。

【通文】

全词以咏月为中心，展现出游仙"归去"与留恋"人间"、离欲与入世的矛盾和困惑；同时表达了对亲人的思念以及对生命长久、乐观和美好愿望的寄托。词中运用形象的描绘手法，创造出一个皓月当空、亲人千里、孤高旷远的意境，表达了词人对亲人的思念和美好祝愿，也显示出他在仕途失意时旷达超脱的胸怀和乐观的情致，典型地体现了苏词清雄旷达的风格。词人开篇以"明月几时有？把酒问青天"提出哲理性问题，表达了对宇宙奥秘和时间流转的思索。接着通过"我欲乘风归去，又恐琼楼玉宇，高处不胜寒"展现出对理想境界的追求，同时体现出对现实生活温暖的珍惜。他想象自己飞向月宫，却因寒冷而犹豫，这表现出他对人间亲情的依赖。随后的"起舞弄清影，何似在人间"则表达了对人间生活的热爱。下阕转向怀念远在他乡的弟弟，词人借月亮的圆缺来反映人世间的离合悲欢，并感慨人生无常。紧接着，他以"人有悲欢离合，月有阴晴圆缺"阐述了对自然规律的豁达理解，强调人生难免不圆满，宽慰自己面对离愁。最后，词人以"但愿人长久，千里共婵娟"作结，表达了对弟弟苏辙的思念，此句不仅是对明月的赞美，也象征着无论身处何方，心中有爱的人可以共享这轮明月，心灵依旧相通，体现了他对亲情的深切眷恋和对人生的乐观态度。整首词通过对明月的描绘，反映了词人对人生、亲情、理想的深刻思考，语言清新高远，意境开阔，情感丰富，兼具哲理与诗意，堪称中国古代词作中的瑰宝，流传千古而不衰。

【达理】

苏轼的《水调歌头·明月几时有》凭借深刻的哲理和悠远的情感，成为一首千古传世之作。词中的"明月几时有？把酒问青天"将诗人对时光流转和人生无常的思考寄托在明月上，而"但愿人长久，千里共婵娟"则表达了他对亲情、友情和人类永恒情感的追求。古代文人在中秋时节，常借吟咏月亮来感怀家国、抒发情怀，而现代科技则成就了人类对月亮的探索与梦想。从古人对月亮的寄托与咏叹，到现代的嫦娥奔月工程，苏轼的诗意为我们面对现代社会的挑战与变革提供了新的视角。中秋节的明月，在古代是离愁别绪的象征，而在今天，它已成为人类探索宇宙、追逐梦想的象征，凝聚了人类智慧与勇气，带给我们希望与启迪。从古人望月托思到如今的"嫦娥奔月"计划，这象征着人类超越地球、探索未知的雄心壮志。正如苏轼在词中所表达的"我欲乘风归去"，现代的航天工程让我们看到了人类通过科技突破天际、登上月球的可能性。古人面对月亮时的感慨更多的是人世间的离愁和情感的无常，但今天我们面对月亮时，更多的是一种对未来的期望和对科技力量的无畏追求。"人有悲欢离合，月有阴晴圆缺，此事古难全"仿佛提醒着我们，无论是个人的生活，还是全球的进步，都会经历起伏、波动，但这正是生命与历史的一部分。科技的进步和人类共同的努力正不断推动着我们向着更美好的未来前进。从"嫦娥一号"的成功发射到"嫦娥六号"完成月球土壤采样，中国的嫦娥工程不断突破技术瓶颈，这背后不仅是中国航天人的智慧和力量，也代表了全人类追逐梦想、探索宇宙的共同愿景。"嫦娥奔月"工程正是对"千里共婵娟"这一情感寄托的现代回应，我们不再单纯感怀家国情怀，而是通过技术突破让这份情感与理想得以具象化。月亮还是那个月亮，它曾是古人遥不可及的梦，如今却已融入我们的探索征程。在中秋这个传统节日里，虽然我们远离家乡，或许无法与亲人团聚，但人类的脚步已经跨越千山万水。无论身处何地，无论科技如何进步，人类的情感始终是我们共通的纽带。希望我们能在这份深远的思考中汲取力量，继续努力，让科学与人文、梦想与现实相得益彰，正如"千里共婵娟"所蕴含的美好愿景，愿所有的美好都能在这片明月下照亮未来。

【诵文】

上阕开篇节奏稍缓，语调上扬，"明月几时有""问青天"读得清晰，突出疑问。接下来语调转折，语速稍慢，"我欲""又恐"读时稍作停顿，体现内心的纠结。"起舞/弄清影，何似/在人间"读得轻松，展现洒脱。下阕开头节奏稍缓，"转朱阁""照无眠"表达惆怅，"不应/有恨，何事/长向/别时圆"语调略带埋怨，语速适中，"人有/悲欢/离合……此事/古难全"节奏适中，读得平稳，强调豁达。"但愿人长久""千里共婵娟"读得深情，语调温暖，充满希望。

整体诵读时，要把握从上阕的疑问、纠结到洒脱，再到下阕的惆怅、豁达和希望的情感变化。上阕想象上天时内心纠结处，语调要有扬有降。"起舞"要洒脱旷达。下阕"转朱阁"等句低缓惆怅。"不应有恨"带埋怨，语气强烈，"但愿"这里满是希望祝福，注意停顿与节奏，深刻感受作者在中秋之夜复杂而丰富的情感世界。

46　九月九日忆山东兄弟①

王维

独在异乡为异客，每逢佳节倍思亲。
遥知兄弟登高②处，遍插茱萸③少一人。

【解字】

①选自《唐诗三百首》（中华书局2016年版）。九月九日：即重阳节。古以九为阳数，故曰重阳。山东：王维迁居于蒲县（今山西永济市），此地在华山以东。
②登高：古有重阳节登高的风俗。
③茱萸（zhūyú）：指吴茱萸，为芸香科植物吴茱萸的近成熟果实。

【说文】

一个人独自在他乡作客，每逢节日加倍思念远方的亲人。
遥想兄弟们今日登高望远时，头上插满茱萸只少我一人。

【通文】

王维家居华山之东的蒲州，故题称"忆山东兄弟"。写这首诗时，他大概正在长安谋取功名。繁华的帝都对当时热衷仕进的年轻士子虽有很大吸引力，但对一个少年游子来说，毕竟是举目无亲的"异乡"，在茫茫人海中，游子显得孤苦伶仃。

全诗开篇直接抒发了诗人因远离家乡而产生的孤独之感，"每逢佳节倍思亲"一句更是突出了游子的思乡之情。节日原本是团圆的时刻，但诗人却只能独自一人思念家乡的亲人和故土的山水，真实地传达了远离家乡的游子在节日时的孤独与哀愁。诗人描绘自己对家乡亲人登高赏景的遥想，表达了未能与亲人共同度过佳节的遗憾，以此抒发自己对亲人和家乡的深深思念。这种层层递进的写法，使得诗歌情感更为深沉，给人以深刻的触动。全诗朴实自然，情感真挚，既有直白的抒发，也有细腻的想象，展现了诗人细腻的情感和深刻的思乡之情。

【达理】

《九月九日忆山东兄弟》描绘了诗人在重阳节身处异乡时，对家乡兄弟的深深思念，展现了浓浓的乡情与亲情。诗人通过"佳节"这一时刻，抒发了远离家乡的孤独和对亲人的思念，通过重阳节登高插茱萸的传统习俗，传达了亲人间无法团聚的遗憾与无奈。2012 年重阳节被定为老年节，从此，重阳节便与弘扬中华民族敬老、养老、助老传统美德紧密联系在一起。随着老龄化社会的到来，重阳节的传统意义也被赋予了新的时代价值。当下，我们已步入老龄化社会，越来越多的家庭出现"空巢"现象，许多老年人因为子女工作繁忙或外地生活而独自生活，重阳节时感受到的孤独与思念变得更加深切。随着社会老龄化进程的加快，老年群体在社会中扮演着越来越重要的角色。从"银发经济"到"老龄产业"，老年群体的消费能力、文化需求、医疗保健等需求，正在成为推动社会发展的重要力量。重阳节作为一个传承千年的传统节日，已不仅仅是对祖先传统的纪念，更是一个呼吁全社会尊老敬老、关爱老人的重要时刻。正如王维诗中所表达的思念与祝愿，愿老年人在人生的秋季都能够收获满满的温情与幸福。

【诵文】

开篇诗人直白地倾诉自己独自漂泊他乡、作为异乡客的那份孤独。在每一个佳节到来的时候，对亲人的思念之情就会倍加浓烈。后两句诗人从对方视角展开想象，重阳节时兄弟们登高，可热闹之中却独独少了自己。开篇直白点出异乡孤独处境，随后情感加深，突出佳节时对亲人的极度思念。而从想象亲人活动的描述中，更将思念引向深沉，也透露出诗人对亲人团聚的渴望。

"独在""异乡""异客"读得缓慢而深沉，突出孤独与思念。"遥知""少一人"读得缓慢，语调深沉，强化思念之情。整体诵读时，情感从低沉的孤独到加重的思念，再到深沉的怀念。语速始终保持稍慢，读出异乡生活的孤独凄然，以及对家乡亲人的深切思念。

47 沁园春·雪[①]

毛泽东

沁园春·雪

北国风光，千里冰封，万里雪飘。
望长城内外，惟余[②]莽莽；大河上下[③]，顿失滔滔[④]。
山舞银蛇，原驰蜡象，欲与天公试比高。
须晴日，看红装素裹，分外妖娆。
江山如此多娇，引无数英雄竞折腰[⑤]。
惜秦皇汉武，略输文采；唐宗宋祖，稍逊风骚。

一代天骄，成吉思汗，只识弯弓射大雕。
俱往矣，数风流人物，还看今朝。

【解字】

①选自《毛泽东诗词全编鉴赏》(人民文学出版社 2017 年版)。沁园春：词牌名。
②余：剩下。
③大河上下：大河，指黄河。大河上下，犹言整条黄河。
④顿失滔滔：立刻失去了波涛滚滚的气势。描写黄河水结冰的景象。
⑤竞折腰：折腰，倾倒，躬着腰侍候。这里是说争着为江山奔走操劳。

【说文】

　　北方的风光，千里冰封冻，万里雪花飘。望长城内外，只剩下无边无际白茫茫一片。整条黄河，立刻失去了波涛滚滚的水势。被白雪覆盖的群山好像银蛇在舞动，高原好像白象在奔跑，它们都想试着和老天爷比一下谁更高。等到晴天的时候，看红日和白雪交相辉映，格外娇艳美好。江山是如此的媚娇，引得无数英雄竞相倾倒。可惜秦始皇、汉武帝，略差文治功劳；唐太宗、宋太祖，稍逊文学才华。称雄一世的英雄人物，成吉思汗，只知道拉弓射大雕。这些人物都已经过去了，称得上能建功立业的英雄人物，还要看今天的人们。

【通文】

　　《沁园春·雪》是毛泽东创作的一首雄浑激昂的词，表现了作者对祖国山河的热爱与自信，以及他宏大的抱负和豪情。上阕描写了北国的壮丽雪景，作者用"北国风光，千里冰封，万里雪飘"概括了广袤无垠的雪域世界，展现出祖国的雄伟景象。接着通过"望长城内外，惟余莽莽"勾画出祖国的壮丽山河，也传达了面对挑战、勇往直前的英雄精神。在他的另一首诗词《清平乐·六盘山》中，"不到长城非好汉"将这份豪气与无畏突破自我的力量凝聚在六盘山上，与《沁园春·雪》中的气吞山河之势相得益彰。随着"山舞银蛇，原驰蜡象，欲与天公试比高"的描写，山川与原野的动态美展现出活力和奋发的态势，又以"须晴日，看红装素裹，分外妖娆"展现雪后晴天的壮丽美景，红日与白雪交相辉映，增添了词的美感和生动性。下阕则转向议论与抒情，作者通过"江山如此多娇，引无数英雄竞折腰"感叹祖国的山河美丽，激发了古今英雄为其奋争的壮志。接着，作者回顾了历史人物如秦皇汉武、唐宗宋祖等，指出他们的不足，尤其提到成吉思汗，强调其武功显著但文治稍欠。最后，词以"俱往矣，数风流人物，还看今朝"收束，强调当今时代需要新的英雄人物，作者自信地表达了对未来的无限抱负和对改造世界的决心。全词风格雄壮、气势磅礴，充满豪情与自信，体现了作者的宏大胸怀与伟大抱负。

【达理】

《沁园春·雪》以雄壮的笔触描绘北国雪景的同时，表达了作者对中国大好河山的热爱以及对中国未来发展充满信心的豪情。通过描写雪景，巧妙地将中国的自然之美与历史文化、民族英雄的气魄相结合，进而凸显出中国不断奋发向上的精神力量。诗中的"千里冰封，万里雪飘"描绘了中国广袤土地的辽阔和雄浑，而"山舞银蛇，原驰蜡象，欲与天公试比高"则将雪与大自然的壮丽景象相结合，展现了中国人民的英勇气概和不屈不挠的奋斗精神。从改革开放到现代化建设，从经济崛起到科技创新，中国在过去的几十年里取得了举世瞩目的成就。中国在高速铁路、航天事业、5G技术等诸多领域实现突破，展示了中国在全球范围内的影响力与竞争力。航空航天领域的"嫦娥工程"和"天宫"系列空间站，恰如"欲与天公试比高"，展现了中国敢于挑战、勇攀科技高峰的决心和实力。正如诗中"须晴日，看红装素裹，分外妖娆"所写，中国在克服了诸多困难后，逐渐展现出经济、科技、文化的蓬勃生机，焕发出令人惊艳的光彩。新时代的中国正从困境中崛起，走向辉煌。站在时代的前沿，中国大力推动文化建设，国家软实力不断增强，中国的国际话语权逐渐提升，走向世界的"中国声音"越来越响亮。正如诗中展现的豪迈与气吞万里之势，今天的中国，站在世界舞台上，正以坚定的步伐迈向未来，不断创造出让世界惊叹的辉煌成就。未来的中国将继续在创新、科技、文化等各个领域乘风破浪，走向更加美好的明天。

【诵文】

开篇语速慢、语调高，"千里、万里、延长、冰封、雪飘"要重读，展现宏大雪景。"望长城内外……顿失滔滔。""望"字拖长，"惟余莽莽"等语调低沉、语速慢，凸显雪景壮观寂静。"山舞银蛇……试比高"，语速稍快，"山舞、原驰"突出动态，"银蛇、蜡象"

语调轻快，"试比高"重读且语调高昂。"须晴日……分外妖娆。"中"须晴日"语调上扬，"看"稍停顿，"分外妖娆"语调轻柔。下阕"江山如此多娇……竞折腰。"前句语调高表赞美，"引无数英雄"读得稍快，"竞折腰"低沉。"惜秦皇汉武……射大雕。"语速适中、带感慨。结尾句语速慢、语调激昂，显自信豪迈。

整首词将写景、抒情、议论完美融合，展现出广阔的意境和豪迈的情怀。开篇声音要高亢，展现北国风光的壮丽；中间部分声音要平稳，表达对历史人物的评价；结尾语调偏激昂，通过对语调、语速、节奏的把握，突出豪情壮志。

48 湖心亭看雪①

张岱②

湖心亭看雪

　　崇祯五年③十二月，余④住西湖。大雪三日，湖中人鸟声俱绝。是日更定⑤矣，余拏一小舟，拥毳衣⑥炉火，独往湖心亭看雪。雾凇沆砀⑦，天与云与山与水，上下一白，湖上影子，惟长堤一痕、湖心亭一点、与余舟一芥、舟中人两三粒而已。

　　到亭上，有两人铺毡对坐，一童子烧酒炉正沸。见余，大喜曰："湖中焉得更有此人！"拉余同饮。余强饮三大白⑧而别。问其姓氏，是金陵人，客此。及下船，舟子喃喃曰："莫说相公⑨痴，更有痴似相公者。"

【解字】

①选自《陶庵梦忆》（中华书局 2020 年版）。
②张岱（1597—1689 年）：字宗子，号陶庵，山阴（今浙江绍兴）人。
③崇祯五年：公元 1632 年。崇祯，是明思宗朱由检的年号（1628—1644 年）。
④余：我。第一人称代词。
⑤是日更（gēng）定：是，这。更定：指初更（晚八点）左右。定：停止。
⑥拏：撑（船），读 ná。毳衣：细毛皮衣。毳：鸟兽的细毛，读 cuì。
⑦雾凇沆砀：冰花一片弥漫。雾，从天上下罩湖面的云气。凇，从湖面蒸发的水汽。沆砀，白气弥漫的样子，读 hàng dàng。
⑧大白：大酒杯。白，古人罚酒时用的酒杯，泛指酒杯，这里的意思是三杯酒。
⑨相公：原意是对宰相的尊称，后转为对年轻人的敬称及对士人的尊称。

【说文】

崇祯五年十二月，我住在西湖边。大雪接连下了几日，湖中游人全无，连飞鸟的声音都消失了。这天晚上八点左右，我撑着一叶小舟，裹着裘皮衣服，围着火炉，独自前往湖心亭看雪。湖面上冰花弥漫一片，天、云、山、水混为一体，白茫茫一片。湖上的影子，只有西湖长堤在雪中隐隐露出的一道痕迹、一点湖心亭的轮廓，以及我那微小如草的小舟，还有舟中的两三粒人影罢了。

到了湖心亭上，我看见有两人铺好毛毯，相对而坐，一个童子正把酒炉里的酒烧得滚沸。他们看见我，非常高兴地说："（想不到）在湖中还会有您这样有闲情逸致的人！"于是拉着我一同饮酒。我尽力喝了三大杯，然后和他们道别。问他们的姓氏，得知他们是金陵人，在此地客居。等到了下船的时候，船夫喃喃地说："不要说相公您痴，还有像相公您一样痴的人啊！"

【通文】

晚明小品在中国散文史上虽然不如先秦诸子或唐宋八大家那样引人注目，却也占有一席之地。它如开放在深山石隙间的一丛幽兰，疏花续蕊，迎风吐馨，虽无灼灼之艳，却自有一段清高拔俗的风韵。

这篇小品是张岱的传世之作。作者通过写湖心亭赏雪遇到知己的经历表达了孤独寂寞的心境和淡淡的愁绪，突出了作者遗世独立、卓然不群的高雅情趣，以及远离世俗、孤芳自赏的情怀，还寄托了对人生渺茫的慨叹。作者追忆了一次在西湖乘舟看雪的经历，写出了雪后西湖之景清新雅致的特点，表现了深挚的隐逸之思，寄寓了幽深的眷恋和感伤的情怀。作者在大雪三日、夜深人静之后，驾着小舟独往。不期亭中遇客，三人对酌，临别才互道名姓。船夫喃喃，以三人为痴，殊不知这三人正是性情中人。本文最大的特点是文笔简练，全文不足二百字，却融叙事、写景、抒情于一体。尤其令人惊叹的是作者对数量词的锤炼功夫，"一痕""一点""一芥""两三粒"组合起来，竟将天长地久的阔大境界，甚至万籁无声的寂静气氛，全都传达出来，令人拍案叫绝。全文情景交融，毫无雕琢之感，给人愉悦感。"痴"字体现了作者不随流俗、孤高自赏的情趣。对西湖雪景的描写简练朴素，采用白描手法，生动地展现了赏雪人沉浸其中的痴迷状态，形神兼备地描绘出人与雪景和谐交融的画面。

本文用清新淡雅的笔墨，描绘了雪后西湖宁静清绝的景象，表现了游湖人的雅趣和作者的志趣，读来让人觉得这简直就是孤独者与孤独者、与天地的感通。作者将会于心的感悟流于言外，用旷达和幽静共同营造出一种近乎纯美的意境。

【达理】

《湖心亭看雪》描绘了大雪纷飞、湖面寂静的景象，展现了作者在孤独与宁静中对自然和人生的思考。尽管只描写了一次看雪的简单场景，但通过这一瞬间的静谧和孤独，作者深入探讨了人性、生命及人与自然的关系。大雪覆盖的湖面和湖心亭上白雪纷飞的景象，不仅表现了外部的"静"，还与内心的平静相呼应，构建了一种完美的宁静感。正是在这种宁静中，作者得以深刻领悟自然与生命的哲理，反思现代社会中人们内心的浮躁与喧嚣。在快节奏、信息泛滥的现代生活中，张岱对宁静、独立思考和自然美的追求仍然具有重要的现实意义。人们在焦虑、压力和空虚中也需要找到生活中的"湖心亭"，回归内心的平静。外部环境的"静"与内心的"静"相结合，提醒我们在喧嚣的城市生活和压力重重的工作中，给予自己时间去感知自然、感悟生活，体验内心的宁静。张岱在亭上与两位陌生人共饮，虽是短暂的相遇，但在这种简单的互动中找到了人与人之间的温暖与亲切。数字化时代人与人之间的交流愈加依赖虚拟世界，而面对面的真实互动变得稀缺。当下社会普遍追求功利与效率，而张岱的"痴"代表了对真实自我和生命的执着追求，这种信念应成为我们生活的一部分。

外部世界的"静"与内心世界的"静"，正是我们在生活中找寻平衡的关键所在。

【诵文】

开篇语调平稳，语速稍慢，突出环境的平静清冷，"大雪三日""人鸟声俱绝"读得缓慢，营造静谧感。"雾凇沆砀""上下一白"语调舒缓，展现出作者沉醉于雪景的状态。"湖中焉得更有此人""拉余同饮"语速稍快，突出惊喜之感。"莫说/相公痴，更有/痴似相公者！"语调略带无奈，语速稍慢，疏离世俗，体现出复杂情感。

整体诵读时，情感从平稳的清冷到舒缓的沉醉，再到轻快的惊喜和略带无奈的复杂，层层递进，时时变化。前后景与事交织，使得文章在短小的篇幅中蕴含了丰富的思想内涵。读时语速全程稍慢，以舒缓的节奏来表达平静、沉醉、惊喜、复杂等情感，细细体会作者在西湖雪夜的心境。

山水情志　高山仰止

诗经·秦风·
蒹葭

49　诗经·秦风·蒹葭①

蒹葭苍苍②，白露为霜。所谓伊人③，在水一方。
溯洄从④之，道阻且长。溯游从之，宛在水中央。
蒹葭萋萋，白露未晞⑤。所谓伊人，在水之湄⑥。
溯洄从之，道阻且跻⑦。溯游从之，宛在水中坻⑧。
蒹葭采采，白露未已。所谓伊人，在水之涘⑨。
溯洄从之，道阻且右。溯游从之，宛在水中沚⑩。

【解字】

①选自《诗经》（中华书局 2016 年版）。

②蒹：没长穗的芦苇，读 jiān。葭：初生的芦苇，读 jiā。苍苍：茂盛的样子。

③伊人：那个人，指所思慕的对象。

④溯洄：逆流而上。下文"溯游"指顺流而下。从：追寻。

⑤萋萋：茂盛的样子，文中指芦苇长的茂盛。晞：干，读 xī。

⑥湄：水和草交接的地方，也就是岸边，读 méi。

⑦跻：升高，这里形容道路又陡又高，读 jī。

⑧坻：水中的沙滩或高地，读 chí。

⑨涘：水边，读 sì。

⑩沚：水中的沙滩，读 zhǐ。

【说文】

河边芦苇青苍苍，秋深露水结成霜。意中之人在何处？就在河水那一方。

逆着流水去找她，道路险阻又太长。顺着流水去找她，仿佛在那水中央。

河边芦苇密又繁，清晨露水未曾干。意中之人在何处？就在河岸那一边。

逆着流水去找她，道路险阻攀登难。顺着流水去找她，仿佛就在水中滩。

河边芦苇密稠稠，早晨露水未全收。意中之人在何处？就在水边那一头。

逆着流水去找她，道路险阻曲难求。顺着流水去找她，仿佛就在水中洲。

【通文】

　　《蒹葭》描绘了一个执着追寻"伊人"的主人公形象，其情感真挚而深沉。虽然结局充满惆怅，但打动人心的却是"在水一方"这一意境所指向的人生体验。这首诗的艺术价值不仅在于其爱情主题，更在于它所营造的象征性格局：追寻者、河水、伊人。伊人没有具体指代，河水象征阻隔，只要是人们努力追寻却因种种阻碍难以企及的目标，都能在这首诗中找到共鸣。诗中通过"蒹葭""白露""秋水"等意象，营造出清冷、朦胧、缥缈的氛围，使"伊人"如雾中花、水中月般可望而不可即。诗的结构和重复手法使这种怅惘情绪反复回荡，情景交融，寓情于景。开头的秋景不仅渲染了氛围，更表达出主人公渴望美好情感又对无法抵达感到无奈的心境。正如王夫之所说，"一切景语皆情语"，美感和哲思兼善的《蒹葭》不仅写了景，抒了情，还言了理，是以景托情、情深景真的典范之作，历经千年仍能触动人心，其魅力在于用朦胧诗意表达普遍的人生追求困境，值得我们反复咏叹。

【达理】

《蒹葭》穿越千年，以其婉约动人的意境，展现了一个执着追寻"伊人"的过程。伊人所在，或在水一方，或在水之湄，似远似近、若即若离。放眼当下，无数年轻人心中都有一个"伊人"：它可能是梦想的职业、理想的生活方式，或是某种内心的归属。在这个高速运转的社会中，他们"溯洄从之"，在重重压力中不断向前；但现实往往如诗中"道阻且长"，职场内卷、高房价、生活不确定性层层叠加，让理想变成了"宛在水中央"的朦胧身影。正如当下流行的"躺平"和"卷王"心态之间的拉扯，那份对美好生活的渴望，既真实又缥缈。

在科技席卷全球的今天，人工智能和数字化技术正以前所未有的速度重塑我们的世界。我们渴望深度交流、渴望价值共鸣，然而这些需求在智能化、符号化的生活里似乎变得难以企及。于是，寻找真实人性的光芒，也成了一次"溯游从之"的精神征途。社交媒体的发展在带来便利的同时，也在悄然割裂人们的情感联系。我们看似时刻在线，却愈加孤独。现实中的快节奏生活让我们缺乏沟通的耐心，信任变得稀缺，我们像诗中反复折返的主人公，不断靠近，又不断错过，始终在漫长的情感旅途中踟蹰前行。《蒹葭》所描绘的并不仅仅是一场关于爱情的追寻，而是一种心灵深处对"美好""真实"的执着探索。这场跨越物质与精神、技术与人性、人与自然界限的追寻，尽管困境重重、道阻且长，但人们依然愿意一次次出发，因为正是那份"在水一方"的梦想和希冀，构成了我们不断追问、不断前行的理由。《蒹葭》之所以流传至今仍令人动容，正是因为它讲述的不仅是一个人的故事，更是一代又一代人在时代洪流中追寻自我与理想的共同心声。

【诵文】

这首诗共三章，采用重章叠唱的形式，各章内容相近。首章描绘了一幅深秋清晨河边的画面，诗人心中思念的佳人远在河水对岸。不论是逆流而上，还是顺流而下追寻，都难以接近佳人。诵读时节奏稍缓，突出清冷朦胧之感。"道阻且长""宛在水中央"读得深沉，突出追求的艰难。后两章反复咏叹对"伊人"的思念与执着追求，既含蓄深沉地表达了对伊人的思念，又流露出因追寻之路险阻而产生的无奈与惆怅。语调逐渐加重，语速稍慢，"蒹葭萋萋""在水之湄"等要读得有力，重复部分语速稍慢，语调逐渐加重，以强化情感。

这首诗体现了诗人对美好爱情的向往与追求，以及在这过程中所遭遇的艰难和内心的惆怅。诵读时，情感要从轻柔的思念过渡到略带无奈的追求，再到情感逐渐加重。语速始终保持稍慢，既要读出对美好爱情的向往，又要表达出追求不得的痛苦。

50 爱莲说^①

爱莲说

周敦颐^②

　　水陆草木之花，可爱者甚蕃^③。晋陶渊明独爱菊。自李唐来，世人甚爱牡丹。予独爱莲之出淤泥而不染^④，濯清涟^⑤而不妖，中通外直，不蔓不枝，香远益清，亭亭净植^⑥，可远观而不可亵玩^⑦焉。

　　予谓^⑧菊，花之隐逸者也；牡丹，花之富贵者也；莲，花之君子者也。噫^⑨！菊之爱，陶后鲜^⑩有闻。莲之爱，同予者何人？牡丹之爱，宜乎众矣。

【解字】

①选自《周元公集》（中国书店出版社 2018 年版）。说：一种议论文的文体。

②周敦颐（1017—1073 年）：字茂叔，号濂溪，谥号"元公"。

③可爱：值得喜爱。蕃：众多，读 fán。

④淤泥：污泥，读 yū。染：沾染污秽。

⑤濯：洗涤，读 zhuó。清涟：水清而有微波，这里指清水。涟，读 lián。

⑥亭亭：挺直的样子。植：竖立。

⑦可：只能。亵玩：靠近赏玩。亵，亲近而不庄重，读 xiè。

⑧谓：认为，读 wèi。

⑨噫：感叹词，相当于现在的"唉"，读 yī。

⑩鲜：少，读 xiǎn。

【说文】

　　水上、陆地上各种草木之花，值得喜爱的非常多。晋代的陶渊明只喜爱菊花。从李氏唐朝以来，世人十分喜爱牡丹。而我只喜爱莲花，它从淤泥中长出却不被沾染污秽，经过清水的洗涤却不显得妖艳。它的茎内空外直，不生蔓，不长枝，香气远播，更加使人感到清雅，它笔直洁净地立在水中。人们只能远远地观赏而不能靠近赏玩它啊。我认为菊花是花中的隐士，牡丹是花中的富贵者，莲花是花中品德高尚的君子。唉！对于菊花的喜爱，在陶渊明之后就很少听到了。对于莲花的喜爱，像我一样的还有什么人呢？而对于牡丹的喜爱，应该就有很多人了！

【通文】

《爱莲说》是周敦颐任虔州通判时创作的一篇托物言志的小品文。他借赞美莲花，寄托了对君子品格的追求与对现实社会的深刻思考。文章开篇指出，世间花卉虽多，但他独爱莲花，由此引出下文的立意。通过对陶渊明"独爱菊"与唐人"甚爱牡丹"的描写，作者巧妙设喻，既尊重前贤志趣，又点明世俗之人偏爱富贵，意在突出自己对莲花高洁品格的欣赏。莲花"出淤泥而不染，濯清涟而不妖"象征着在污浊现实中坚守清白，展现了君子不趋炎附势、洁身自好的高尚人格，体现出君子光明磊落、不依附、不逢迎的精神气质。作者通过"香远益清""亭亭净植"塑造出莲花超然脱俗、可敬不可亵玩的风范。接着，他又将三种花拟人化，并感叹莲之爱者稀少，反衬出世人趋利之风盛行，寄托了对清正人格的孤高守望与社会风气堕落的忧思。整篇文章以花喻人、以情寓理，言辞平淡却寓意深远，不仅表达了作者为官清廉、志洁行高的操守，也展现了他对理想人格与社会风尚的深刻批判与坚守。

【达理】

《爱莲说》是北宋周敦颐借莲花抒怀、托物言志的名篇，文中"出淤泥而不染，濯清涟而不妖"高度概括了君子的高洁品格。将这段文字放在当下社会语境中，我们同样能从中读出时代的声音与精神诉求。

当前，我们正身处一个信息爆炸、价值多元的时代洪流中。网络喧嚣、物欲横流，各种"成功学""流量至上"成为不少人追逐的目标。在这样的社会氛围中，作者所推崇的"莲之君子"恰恰为我们提供了一种理想人格与清醒态度的参照：身处纷杂之中，仍能守住内心清明，不为名利所诱，不因环境而染，这正是当代人所亟需的精神定力与人格追求。莲花之"中通外直，不蔓不枝"，映照出透明坦荡、内外一致的处世之道。在"人设营销"与"社交滤镜"盛行的时代，这种真实且有原则的品格格外珍贵。在职场中，不攀附、不逢迎，凭实力立足；在公共舆论中，不人云亦云，不盲从跟风；在生活中，做一个精神独立、行为自律的人，这正是"莲之爱"的现实写照。此外，莲花"香远益清"，象征着自然散发高洁的人格影响力。在当今"热搜制造""炒作为王"的媒体环境中，真正有价值、有修养的人，也许不在喧闹之中，却能以德行、才学潜移默化地影响他人。这种不炫耀、不争宠的"沉默力量"，也正是社会真正进步所需的精神底色。

周敦颐感叹的"莲之爱，同予者何人？"发人深省。在全民追逐"牡丹之富贵"的时代，是否还有人甘于清贫而坚守操守？是否还有人拒绝浮躁、回归真实？我们每一个人都是对"菊""牡丹""莲"做出选择的人。爱莲不仅是审美的偏好，更是一种社会责任感与价值判断。

《爱莲说》不仅是古人对人格理想的礼赞，也是对今天社会浮躁氛围的一种警示，它让我们在纷繁复杂的时代中，依旧坚守内心的"莲花气节"，做那个"可远观而不可亵玩"的君子。在这个人人都能发声、人人皆可成名的时代，能做到"出淤泥而不染"，反而才是真正的难得与可贵。

【诵文】

　　开篇节奏适中，平稳叙述，清晰地读出各类花的情况，为后文做铺垫。"出淤泥而不染""香远益清"等词句语调轻柔且充满感情，语速稍慢，展现莲花的美好品质。"花之君子者也"读得有力，表明对莲花的高度评价。"噫"字拖长音，稍作停顿，"同予者何人"读出疑问和感慨的语气，增强情感表达。

　　全文表达了作者对莲花的赞美，也体现了他对君子品德的向往与追求，同时对追逐名利、趋炎附势的世态进行了批判。诵读时，从平稳的叙述到轻柔的喜爱，再到坚定的观点表达和感慨的批判，要充分表达出对莲花的赞美和对君子品德的追求。

51　晚秋陪严郑公摩诃池泛舟①

杜甫

　　　湍驶②风醒酒，船回雾起堤。
　　　高城秋自落，杂树晚相迷。
　　　坐触鸳鸯起，巢倾翡翠③低。
　　　莫须惊白鹭，为伴宿清溪。

晚秋陪严郑公
摩诃池泛舟

【解字】

　　①选自《杜工部集》（上海古籍出版社 2003 年版）。严郑公：杜甫好友严武，曾封郑国公，时任成都尹、剑南节度使。摩诃池：又名龙跃池、宣华池，位于四川省成都市中心，摩诃为梵语，意思为大。诃，读 hē。
　　②湍：急流，读 tuān。驶：急匆匆的样子。
　　③翡翠：一种鸟名。雄鸟为红色，谓之"翡"，雌鸟为绿色，谓之"翠"。

【说文】

　　船在水中疾驰，秋风吹来使人酒意渐醒，船掉头返程，雾气升腾弥漫在堤岸之间。高高的城墙边，秋叶静静飘落，傍晚时分，树林在暮色中错杂迷离。坐在船中不经意间惊动了鸳鸯，它们扑腾着飞起，翠鸟也因巢被惊动而低飞掠过水面。请不要惊扰那栖息在溪水边的白鹭，它们只是把这里当作夜宿的安宁之所。

【通文】

杜甫的《晚秋陪严郑公摩诃池泛舟》描绘了晚秋时节泛舟摩诃池的情景，诗意清幽，意境深远。开篇"湍驶风醒酒，船回雾起堤"描写船行水上，秋风渐起，酒意微醒，雾气升腾，营造出一幅朦胧而静谧的秋水画卷。"高城秋自落，杂树晚相迷"写高城之畔，落叶纷纷，暮色之中树影交错，表现出秋日将暮的萧瑟美感。"坐触鸳鸯起，巢倾翡翠低"转入动态之景，船行惊了水鸟，鸳鸯飞起、翠鸟低飞，呈现出生态之灵动，人与自然的互动蕴含生趣。结句"莫须惊白鹭，为伴宿清溪"意味深长，诗人劝慰船上人勿惊白鹭，流露出对生态万物的体恤与珍爱。整首诗以清新自然的笔触融合写景、抒情与寓意，不仅传达出晚秋泛舟的悠然闲适，更透露出诗人极为珍视与尊重自然生态，是人与自然和谐共处的诗意体现。

【达理】

杜甫在《晚秋陪严郑公摩诃池泛舟》中，以细腻的笔触描绘了一幅人与自然和谐共处的画卷："湍驶风醒酒，船回雾起堤"，风起雾涌中，船行如画；"坐触鸳鸯起，巢倾翡翠低"，惊起水鸟，一派生动生态美景。而那句"莫须惊白鹭，为伴宿清溪"，更像是对生态和谐的温柔嘱托。

千年前，杜甫凝望摩诃池的白鹭，写下"莫须惊白鹭，为伴宿清溪"的归隐之思；千年后，苍鹭衔着时光的碎片，栖居在成都的脉搏之上。从摩诃池的消亡到碧水重归锦江，成都以十年如一日的坚持"还绿于鹭"，换得近600种鸟类的羽翼纷飞，将诗中那已然消逝的摩诃池，从历史尘埃中重新唤醒。如今，高楼与古桥交错，鹭影共人潮起伏。锦江水清岸绿，白鹭再现，不再是一幅只能在诗中回望的画面，而是实实在在的城市风景，是生态文明建设的生动注脚。在"绿水青山就是金山银山"的理念指引下，成都走出了属于自己的生态复兴之路。摩诃池的重现不仅仅是水体治理的成果，更是文化记忆的重塑，是传统诗意与现代城市治理的深度融合，是用生态修复回应历史的沉思。面对环境污染、生态破坏、城市内涝等诸多难题，成都用十年的时间给出了一个答案：还自然以生命，还城市以呼吸。正因如此，"莫须惊白鹭"被赋予了新的意义：白鹭不再需要担心被惊扰，是因为它们找到了属于自己的归宿，有了无须迁徙的底气，这是人类真正为它们留出的空间。这份人与自然的双向奔赴，正是新时代生态文明建设所努力追求的目标。在锦江边，诗意回归生活，白鹭依旧翩翩起舞，人们泛舟其上，仿佛与千年前的诗圣共享这片清溪。这不仅是一种文化自信的回响，更是一种生态治理的现实回报，是中国式现代化背景下人与自然和谐共生的城市范本。

"白鹭不飞远，锦江有归处"，在这里，诗与远方，正在成为可以触摸的当下。

【诵文】

全诗记叙了陪严郑公摩诃池泛舟之事。首联节奏舒缓，语速适中，在"湍驶""风"

"醒酒"之间停顿稍短，"醒酒"二字可适当加重语气，湍急水流让人醒酒，船行雾气升腾，暗示诗人内心的波动。颔联"高城""秋""自落"，每个词语后稍作停顿，"自落"语调略降，体现秋天的寂寥与幽谧。"相迷"语气轻柔，表现出夜晚的朦胧。颈联停顿适中，"起"字语调上扬，表现出鸳鸯飞起的动态。鸳鸯因泛舟惊飞，翡翠鸟巢倾颏，展现出池上生机与季节更迭。尾联语调平稳，"惊"字语气轻柔，"为伴"语调亲切，传达出诗人对宁静生活的向往，整体情感趋于平和、舒缓。诗人怜爱白鹭，渴望与之伴宿清溪，既表达了对自然的喜爱，也委婉透露了不愿久居幕府、向往回归自然的心境。整体诵读时，节奏上五言基本为"二一二"式，适当停顿。语调依诗句场景情感变化，如首联动态处稍高有力，颔联景致寂寥则略低沉，颈联充满生机处上扬，尾联抒情处轻柔舒缓。

52　山园小梅①

林逋②

山园小梅

众芳摇落独暄妍③，占尽风情向小园。
疏影横斜水清浅，暗香浮动月黄昏。
霜禽欲下先偷眼，粉蝶如知合断魂。
幸有微吟可相狎④，不须檀板⑤共金樽。

【解字】

①选自《林和靖诗集》（浙江古籍出版社 1986 年版）。

②林逋（967—1028 年）：字君复，号和靖先生，钱塘（今浙江杭州）人，一说奉化大里黄贤村人。北宋最具代表性的隐逸诗人，有"梅妻鹤子"之称。

③暄妍：天气和暖、景物明媚，此处指梅花在寒冬中仍开得美丽，读 xuān yán。

④相狎：亲近、相伴。狎，读 xiá。

⑤檀板：打拍的木板，常用于音乐演奏。檀，读 tán。

【说文】

　　百花在秋冬时节纷纷凋谢，唯有梅花在寒冬中独自盛开，在这座小园中尽显风姿、占尽风光。梅花稀疏的枝影斜斜映在清浅的水面上，缕缕幽香在黄昏的月色中悄然飘散。寒霜中的鸟儿想要飞落树枝，还要先偷偷看几眼梅花；如果那粉蝶知道梅花的美丽，恐怕也会为之心醉神迷。幸喜我还有低吟浅唱的诗句可以与它相伴，根本不需要喧闹的歌舞和华丽的酒宴来增添情趣。

【通文】

　　《山园小梅》是宋代诗人林逋创作的七言律诗，此诗突出了梅花特有的姿态美和高洁品性，以梅的品性比喻自己孤高幽逸的生活情趣。诗人借梅花之形写自身之志，与梅花在精神上达到了无间契合，表达了不慕荣利、趣向博远的隐逸情怀。苏轼曾在《书林逋诗后》说："先生可是绝俗人，神清骨冷无由俗。"首联写梅花在百花凋谢时独自盛开，凸显其不与群芳争艳、独立寒冬的高洁气质。颔联描绘梅花在水边月下的倩影与幽香，展现其神清骨秀、清雅脱俗的风姿，成为咏梅诗中的千古绝唱。颈联则通过写白鹤和粉蝶因梅之美而心动，反映出诗人对梅的深情与心神契合。尾联由咏物转为抒情，以吟诗代替喧闹的宴饮，表达了诗人在清幽山林中与梅花为伴、远离尘俗的精神追求。全诗物我合一，情景交融，展现出诗人淡泊名利、独守高洁的品格，也使梅花成为人格与理想的象征。

【达理】

　　林逋的《山园小梅》描绘了一幅清雅隽永的梅花图。开篇点明梅花在百花凋谢时仍独自盛开的品格，寄托了诗人对孤高清洁、坚守自我的精神追求。在喧嚣浮躁的当代社会，无论是科研人员在实验室中的默默钻研，还是基层工作者在一线服务中的长期坚守，抑或是环保志愿者对自然的执着守护，他们都如同那"暗香浮动"的梅花，不张扬、不喧哗，却以"独暄妍"的姿态默默散发着影响世界的力量。梅花在黄昏水畔、清浅月光中的姿态，静谧却不寂寞，淡雅却不空泛，正是现代社会中那些不随波逐流、坚持自我价值观的人物缩影。

面对流量经济的席卷与短期成效的诱惑，真正的创新者、文化守望者和社会理想的践行者选择的是一条"静水流深"的道路，不以功利为衡量，不为外界所扰，而是追求一种更有深度、更有意义的长远回报。诗中"霜禽欲下先偷眼，粉蝶如知合断魂"不仅是自然对梅花魅力的本能反应，也隐喻那些真正有内容、有思想的坚持者，终会吸引同频的共鸣者。在AI 高速发展、信息爆炸的时代，真正值得被尊重和传承的，往往不是表面的热闹，而是那些始终如一、默默绽放的"梅花精神"。

林逋隐居孤山，不恋繁华，不求热闹的丝竹与杯盏，只与梅为邻、书为伴，独自吟咏，自得其乐。这种宁静而笃定的生活态度，放到今天依然珍贵。在这个追求效率、结果至上的时代，那些愿意慢下来、默默耕耘的人，也许走得不快，也并不耀眼，却在自己的时区里悄然惊艳。他们像寒冬里的梅花，越冷越香，不争春，却是春的前奏。

【诵文】

开篇细腻刻画了百花凋零之时，梅花独自明艳开放于小园中尽显风姿的画面，突出了梅花的与众不同与孤高，从中能感受到诗人对梅花姿态的赞赏与惊叹。梅花稀疏的影子横斜在清浅的水面，清幽的香气在黄昏月色中飘散的神韵，让人深切体会到诗人对梅花美丽神韵的沉醉与喜爱。诵读时节奏稍缓，每个短句间停顿稍长，读出对梅花的赞叹。"众芳摇落"语调稍降，突出百花凋零的背景，"独暄妍"语调稍扬，读出对梅花孤高姿态的赞叹。随后通过霜禽想要飞落下来时先偷偷看一眼，粉蝶如果知道梅花的美丽定会为之销魂这样的描写，侧面烘托出梅花的动人。"粉蝶如知"语调稍扬，"合断魂"语调稍降。结尾诗人庆幸自己能低声吟诗与梅花亲近，觉得无须音乐和美酒相伴，尽显闲适高雅，体现出与梅花相伴时的惬意以及自身高雅的情趣。"可相狎"语调稍降，突出与梅花亲近的惬意，"不须檀板"语调稍扬，"共金樽"语调稍降，展现出诗人高雅的情趣。

整首诗饱含林逋对梅花的赞美之情，借梅花表达了自己孤高、淡泊的心境和高雅的志趣。诵读时赞叹起调，描绘梅花独特，中间轻柔叙述，强调沉醉喜爱，最后闲适收尾，抒发高雅情趣。读时注意情感递进，有赞赏、惊叹、沉醉、喜爱。

53　奉和令公绿野堂种花①

白居易

绿野堂开②占物华③，路人指道令公家。
令公桃李④满天下，何用堂前更种花。

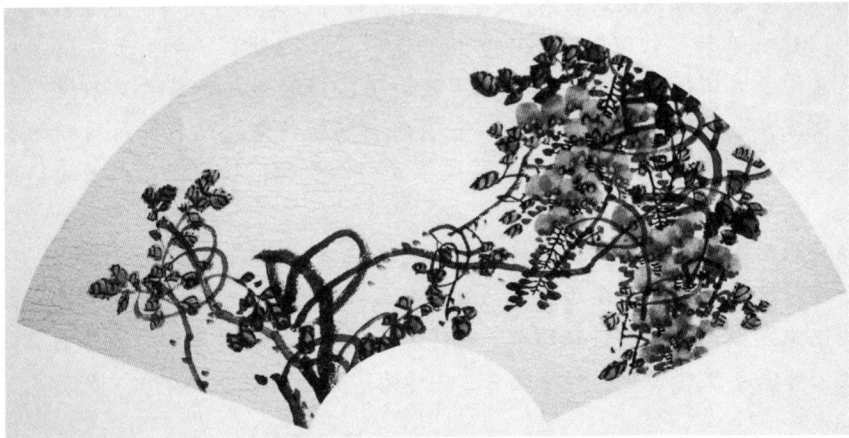

【解字】

①选自《白氏长庆集》（上海古籍出版社1994年版）。奉和：做诗词和别人相应和，达到一唱一和的效果。令公：指裴度，令公是唐朝对中书令的尊称，裴度（765—839年）唐代文学家、政治家，字中立，河东闻喜（今山西闻喜）人。绿野堂：裴度的住宅名，故址在今天的河南省洛阳市南。

②开：创立，建设。

③物华：万物的精华。

④桃李：代指学生。

【说文】

绿野堂建成之后占尽了万物的精华，路人指着宅子说这是裴令公的家啊。裴令公的学生遍布天下，哪里还用得着再在门前屋后种花呢？

【通文】

《奉和令公绿野堂种花》借咏花之名，实则深赞名相裴度的德行与育才之功。诗中开篇写裴度宅邸坐落在风景秀丽之地，堂前自然风光优美，仿佛已占尽人间精华。"路人指道令公家"更是点出裴度之名家喻户晓，路人不问而知，可见其德行远播、声望卓著。"令公桃李满天下"运用借代修辞，以"桃李"代指学生或门生，意在称颂裴度门下英才辈出，影响深远。最后一句看似轻松一问，实则深含敬意——既然裴度已经育才无数，声誉远扬，又何必再在庭前种花来装点门面？这不仅是对其高尚品格的礼赞，也透露出诗人对裴度仕途之外精神世界的认同：真正的成就，不在外在装饰，而在于内在德行与实干。

全诗语言平实却寓意深远，通过自然景象与人格象征的巧妙融合，赞扬了以德育人、桃李成林的风范。这种不尚浮华、注重实绩的精神，穿越千年仍有现实意义，正是我们今天对教育者、引路人、实干家的由衷礼赞。

【达理】

诗人借花抒怀、寓意深远。开篇写绿野堂地处风景优美之处，行人都知是令公住所，颇有"名满天下"之意。接着"令公桃李满天下"点出他门生故旧遍及朝野，最后一句则是点睛之笔：既然您桃李遍天下，又何须再在堂前亲手种花？

诗中的"桃李满天下"早已成为教书育人的代名词。当下，"双减政策"、教育公平、乡村振兴等话题备受关注，这首诗恰恰为我们提供了思考教育本质的文化支点。无论是坚守乡村三尺讲台几十年的"支教老师"，还是在科技前沿默默培养青年才俊的科研导师，他们都如"令公"一般，不求显赫一时的"堂前花"，却换来无数"桃李"在社会各行各业绽放光彩。同时，这首诗也反映了一种"以育人代装饰、以实干代虚名"的价值观，提醒我们真正有价值的事业，不是表面繁花似锦的装饰，而是默默扎根、培育未来的过程。正如优秀的基层干部、科研人员、工程师，他们或许于"绿野堂"寂寂无声，但却"桃李"遍布，润物无声。

这首诗不仅是对一位贤相的风雅赞美，更是一种跨越千年的精神呼应：真正的成就，不在于堂前花开几许，而在于天下桃李几人。

【诵文】

开篇描绘了绿野堂建成后，占尽世间美好的华丽景象，从中能感受到诗人对其的赞叹与欣赏。接着通过路人的指点，点明这是令公的家，侧面烘托出令公声名远扬，让人不禁感慨。"令公桃李满天下"直接表明令公培养的人才众多，遍布天下，体现出诗人对令公在教育方面卓越成就满怀崇敬。结尾以反问强调令公的功绩在于培养人才，而非外在装饰，整首诗的情感从对堂景的赞叹逐渐升华到对令公功绩的高度崇敬与肯定。

"绿野堂开占物华"语速适中，语调赞叹，平稳叙述，展现出绿野堂的美好。"路人指道令公家"节奏适中，语调稍扬，"令公家"语调稍降，突出令公的身份，稍作停顿，让听众感受令公的声名。"桃李满天下"语调稍降，快速读出，加重语气，表达对令公培养众多人才的崇敬。"何用堂前更种花"节奏适中，语调稍扬，语气肯定有力，将对令公功绩的认可提升到新高度。

整首诗的情感从对堂景的赞叹逐渐升华到对令公功绩的高度崇敬与肯定。诵读时要充分融入对令公功绩的赞美之情，从对堂景的欣赏，到对令公声名的感慨，再到对其育人功绩的崇敬，最后到对功绩的肯定。"占物华""令公""桃李满天下""何用"等词语可适当加重读音，突出重点，更好地展现诗歌的内涵。

54 竹石①

郑燮②

咬定③青山不放松，立根原在破岩中。
千磨万击还坚劲，任尔④东西南北风。

【解字】

①选自《郑板桥诗词文选》（作家出版社1997年版），是一首七言绝句的题画诗。竹石：扎根在石缝中的竹子。
②郑燮（xiè）（1693—1766年）：字克柔，号板桥，清代书画家、文学家。江苏兴化人，"扬州八大怪"之一。
③咬定：比喻根扎得结实，像咬着青山不松口一样。
④任：读rèn。尔：你。

【说文】

竹子抓住青山从不放松，原来是把根深深地扎入岩石缝中。经历狂风千万次的吹打折磨依旧坚硬如铁，任凭你刮酷暑的东南风，还是严冬的西北风。

【通文】

郑燮这首题咏《竹石图》的诗通过描绘竹子的形象，表达了坚韧不屈的品格与人生理想。"咬定青山不放松，立根原在破岩中"以拟人手法写竹扎根于破碎坚硬的岩石之中，突出其坚定执着、不随俗浮的本性。"千磨万击还坚劲，任尔东西南北风"进一步展现竹子在遭遇风霜雨雪、种种磨难后，依旧坚强挺拔、不动如山的顽强精神。这四句诗层层递进，塑造了竹子刚直、坚毅、不屈不挠的形象，而这实则是诗人自我人格的写照。郑燮为人正直、关心民生，在任潍县知县期间为民请命，晚年困顿依然不改其节，他在竹子身上看到的"坚劲"正是他自身性格的真实映射。竹作为"四君子"之一，本就象征高洁、谦逊、进取，此诗尤着重刻画其"坚劲"之美德。全诗语言质朴明朗，寓意深远，通过写竹寄托诗人不畏强权、百折不挠、立志为民的高尚节操，展现出一种洒脱而铿锵的豪放之风。

【达理】

历来赞竹之诗不知凡几,唯有郑燮的《竹石》写出了竹子百折不挠、愈挫愈奋的傲然风骨。诗中描绘的劲竹"咬定青山不放松,立根原在破岩中",象征着在艰难环境中依然坚定信念、不改初心的人生态度。正如当下无数在困境中坚守岗位、默默奉献的普通劳动者、基层工作者、科研人员,他们在平凡甚至艰险的环境中"立根",咬定目标、不屈不挠,用行动诠释着"破岩中立根"的精神力量。后两句"千磨万击还坚劲,任尔东西南北风",更像是对当今社会面对各种风险与挑战时的写照。在经济压力、技术革新等多重冲击下,无论是个人还是国家,唯有具备"千磨万击还坚劲"的韧性和定力,才能在不确定中稳住自身方向,实现突破与成长。恰如在科技创新领域,科研人员顶住巨大压力,在"卡脖子"技术中奋力攻关,其坚守精神正与劲竹无异;又如在乡村振兴等国家战略中,无数基层干部深入一线、披荆斩棘,其初心和毅力,也正是"任尔东西南北风"的写照。

《竹石》不仅是一首歌颂竹子的咏物诗,更是一种对信念、坚韧与担当的文化隐喻。在这个挑战重重的时代,竹的精神正提醒我们:不怕磨难、不惧风雨、坚定信念、挺立当下,才能迎来破土而出的春天。

【诵文】

开篇展现了竹子紧紧咬住青山绝不放松,根须牢牢扎进破裂岩石里的画面,从中能感受到一种坚定,这直观呈现出竹子顽强的生命力与稳固的根基。而后两句描述竹子历经无数的磨难打击,却依旧坚韧挺拔,对来自东西南北的狂风都毫不在意,此处情感愈发激昂,鲜明地突出竹子面对重重磨难也绝不屈服的精神。整首诗的诵读基调是昂扬、坚定的,体现了作者对竹子坚韧不拔品质的高度赞美,借竹来抒发自己坚定的意志和顽强不屈的精神,表达对这种不屈精神的崇尚之情。

"咬定/青山/不放松,立根/原在/破岩中。"节奏稍缓,强调竹子的坚定。"千磨/万击/还坚劲,任尔/东西/南北风。"加重语势,情感愈发激昂,突出竹子的坚韧,表现出大无畏的精神。

诵读时从坚定有力的开篇到激昂的结尾,通过声音的变化传达出不屈不挠、坚毅果敢的情感,同时要融入对竹子坚韧品质的赞美之情,以表达出作者的坚定意志。

55 无题[①]

李商隐

无题

相见时难别亦难,东风无力百花残。

春蚕到死丝②方尽，蜡炬成灰泪③始干。
晓镜但愁云鬓④改，夜吟应觉月光寒。
蓬山⑤此去无多路，青鸟殷勤为探看⑥。

【解字】

①选自《唐诗三百首》（中华书局 2016 年版）。

②丝：与"思"谐音，以"丝"喻"思"，含相思之意。

③泪：指燃烧时的蜡烛油，这里取双关义，指相思的眼泪。

④云鬓：女子多而美的头发，这里比喻青春年华。鬓，读 bìn。

⑤蓬山：蓬莱山，传说中海上仙山，这里借指所思之人的住处。蓬，读 péng。

⑥青鸟：神话中为西王母传递音讯的信使。探看（kān）：探望。

【说文】

相见很难，离别更难，何况在这东风无力、百花凋谢的暮春时节。春蚕结茧到死时丝才吐完，蜡烛要烧成灰烬时像泪一样的蜡油才能滴干。早晨梳妆照镜，只担忧如云的鬓发改变颜色，容颜不再。长夜独自吟诗不寐，必然感到冷月侵人。蓬莱山离这儿不算太远，却无路可通，烦请像青鸟一样的使者，殷勤地为我去探看。

【通文】

《无题》以女性的口吻抒写爱情的哀伤与执着，表现出深邃缠绵、层层推进的情感境界。首联写因无法相见而带来的难舍离别之痛，用"东风""百花"景象衬托内心的感伤，寓情于景，情景交融。颔联用"丝""泪"比喻绵长思念与痛苦的执着，虽知相聚无望，却依旧情深至死，在追求之中透露出哀伤和绝望。这两个精妙的比喻，深刻描绘出复杂而循环往复的心理状态，体现出诗人高度的联想能力和情感表现力。颈联转写人物内外的心理活动，一句写自身因情憔悴，一句想象对方同样悲苦，显示出心灵的共鸣和思念的深切。尾联则以神话意象表达无望中的渴望，将爱情追求的痛苦延伸到幻想层面。全诗情感细腻缠绵，联句之间承接自然、结构严谨，情绪波动也极具层次，从现实到幻想、从痛苦到希望，逐步

推进，反映了人物内心极其复杂的情感世界。虽然诗中许多意象可在前人诗作中找到源头，但李商隐在继承基础上，以更曲折、细腻的手法丰富了表达层次，提升了艺术张力，显示出他卓越的创新能力和文学修养，使这首诗成为晚唐抒情诗中的杰作。

【达理】

李商隐的《无题》是一首写尽离愁别绪与深情坚守的佳作，诗中所体现出的执着、奉献、无怨无悔的情感，展现了教育家精神的时代价值与思想光芒。

"相见时难别亦难，东风无力百花残"可视作教师与学生之间真挚情感的象征写照。教育工作者与学生朝夕相处，师生情谊深厚。毕业季来临时学子各奔东西，师者心中自然百感交集。教师往往心有千言，却难挽留"桃李"片刻，不禁感叹"东风无力"，道出一种无法留住时光、也难以言明的不舍。"春蚕到死丝方尽，蜡炬成灰泪始干"两句最能诠释教育家的精神品格。春蚕与蜡炬正是千百年来教师无私奉献的经典象征。春蚕吐尽最后一缕丝才甘愿谢幕，蜡炬燃尽化灰方停止流泪。现实中无数默默无闻的园丁，终其一生教书育人，倾其心血，从不懈怠。他们如蜡炬照亮他人，甘为人梯，不求名利，只愿桃李芬芳。正如时代楷模张桂梅，她以一己之力改变无数山里女孩的命运，正是"春蚕到死丝方尽"的现代诠释。"晓镜但愁云鬓改，夜吟应觉月光寒"写出了教师群体普遍存在的身心压力。教育改革不断深入，不少教师夜以继日，年复一年，青春渐逝，白发悄生。而他们的坚持，是对学生的深情守望，是对教育事业的信仰。即便深夜伏案工作也无怨无悔。那"月光寒"正是教师孤独付出的象征，也代表了教育路上那一束冷而恒久的清光。"蓬山此去无多路，青鸟殷勤为探看"象征着教育者心中那份不变的希望与牵挂。即使学生已经走向四方，成为社会各行各业的中坚力量，教师依旧默默关注着他们的成长，如"青鸟"为梦传信，寄托着教育者心中那份恒久的期待。无论师生是否重逢，教育的种子早已根植于心，长成参天大树，正所谓"桃李不言，下自成蹊"。

当今社会呼唤"大先生"式的教育家精神——忠诚教育事业、心系学生成长、守正创新育人。李商隐这首《无题》虽写爱情，却以其深情厚意、坚贞不渝的品格，与教育家的情怀高度契合。面对新时代对教育质量和教师素养的更高要求，我们更应理解与弘扬这种"春蚕到死""蜡炬成灰"的教育情怀。唯有如此，才能培养出担当民族复兴大任的时代新人，让教育真正成为民族的希望之光。

【诵文】

诗人开篇，于东风衰微、百花凋残的时节，用两个"难"字，为人生聚散中相见之艰涩、离别之悲苦更添一抹无可奈何的哀伤，尽显人生聚散无常的怅惘。诗至中间，诗人以精妙的比喻，将对爱情的坚贞诠释得入木三分，其情之深挚，其意之笃定。而"晓镜""夜吟"的细腻描摹，则于日常琐事与静夜幽思间，勾勒出一幅被思念萦绕的孤独图景。那清晨揽镜自照时对容颜渐衰的淡淡哀愁，那月夜吟诗时独对清寒月色的寂寥心境，皆因相思而起，情真意切，深沉而执着。至于篇末，诗人以浪漫的想象，将所思之人遥置于蓬莱仙境，又寄望于青鸟殷勤传递心意，探询消息。这一想象饱含着对爱人的深切牵挂，更流露出内心对重逢的渴盼。通览全诗，李商隐以其细腻笔触与深情厚意，将爱情中的痛苦、忧愁、期待一一铺陈。

首联语调沉痛，语速稍慢，每个短句间停顿稍长，"别亦难"语调稍扬，加重离别之苦；"东风无力"语调稍降，"百花残"语调稍缓，营造出哀伤氛围。颔联和颈联语调深沉，节奏适中，"春蚕到死""蜡炬成灰"语调稍扬，"夜吟应觉"语调稍扬，"月光寒"语调稍降，体现孤寂。尾联节奏紧凑，增强急切感。

整体诵读时，沉痛起调，诉说相见离别之难，随后深沉叙述爱情与忧愁，最后收尾表达期盼之情。注意此诗重读较多，如两个"难"字重读，以强调相见和离别的艰难。"到死""成灰""方尽""始干"要适当重读，突出爱情的至死不渝。"愁""寒"要重读，表现出因思念而生的忧愁和孤寂。"殷勤""探看"也要重读，体现对爱人的深切牵挂和渴望得知消息的急切心情。

56 步出夏门行·观沧海①

步出夏门行·
观沧海

曹操②

东临碣石③，以观沧海。
水何澹澹④，山岛竦峙⑤。
树木丛生，百草丰茂。
秋风萧瑟，洪波涌起。
日月之行，若出其中；
星汉⑥灿烂，若出其里。
幸甚至哉，歌以咏志。

【解字】

①选自《曹操集》（中华书局 2024 年版）。
②曹操（155—220 年）：字孟德，沛国谯县（今安徽亳州）人。
③碣石：山名。碣石山，河北昌黎碣石山。公元 207 年秋天，曹操征乌桓得胜回师时经过此地。碣，读 jié。
④澹澹：水波摇动的样子。澹，读 dàn。
⑤竦峙：耸立。竦，通耸，高，读 sǒng。峙，读 zhì。
⑥星汉：银河，天河。

【说文】

东行登上高高的碣石山，来观赏苍茫的大海。海水多么宽阔浩荡，海中山岛罗列，高耸挺立。周围树木葱茏，各种草植生长茂盛。萧瑟的风声传来，草木动摇，海中翻涌着巨大的海浪。太阳和月亮升起降落，好像是从这浩瀚的海洋中发出的。天河里的灿烂群星，也好像是从大海的怀抱里涌现出来的。太值得庆幸了！就用诗歌来表达心志吧。

【通文】

曹操的《观沧海》是一首典型的古体诗，诗人通过描写海的壮丽景象，巧妙地将个人雄心壮志融入其中。全诗通过"观"字将自然景色与个人抱负紧密相连，用饱蘸浪漫主义激情的大笔，勾勒出大海吞吐日月、包蕴万千的壮丽景象，展现出祖国河山的雄伟壮丽。全诗语言质朴，想象丰富；气势磅礴，苍凉悲壮，既吐露出诗人建功立业、施展抱负的雄心壮志，又表现出他一揽天下、豪迈自信的胸怀；抒发了积极进取、胸怀天下的思想感情。

前四句通过写景，展现了大海的动静之美。"水何澹澹，山岛竦峙"写出海面辽阔与岛屿矗立的轮廓，给人一种广阔、静谧的印象；而"树木丛生，百草丰茂"与"秋风萧瑟，洪波涌起"则通过山岛的繁盛与海面上的波澜起伏，表现出大自然的生机与力量。这些描写不仅展现了自然景色的壮丽，也反映了诗人内心的坚定与志向。"日月之行，若出其中；星汉灿烂，若出其里"则是通过想象，进一步表达了诗人胸怀的辽阔与伟大。此句暗示诗人欲将天下万物纳入怀中，表现出他如大海般包容的胸襟和广阔的志向。全诗虽无直白的情感表达，但通过生动的景物描写，暗含诗人对统一国家的雄心和伟大抱负。诗人赋予大海以性格，大海的浩瀚、动荡和包容，与他奔放、不拘小节的性格相呼应。

【达理】

曹操的《观沧海》是中国古典诗歌中气势磅礴、胸襟广阔的代表之作。全诗通过描写大海雄浑的景象，寄托了诗人博大的抱负与豪情万丈的理想精神。面对国家发展的时代命题、科技变革带来的挑战，以及青年使命与国家愿景之间的关系，这首诗依旧闪耀着不减当年的精神光辉。

"东临碣石，以观沧海"，诗人站在碣石山巅，放眼茫茫大海，展现出胸怀大志的气魄，这象征着中国在新时代背景下主动融入世界、把握全球治理话语权的战略视野。无论是"一带一路"的推进，还是"人类命运共同体"的构建，国家的姿态如诗人登高望远，体现了不拘眼前、放眼未来的远见卓识。"水何澹澹，山岛竦峙"描绘了大海的浩渺与山岛的巍峨，反映出当前中国经济社会的高速发展与科技创新。人工智能、大数据等新兴领域如"洪波涌起"，既壮观又充满挑战，这要求我们具备直面挑战的胆略与定力，在复杂多变的国际格局中稳步前行。"树木丛生，百草丰茂"展现了自然的生命力与包容性，象征着蓬勃生机。联想到当下国家的"绿色发展"与生态文明建设，绿色科技与清洁能源在中国这片热土上蓬勃发展，推动着社会的可持续发展。经济复苏与人民重塑生活面临"洪波"的考验，中国展现出强大的组织动员能力，稳重从容地应对挑战，正如诗人所描绘的波澜壮阔之景。当前我们正迈入新一轮改革开放的"深水区"，需要如诗人般在波澜中砥柱中流的勇气与智慧。新时代背景下，"海纳百川"的精神成为中国社会面对多元文化交流与科技融合的底色。中国式现代化不仅是物质强盛，也应是文化与价值观的引领以及与世界的深度参与。诗人以"幸甚至哉，歌以咏志"总结全诗，表达了因实现理想、目睹壮美山河而生的自豪与欣喜，这正如当代青年投身国家建设的写照。青年学子应既仰望星空又脚踏实地，以家国情怀为魂，以实际行动践行理想。

《观沧海》不仅是对自然景观的赞美，更是对理想人格与时代使命的呼唤。在充满变革的今天，这首诗如一面镜子，映照出中华民族不断奋进的精神风貌，也为新时代青年树立了直面风浪、心怀远志的理想典范。

【诵文】

诗人开篇直露心迹，豪情如江河奔涌，展现出不羁豪迈的气概，诵读时应读得有气势，突出激昂。接着诗人勾画出大海的雄浑壮阔：海水荡漾，山岛巍峨，草木繁茂，生机勃发。秋风吹过，波涛汹涌，气势如虹，诗人对海景的描写从静到动，流露出赞叹与敬畏之情。后半部分诗人凭借想象将日月星辰与大海相融，情感激昂，胸怀抱负，渴望平定四方、统一天下的志向如火焰般燃烧。结尾的咏叹更坚定了诗人的决心，掷地有声，振聋发聩。诵读时节奏适中，强调坚定，突出诗人的志向。

诗人通过独特的艺术表现力和深刻的思想内涵，生动展现了自己的广阔胸襟和豪迈气概，令人心潮澎湃。诵读时起于观海，终于咏志，借景抒情、情景交融、浑然一体。从高昂的豪迈到激昂的赞叹，再到雄浑的胸怀展现，层层递进，凸显诗人坚定的志向。

57 锦瑟①

李商隐

锦瑟无端②五十弦，一弦一柱思华年。
庄生晓梦迷蝴蝶③，望帝春心托杜鹃④。
沧海月明珠有泪，蓝田日暖玉生烟。
此情可待成追忆，只是当时已惘然⑤。

【解字】

①选自《唐诗三百首》（中华书局2016年版）。锦瑟（sè）：装饰华美的瑟，是一种弦

乐器。

②无端：犹何故。怨怪之词。五十弦：这里是托古之词。作者的原意，是说锦瑟本应是二十五弦。

③"庄生"句：李商隐此引庄周梦蝶故事，以言人生如梦，往事如烟之意。

④"望帝"句：出自《华阳国志·蜀志》——"杜宇称帝，号曰望帝。时适二月，子鹃鸟鸣，故蜀人悲子鹃鸟鸣也。"子鹃即杜鹃，又名子规。

⑤惘然：失意的样子、心中若有所失的样子。惘，读 wǎng。

【说文】

那把五十弦的锦瑟，缘由何起并不清楚，每一根弦，每一根柱子，都让我回忆起那逝去的青春年华。庄子在晨曦中梦到自己化作蝴蝶，迷失在梦境中，而望帝的春心却寄托在杜鹃鸟的哀鸣中。海面在明月照耀下显得更加清晰，珠子含泪，正如蓝田的日光温暖，玉石在温暖的阳光中升起轻烟。这种深沉的情感，或许可以在未来成为值得回忆的往事，但当时的我却已迷茫，无法清楚地把握和珍惜。

【通文】

李商隐的《锦瑟》通过典故和象征手法，抒发了对时光流逝和命运无常的感慨。诗中的"锦瑟"并非单纯咏物，而是承载着诗人内心的复杂情感。首联用瑟的五十根弦象征诗人的五十年人生，暗示才华与年华流逝的对比，唤起对青春的追忆。颔联引用庄周梦蝶等典故，展现出诗人对理想与现实的错位感，表达追求却无法实现的无奈。诗中的四个典故传递出不同的情绪：庄周梦蝶象征人生的迷惘，望帝春心代表执着追寻，沧海鲛泪传递寂寥，蓝田日暖则带来温暖却朦胧的欢乐。这些意象为诗人内心的挣扎与迷茫提供了丰富的表达。颈联通过珠泪与蓝田玉的对比，展示了诗人对美好事物的怀念和远不可及的理想，传达出对生活的感伤与失落。尾联以反问句表达对青春岁月的无奈与追悔，揭示了时间的不可逆转与命运的无常，使全诗情感达到高潮，展现出诗人深沉的愁绪与无力感。

【达理】

李商隐的《锦瑟》通过象征和隐喻，表达了诗人对时光流逝和人生无常的深刻感悟。开篇用五十弦的锦瑟象征人生五十年，表达对过去岁月的怀念。在信息化、数字化的时代，许多人忙于追求事业成就和外界认同，却忽略了内心的声音和美好时光。诗人提到"思华年"，揭示了人们在追求未来时对过去的怀念，现代社会的快节奏使人们很少停下脚步反思自己走过的路。接着，诗人表现出理想与现实的错位，象征人们对理想的追求与内心的迷茫，正如庄周的蝴蝶梦，追求自由与理想的同时，内心却充满挣扎和不安。现代社会，许多人在职场压力和焦虑中无法洞悉自己真正的需求，迷失于社会的期望与自我认知的错位之间。诗人借助月亮、海洋和珠子等意象，表达了深沉与无奈的情感，这种情感在现代社交网络盛行的当下尤为常见，人们表面上的成功和幸福掩盖了内心的孤独和焦虑。结尾处，诗人表达了对过去时光的追悔与感伤，现代人常在追逐未来的过程中忽视当下的珍贵，直到失去才感到惋惜与悔恼。

李商隐借锦瑟、蝶梦、泪痕等意象，写尽对光阴的叹息。时过千年，我们依然在相似的节奏中穿行：拥有更多选择的自由，却也更容易陷入迷茫；在追逐中不断前行，却常常忘了为何出发。回望不是遗憾的终点，而是找回初心的起点。在纷繁中慢下来，珍惜当下的每一刻，才是对时光最温柔的回应。当我们学会在纷扰中与自己对话时，日子也会变得柔软起来，那些错过的风景，也终将以另一种方式回到我们身边。

【诵文】

这首七言律诗以"锦瑟"起兴，情感深沉。首联借锦瑟之弦，抒发了对逝去美好年华的追忆与感慨。锦瑟的每一根弦、每一个柱，都仿佛在拨动诗人内心深处对往事的眷恋与怅惘，诵读时节奏稍缓，营造怅惘氛围。颔联和颈联巧妙地借用典故，抒发内心的复杂情感。诵读时注意语调哀伤，语速稍慢，"庄生晓梦""沧海月明"等句，要读得缓慢，营造出迷离恍惚、缥缈虚幻的意境，体现出诗人内心的复杂哀伤。尾联则直接抒情，"此情可待成追忆？只是当时已惘然"，情感悲叹、无奈，节奏稍缓，强调悲叹，表达出对过往情感的深深遗憾和无奈。

诗中的情感既有个人的悲欢离合，也有对命运与时代的深刻反思。诵读时，情感应从低沉的怅惘过渡到哀伤，再到悲叹。语速全程稍慢，通过舒缓的诵读节奏表达出怅惘、哀伤、悲叹等情感，体会诗人对过往的追忆和对人生的感慨。

58 夜泊牛渚怀古①

夜泊牛渚怀古

李白

牛渚②西江夜，青天无片云。
登舟望秋月，空忆谢将军③。
余亦能高咏，斯人④不可闻。
明朝挂帆席，枫叶落纷纷。

【解字】

①选自《唐诗三百首》（中华书局2016年版）。怀古诗题目常以地名为前缀，由凭吊古迹而情随景生并以此为触媒抒怀，是咏史与咏怀、历史和地理融合的产物。

②牛渚：山名，在今安徽当涂县西北。渚，读 zhǔ。

③谢将军：东晋谢尚，今河南太康县人，官镇西将军，镇守牛渚时，秋夜泛舟赏月，恰遇袁宏在运租船中诵己作《咏史》诗，遂邀其前来，谈到天明。

④斯人：那个人，此处指谢尚。

【说文】

秋夜行舟停泊在西江牛渚山，蔚蓝的天空中没有一丝游云。我登上小船仰望明朗的秋月，徒然地怀想起东晋谢尚将军。我也能够朗吟袁宏的咏史诗，可惜没有那识贤的将军倾听。明早我将挂起船帆离开牛渚，这里只有满天枫叶飘落纷纷。

【通文】

《夜泊牛渚怀古》写于李白青年时期，诗人借夜泊牛渚之机，通过景物描写与历史联想，抒发了对过去时光与知音的怀念。开篇便点明"牛渚夜泊"，接着以"青天无片云"展现出一幅空旷辽阔的夜景，天与江水交融，给人一种宁静悠远的感受，诗人自然而然地融入其中。接下来的"登舟望秋月，空忆谢将军"，诗人从眼前的景象联想到历史，回忆起谢将军与袁宏月下泛舟吟咏的往事。此处的"空忆"二字，表现了诗人对过去的追思，也暗示了无法得到回应的无奈。

诗人的"怀古"并非单纯的回忆，而是在历史人物谢将军与袁宏的友情中，发现了一种跨越身份、心灵相通的美好关系，这正是李白自己在当时现实中所渴望的。此情此景，使得他发出"余亦能高咏，斯人不可闻"的感慨，表达自己虽然才华横溢，却再也无法遇到像谢将军那样的知音。"不可闻"回应了"空忆"，隐含了诗人对世间无知音的深沉惋惜。尾联通过写景，想象客舟即将离去的情景，枫叶飘落与秋风交织，进一步烘托出诗人因失去知音而产生的寂寞与凄凉情怀。整首诗在写景上疏朗有致，情感含蓄不露，语言自然清新，寓情于景，展现了李白飘逸不群的个性与内心的深情，形成了一种自然悠远的诗意。

【达理】

李白的《夜泊牛渚怀古》借夜晚的景象和对谢将军的怀念，抒发了诗人对过去时光、英雄人物和知音的深切感怀。诗中"牛渚西江夜，青天无片云"描绘了一幅宁静辽阔的画面，给人一种心境澄澈的感受。现代人生活在快节奏的时代，信息爆炸、压力如山，人与人之间的交流越来越依赖电子设备，面对面的深度沟通和知音式的心灵契合愈发稀缺。诗人通过静谧的江面夜色传达自然与内心的联结，但这种联系却因科技和现代生活方式的变化而更加难得。诗人以"空忆"二字表达了怀念谢将军时的无奈和深情。当下，人与人之间的情感纽带已发生变化，社交网络和即时通信工具让人们的交往形式更加便捷，但也让彼此之间真正的精神联系变得疏远。虽然我们拥有更多认识人的机会，却常常难以找到心灵契合的知音。诗人在诗中怀念的并不仅仅是某个人，而是一种理想化的精神连接。接下来"余亦能高咏，斯人不可闻"表现了诗人对自己才华的自信与无奈。他知道自己能创作出高雅的诗篇，但这些作品却难以被英雄人物谢将军所赏识。现代人尽管有更多渠道表达自己，社交平台让每个人都有机会发声，但却难以真正触动那些能够理解和共鸣的知音。

全诗不仅传递了诗人对知音的深情和对过往时光的怀念，也启示我们在拥抱信息化社会的同时，要珍惜那些真正能够与自己心灵相通的人，重新审视人与人之间的情感连接，以此反思如何在现代社会中建立更加真诚和深刻的人际关系。

【诵文】

开篇描绘西江牛渚的宁静夜晚。彼时天空澄澈，无片云遮目。语调宜平和，描绘出宁静的夜景。诗人登上小船，仰头望着那皎洁秋月，思绪却飘向了远方，忆起东晋的谢尚将军。那回忆里，该是有着对古人的钦佩与向往吧。诵读时节奏稍缓，突出内心的感慨与失落。接着诗人感慨自己也有袁宏般高声吟诗的才华，奈何谢尚这样能赏识自己的伯乐却已不在，内心的愤懑与无奈，在这对比中油然而生。他怀才不遇，知音难觅，这份孤寂无人可诉。诵读时节奏要缓，强调愤懑。最后，诗人想象着明日挂帆离去时，枫叶纷纷飘落的画面，那场景中，既有对前路未知的迷茫，又有独自一人的孤寂，惆怅之情溢于言表。诵读时节奏稍缓，突出惆怅孤寂。

　　整首诗借由诗人夜泊牛渚时的所见所感，巧妙地抒发了怀才不遇的寂寞、知音难觅的感慨，还自然流露出对古人的缅怀，诵读时语速全程稍慢。开篇语调轻柔舒缓，展现宁静；"空忆"处语调下沉稍停，"亦""不可闻"重读，语调激昂紧凑，语速加快表愤懑；结尾语调再缓，语速慢，声音渐弱显孤寂。诵读时要投入情感，依情感变调，借气息变化增强感染力，从平和的宁静到感慨、愤懑，再到惆怅孤寂，层层递进。

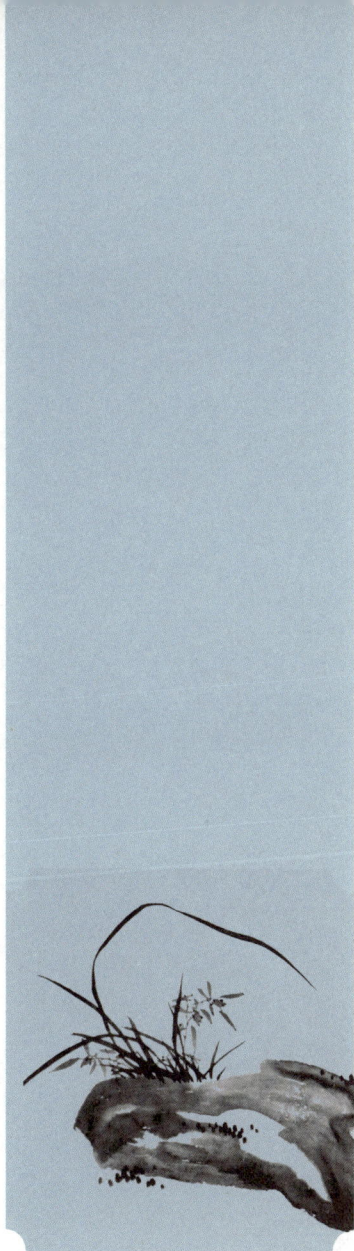

匠艺篇

巧夺天工人间器
——传承工匠精神

务耕行宜　劝课农桑

59 诗经·魏风·十亩之间①

汉乐府民歌

十亩之间兮②，桑者闲闲兮，行与子还兮③。
十亩之外兮，桑者泄泄④兮，行与子逝⑤兮。

【解字】

①选自《乐府诗集》（中华书局 2019 年版）。

②十亩之间：指郊外所授场圃之地。

③行：走。一说且，将要。还：回家，归家，读 huán。

④泄泄：通"洩洩"，合乐的样子，一说人多的样子。泄，读 yì。

⑤逝：返回，一说往。

【说文】

在一片广阔的桑园里，年轻的姑娘们采桑多悠闲，她们一道唱着歌儿回家转。在相邻那片同样广袤的桑园里，漂亮的姑娘们采桑多悠闲，她们一起说说笑笑往家转。

【通文】

《诗经·魏风·十亩之间》宛如一幅清新恬淡的田园画卷，抒写了采桑女轻松愉快的劳动心情。夕阳西下，暮色渐浓，牛羊归栏，炊烟渐起。夕阳斜晖透过碧绿的桑叶照进一片宽大的桑园。忙碌了一天的采桑女，准备回家了。顿时，桑园里响起一片呼伴唤友的声音。人渐渐走远了，她们的说笑声和歌声却仿佛仍在桑

园里回旋。这就是《诗经·魏风·十亩之间》所展现的一幅桑园晚归图。

这首诗以轻松的旋律，传递出愉悦的心情，这是《诗经·魏风·十亩之间》最鲜明的审美特点。首先，这与语气词的恰当运用有关。全诗六句，重章复唱。每句后面都用了语气词"兮"字，这就很自然地拖长了语调，表现出一种舒缓而轻松的心情。其次，更主要的是它与诗境所表现的内容相关。诗章描绘的是劳动结束后，姑娘们呼伴唤友相偕回家时的情景。因此，这"兮"字里包含了紧张的劳动结束后轻松而舒缓的喘息，也包含了面对一天的劳动成果满意而愉快的感叹。诗句与诗境、语调与心情，达到了完美的统一，所谓动乎天机，不费雕琢。

【达理】

《诗经·魏风·十亩之间》是一首描写农耕生活和人与自然关系的诗歌，它通过对比"十亩之间"与"十亩之外"的不同景象来探讨内外环境对人生选择和命运的影响。在诗中，"桑者"象征着农耕生活与社会的基础经济，"行与子还"和"行与子逝"则体现了姑娘们相伴同归的温馨场景，象征着人生旅途中相互陪伴、共同前行的美好。

"十亩之间"是指一个小规模的农田，其间种植了桑树用来养蚕织丝，形成了以丝绸为主的生产体系。古代中国的丝绸产业，正是通过这一点一滴的辛勤耕作，逐步发展壮大，最终成为丝绸之路上的重要货物。丝绸不仅仅是一种商品，也是文化的载体、历史的见证。这条贯穿欧亚的贸易路线，不仅是商品的交换平台，也促进了文化、技术与思想的交流与传播。古代的丝绸之路如同诗中的"十亩之间"，是一个充满潜力和希望的地方，是中国与世界的连接纽带。

从古代丝绸之路的繁荣到今天"一带一路"倡议的推进，这一历史传承依然影响着全球经济与文化的格局。"一带一路"倡议提出的核心是加强各国之间的经济合作与文化交流，通过建设基础设施、促进贸易和互联互通，推动全球合作和共同发展。这一倡议与古代丝绸之路在形式上有所不同，但其精神是一脉相承的：通过商品、技术和文化的交流，让世界更加紧密相连。从采桑到丝绸，从古代丝绸之路到现代"一带一路"，我们看到的不仅仅是物质贸易的流通，更是文化和思想的互动与碰撞。今天，丝绸的传统依然承载着我们对历史的回顾与对未来的期待，体现着人类社会在不断发展中的共同命运与合作精神。"一带一路"倡议更是在全球化背景下，推动中国与世界其他国家实现互利共赢、共同繁荣。

【诵文】

这首诗仅两章，每章三句，却勾勒出古代采桑女劳作归程的画面。诗中先展现了采桑女于广阔桑园中从容劳作之态，收工后相邀同归，氛围温馨。接着视角转换，凸显她们收工时轻松愉悦、和乐融洽的心情，以及对归家后安逸生活的向往。此诗运用重章叠唱的手法，字句微变却反复咏叹，节奏韵律优美。句末"兮"字舒缓了节奏，使诗句、诗境、语调、心情相契。它以清新自然、简洁明快之姿，呈现出古代田园生活的美好，洋溢着轻松愉悦的情感。

起句语调上扬表桑园广阔，"兮"字拖长音；"闲闲"读重音，语调轻柔舒缓显悠然，按节奏停顿；"还"读重音，语调上扬含喜悦；"泄泄"读重音，语调轻快活泼，语速稍快；"逝"语调上扬，语速适中稍快；"兮"拖长音，在欢快中收尾。

整体诵读时，语调应轻松、明快，洋溢着愉悦的情感，生动地描绘出采桑女劳作后轻松愉快回家的场景，注意"兮"字拖长音，并自然停顿。

60 孟子·梁惠王上① （节选）

孟子·梁惠王上（节选）

不违农时，谷不可胜食也；数罟不入洿池②，鱼鳖不可胜食也；斧斤以时入山林，材木不可胜用也。谷与鱼鳖不可胜食，材木不可胜用，是使民养生丧死无憾也。养生丧死无憾，王道之始也。

五亩之宅，树之以桑，五十者可以衣帛矣。鸡豚狗彘之畜③，无失其时，七十者可以食肉矣。百亩之田，勿夺其时，数口之家可以无饥矣；谨庠序④之教，申之以孝悌⑤之义，颁白者不负戴于道路矣。七十者衣帛食肉，黎民不饥不寒，然而不王⑥者，未之有也。

【解字】

①选自《孟子译注》（上海古籍出版社 2016 年版）。
②数：细密，读 cù。罟：渔网，读 gǔ。洿池：水塘，大池。洿，读 wū。
③豚：猪，读 tún。彘：指猪，读 zhì。畜：读 xù。
④庠序：指古代的地方学校，泛指学校或教育事业。庠，读 xiáng。
⑤悌：读 tì。
⑥王：动词，使归顺，读 wàng。

【说文】

如果在农民耕种收获的季节不去妨碍生产，那粮食会吃不完了。如果不用细密的渔网到大的池沼里去捕鱼，那水产也就吃不完了。如果砍伐树木有一定的时间，木材也会用不尽了。粮食和水产吃不完，木材用不尽，这样便使百姓对生养死葬没有什么不满。百姓对于生养死葬都没有什么不满，就是王道的开端。在五亩大的宅园中种植桑树，那么，五十岁以上的人都可以穿上用丝绵制成的衣服了。鸡、狗与猪等家畜，不要耽误它们的繁殖时机，那么，七十岁以上的老人就可以有肉吃了。一家人有百亩的耕地，不要去妨碍他们的生产，那么，几口人的家庭就可以吃饱了。兴办学校，用孝顺父母、敬爱兄长的道理反复地教导他们，那么，人人都会敬老尊贤，须发花白的人也就不会头顶着、肩负着重物在路上行走了。七十岁以上的人可以穿上用丝绵制成的衣服，有肉吃，一般百姓饿不着、冻不着，这样还不能使天下归服的，是从来没有过的事。

【通文】

全文运用排比和对偶的手法，增强了文章的气势和节奏感；同时，文章写作结构严谨，段落分明，层次井然，而且环环相扣，不可分割。

开篇以农业生产为例，强调"农时"与自然规律的关系，表达了过度捕捞和开采会导致资源枯竭，而只有在适当的时节进行春耕、夏耘、秋收、冬藏，才能确保资源的可持续利用，这体现了对自然资源的尊重与合理利用，强调人类应与自然和谐共生，而不是一味地追求过度开发与消耗。段落后半部分通过具体的例子描绘了理想社会的模样，通过简单的农业生产和家庭经济活动，揭示了合理安排资源和时间的重要性，并强调了养殖业的规律性和时机掌握，凸显了"时"对农业、畜牧业的重要性。最后指出对于土地的合理利用和耕作，不可因追求短期利益而违背其自然规律。民众在有充足的粮食和资源保障的情况下，不仅能够避免饥寒，还能维持良好的社会秩序。这种通过"道"来治国平天下的思维，表明了一个国家的治理不仅仅是高效管理，更是要实现尊重自然和保障民生的平衡。

【达理】

孟子提到若不遵守农业的季节性规律，粮食将无法丰收。现代社会，虽然农业技术不断进步，但若忽视土壤、气候等自然条件，过度开发或忽视季节变化，仍可能导致生态破坏，影响粮食供应。因此，国家在推进现代农业时，注重发展绿色农业和可持续发展模式，如推广生态农业、轮作、节水灌溉等技术，避免过度开发土地，以保障农业的长期可持续性。合理捕捞和水资源保护同样重要，过度捕鱼将破坏水域资源，影响渔业的可持续发展。为此，国家加强渔业执法，实施禁捕期制度，推动水产养殖的绿色发展。同时，砍伐森林应遵循规律，以免导致资源枯竭。我国通过出台相关政策，加强森林资源保护和生态环境修复，推动绿色发展。在"三农"政策方面，国家注重保障农民生计和提高农村经济水平，提供农业补贴、改善基础设施、推动乡村振兴，以提升农民生活质量。农业现代化则借助科技创新提高农产品产量和质量，支持农产品品牌化和农村电商发展，提升农村居民的收入和生活条件。孟子还提到教育在社会和谐中的重要性，国家推动乡村教育，让农村居民掌握现代农业技术，提升生产力和生活水平。农业职业院校培养新型农业人才，提升农民技术水平，通过职业教育提高农村劳动力技能，推动农业产业化和现代化。同时，加强农民工技能培训，促进城乡融合，推动社会经济共同发展。

【诵文】

此段出自《孟子·梁惠王上》，阐述了孟子的仁政与王道思想。全段从物质层面到精神层面，构建了理想社会的蓝图，系统阐释了孟子以民为本、通过施仁政达王道的主张。

诵读此段时，语调以平和沉稳为主，阐述措施时语调舒缓，论王道时语调加重。语速保持中低速，描述生活场景时语速慢，表关键结论时语速略快。重音突出"不违""树""王"等关键词。按结构逻辑停顿，排比处停顿稍短，观点转换处停顿稍长。前半部分蕴含对百姓安乐的期许，后半部分彰显出行仁政必能称王的笃定。

61 悯农·其二①

李绅②

锄禾③日当午，汗滴禾下土。
谁知盘中餐④，粒粒皆辛苦？

【解字】

①选自《全唐诗》（中华书局 2019 年版）。悯：怜悯。这里有同情的意思。

②李绅（772—846 年）：字公垂，唐代宰相，无锡（今属江苏）人。

③禾：谷类植物的统称。

④餐：熟食的通称。

【说文】

盛夏中午，烈日炎炎，农民还在劳作，汗珠滴入泥土。有谁想到，我们碗中的米饭，一粒一粒都是农民辛苦劳动得来的呀？

【通文】

《悯农》通过形象的描写与鲜明的对比，深刻反映了农民辛勤劳作的情景。开篇描绘了农民在烈日下辛勤耕作的艰辛画面，诗人通过这些细节勾画出劳动的沉重，凸显了劳动者的不易。随后，诗人提醒人们珍惜每一粒粮食，并尊重农民的劳动。这一反问句凸显了粮食的来之不易，传递出深刻的道德教育，呼吁人们珍惜粮食，尊重农民的辛劳。"粒粒皆辛苦"的画面感强烈，诗人成功地把读者的注意力集中在了农民辛勤劳作的成果与其

背后的艰难上。全篇语言通俗易懂，节奏和谐，既具象又富有力量，使人容易感同身受，进而反思如何珍惜食物、尊重劳动者。诗句不仅是对农民劳动的赞美，更通过生动的描写与深刻的道理，唤起了人们对社会公平和对劳动者尊重的思考，直击人心。正因其结构紧密、社会洞察深刻以及语言通俗易懂，这首诗在百花齐放的唐代诗坛中仍能流传千古，成为人人传颂的佳作。

【达理】

《悯农》描绘了农民辛勤劳作与困苦生活场景，表达了对农民艰辛的同情和对粮食宝贵的认识。如今，随着科技进步和农业现代化进程的推进，新时代的新农人借助现代技术和科学种植方法大大提高了农业生产效率，保障了粮食安全。粮食作为人类的基本需求，历来是社会关注的重点。它并非唾手可得，而是农民辛勤耕耘的结果。在全球人口增加、气候变化、土地资源紧张的现实背景下，如何提高粮食生产效率已经成为全社会面临的挑战。幸运的是，新时代的新农人通过智能化技术大幅提升了农业生产效率。精准农业、无人机喷洒农药、自动化播种等新技术，使农业生产更具规模化、效益化。新农人通过科学管理、生态农业等创新方法，推动农业现代化和可持续发展，为乡村振兴注入了新活力。同时，他们关注环境保护，通过减少化肥和农药使用，保护土地的长期生产能力，提高作物质量。尽管粮食产量不断提高，但粮食浪费问题仍然严重。据统计，每年全球约有三分之一的粮食被浪费，这不仅是对农民劳动的不尊重，也对生态环境和资源造成巨大损失。职业教育中的新农科建设正在通过现代科学技术改造农业专业，培养适应现代农业发展的新农科人才，推动农业现代化和生态可持续发展。我们应牢记诗中的教诲，珍惜粮食，支持农业可持续发展，秉持"有付出才有收获"的理念，共同建设更美好的未来。

【诵文】

起句语调充满悲悯，节奏稍缓，每个短句间停顿稍长，"锄禾"读得有力，语调稍扬，展现劳作的动作。随后呼吁珍惜粮食的部分，尾句节奏适中，语调上扬，每个短句间停顿稍长，增强呼吁效果。"谁知"读得稍重，语调稍扬，引发思考，"盘中餐"语调稍降，"粒粒皆辛苦"语调稍扬，加重语气，使表达清晰有力。

整体诵读时，平和起调描绘农事，需注意情感真挚饱满，以更好地呼吁人们珍惜粮食。

62 观刈麦①

白居易

田家少闲月，五月人倍忙。夜来南风起，小麦覆陇黄②。

妇姑荷箪食③，童稚④携壶浆⑤。相随饷田⑥去，丁壮在南冈。
足蒸暑土气，背灼炎天光。力尽不知热，但惜夏日长。
复有贫妇人，抱子在其旁。右手秉遗穗⑦，左臂悬敝筐⑧。
听其相顾言，闻者为悲伤⑨。家田输税⑩尽，拾此充饥肠。
今我何功德？曾⑪不事农桑。吏禄三百石⑫，岁晏⑬有余粮。
念此私自愧，尽日不能忘。

【解字】

①选自《全唐诗》（中华书局 2019 年版）。刈麦：割麦，刈，读 yì。

②覆陇黄：小麦黄熟时遮盖住了田埂。覆：盖，读 fù。陇：同"垄"，读 lǒng。

③荷箪食：用竹篮盛的饭。荷：背负，肩担，读 hè。箪，读 dān。

④童稚：小孩子。稚，读 zhì。

⑤浆：古代一种略带酸味的饮品，有时也可以指米酒或汤。

⑥饷田：给在田里劳动的人送饭。饷，读 xiǎng。

⑦秉遗穗：秉，拿着，读 bǐng。遗穗，指收获农作物后遗落在田的麦穗。

⑧悬：挎着。敝筐：破篮子。敝，读 bì。

⑨为悲伤：为之悲伤（省略"之"）。为，读 wèi。

⑩输税：缴纳租税。输，送达，引申为缴纳，献纳。

⑪曾：一直、从来，读 céng。

⑫吏禄：官吏的俸禄，读 lì lù。石：古代容量单位，十斗为一石，读 dàn。

⑬岁晏：一年将尽的时候，年底。晏：晚，读 yàn。

【说文】

农家很少有空闲的月份，五月到来人们更加繁忙。夜里刮起南风，覆盖田垄的小麦已成熟发黄。妇女们担着竹篮盛的饭食，儿童手提壶装水，相互跟随着到田间送饭。收割小麦的男子都在南冈。他们双脚受地面的热气熏蒸，脊梁上烤晒着炎热的阳光。精疲力竭仿佛不知道天气炎热，只是珍惜夏日天长。又见一位贫苦妇女，抱着孩儿站在割麦者身旁。右手拿着捡的麦穗，左臂挂着一个破筐。听她望着别人说话，听到的人都为她感到悲伤。因为缴租纳税，家里的田地都已卖光，只好拾些麦穗充填饥肠。我有什么功劳德行，不用从事农耕蚕桑，一年却领取薪俸三百石米，到了年底还有余粮。想到这些，我暗自惭愧，整日整夜念念不忘。

【通文】

《观刈麦》是白居易任周至县县尉时有感于当地人民劳动艰苦、生活贫困所写的一首诗。诗中通过"拾麦穗"的贫妇人形象，表达了对劳动人民的深切同情。诗中描写一个家族在炎热的夏季忙碌收麦的场景，展现了农民在丰收时节的辛苦与艰难。诗人刻画了他们在极热的天气下挥汗如雨、忙碌不停的场景，用"惜"字突出了农民对收成的珍惜。最后，白居易反思自己作为官员的舒适生活，与这些劳动人民的命运形成鲜明对比，他感到深深的愧疚。诗人由农民生活的痛苦联想到自己生活的舒适，感到惭愧，内心久久不能平静。这段抒情文字是全诗的精华所在，是作者触景生情的产物，表达了诗人对劳动人民的深切同情。

【达理】

白居易在《观刈麦》中描绘了这样的场景：六月烈日下，田里的麦子正迎来收割时节，男人女人、老的少的都在地里干活，汗水湿透衣衫，连吃口饭、歇口气都难。白居易看在眼里，心中不忍，不禁感叹劳者之苦。这千年前的画面，如今在不少地方依然可以看到。火辣辣的太阳底下，农民低头弯腰，将一年的盼头都寄托在这一季庄稼上。

这些年，农村的路修通了，电网也升级了，学校、诊所越来越完善，农民的生活条件得到了极大改善。但对很多家庭来说，靠天吃饭的日子仍未彻底告别。天太热、劳作太累，收成还得看老天爷的脸色，一场病、一次市场价格的起伏，都可能让全家的生活陷入不安。

好在国家出台的政策越来越贴心，为农民的生活提供了坚实保障。农田有了保险，农民工能上社保，遇到意外也不至于让生活"塌了天"。可要让乡亲们的日子过得更稳当、更有盼头，关键还是要靠自身的本事和长远的眼光。如今，科技下乡帮着农民种得精、卖得好；越来越多的年轻人返乡创业，搞电商、学技术，靠脑子和双手开辟新路。

农民不怕吃苦，就怕日子没奔头。未来的农村不只有新房新路，还要有发展的底气和生活的盼头，让乡亲们脸上有笑，心里充满希望。

【诵文】

《观刈麦》通过描绘农民辛勤劳作的场景，反映了诗人对社会现实的思考。开篇以平实的笔触勾勒出麦收时节的繁忙景象，在展现农民辛劳的同时，也暗含着对他们命运的关切。接着通过细腻描写，展现了妇女儿童为劳作的青壮年送饭的场景，情感逐渐转向对农民辛苦的同情。最令人动容的是那位抱孩子捡拾麦穗的贫妇人，她因沉重的赋税而一无所有，诗人通过这一细节表达了对她悲惨遭遇的同情。

　　整首诗通过层层递进的情感，体现了诗人对社会底层人民的洞察与自省，使《观刈麦》成为唐代现实主义诗歌的代表之作。诵读时，声音要始终保持舒缓，语调随着情感的起伏而变化，从平和的描述到同情、悲痛，再到愧疚。语速全程稍慢，以体现诗人对劳动人民的深切关怀，尤其最后要以自省的口吻吐露内心的惭愧。

制器尚象　精技立身

63　庖丁解牛[①]

庄子[②]

庖丁为文惠君解牛，手之所触，肩之所倚，足之所履，膝之所踦[③]，砉然[④]向[⑤]然，奏刀騞然[⑥]，莫不中音。合于《桑林》之舞，乃中《经首》之会。

文惠君曰："嘻，善哉！技盖[⑦]至此乎？"

庖丁释刀对曰："臣之所好者道也，进乎技矣。始臣之解牛之时，所见无非牛者。三年之后，未尝见全牛也。方今之时，臣以神遇而不以目视，官知止而神欲行。依乎天理，批大郤[⑧]，导大窾[⑨]，因其固然，技经肯綮[⑩]之未尝，而况大軱[⑪]乎！良庖岁更刀，割也；族庖月更刀，折也。今臣之刀十九年矣，所解数千牛矣，而刀刃若新发于硎[⑫]。彼节者有间，而刀刃者无厚；以无厚入有间，恢恢乎其于游刃必有余地矣，是以十九年而刀刃若新发于硎。虽然，每至于族，吾见其难为，怵然为戒，视为止，行为迟。动刀甚微，謋[⑬]然已解，如土委地。提刀而立，为之四顾，为之踌躇满志，善[⑭]刀而藏之。"

文惠君曰："善哉！吾闻庖丁之言，得养生焉。"

【解字】

①选自《庄子》（中华书局 2015 年版）。庖丁：名叫丁的厨工。先秦往往把职业放在人名前。解牛：宰牛，这里指把整个牛体开剥分剖。

②庄子：名周，战国时期思想家、哲学家，宋国蒙（今河南商丘）人。著有名篇《逍遥游》《齐物论》《养生主》。

③踦：支撑，接触，读 yǐ。这里指用一条腿的膝盖顶牛。

④砉然：皮骨相离的声音。砉，象声词，读 xū。

⑤向：通"响"，读 xiǎng。

⑥騞然：象声词，形容比砉然更大的进刀解牛声。騞，读 huō。

⑦盖：通"盍"，何，怎样，读 hé。

⑧批大郤：击入大的缝隙。批，击。郤，空隙，读 xì。

⑨导大窾：顺着（骨节间的）空处进刀。窾，读 kuǎn。

⑩技经：犹言经络。技，据清俞樾考证，当是"枝"字之误，指支脉。经，经脉。肯：紧附在骨上的肉。綮：筋肉聚结处，读 qìng。

⑪軱：股部的大骨，读 gū。

⑫硎：磨刀石，读 xíng。

⑬謋：象声词，骨肉离开的声音，读 huò。

⑭善：用完刀之后揩拭。

【说文】

庖丁给梁惠王宰牛。手接触的地方，肩膀倚靠的地方，脚踩的地方，膝盖顶的地方，哗哗作响，进刀时发出霍霍的声音，没有哪一种声音不合乎音律。那声音既合乎《桑林》舞乐的节拍，又合乎《经首》乐曲的节奏。

梁惠王说："嘻，好啊！（你解牛的）技术怎会高超到这种程度啊？"

庖丁放下刀回答说："臣下所注重探究的，是解牛的规律，这已经超过一般的技术了。起初我宰牛的时候，（眼里）所看见的没有不是一头完整的牛的；几年以后，再未见过完整的牛了。现在，我凭精神和牛接触，而不用眼睛去看，感官停止了而精神在活动。依照牛的生理上的天然结构，砍入牛体筋骨相接的缝隙，顺着骨节间的空处进刀，依照牛体本来的构造，筋脉经络相连的地方和筋骨结合的地方，尚且不曾拿刀碰到过，更何况大骨呢！技术好的厨师每年更换一把刀，是用刀割断筋肉割坏的（就像我们用刀割绳子一样）；技术一般的厨师每月就得更换一把刀，是砍断骨头而将刀砍坏的。如今，我的刀用了十九年，所宰的牛有几千头了，但刀刃锋利得就像刚在磨刀石上磨好的一样。那牛的骨节有间隙，而刀刃很薄；用很薄的刀刃插入有空隙的骨节，宽宽绰绰地，那么刀刃的运转必然是有余地的啊！因此，十九年来，刀刃还像刚从磨刀石上磨出来的一样。虽然这样，每当碰到筋骨交错聚结的地方，我看到那里很难下刀，就小心翼翼地提高警惕，视力集中到一点，动作缓慢下来，动起刀来非常轻，哗啦一声，牛的骨和肉一下子就解开了，就像泥土散落在地上一样。我提着刀站立起来，为此举目四望，为此悠然自得，心满意足，然后把刀揩拭干净，收藏起来。"

梁惠王说："好啊！我听了庖丁的这番话，懂得了养生的道理了。"

【通文】

《庖丁解牛》以夸张、对比、映衬等手法，表现了庖丁解牛的纯熟技艺和悠然神态，深刻阐述了"技道合一"的思想。这一思想强调，通过实践与感悟，技术与规律、技巧与智慧合二为一，从而达到事半功倍、无为而治的境界。庖丁的解牛技艺并非源于盲目训练，而是建立在对自然法则的深刻理解之上。他对牛的骨肉结构有精准把握，每一刀都顺应了牛体的结构，避免了无谓的损耗，既高效又和谐。这种对"道"的感悟使他能够在解牛时既不破坏整体，又能迅速完成任务。庄子通过庖丁的故事强调，成功的关键在于理解事物的内在规律，将技术与道理融为一体。这种道理适用于各行各业，只要掌握技术的本质，洞察规律，便能轻松应对挑战，实现事半功倍的效果。庄子提点我们保持敏锐的洞察力，不为近利所捆绑，回归基础训练。正如庖丁凭借反复的实践与精深的思考，最终悟出事物的内在真谛。

【达理】

庄子通过庖丁解牛的故事，揭示了技与道的统一，展现了工匠精神的深刻内涵。庖丁通过对"道"的理解，不再仅依赖技巧，而是将技巧与自然规律、内心感知相结合，使刀刃的运用游刃有余。工匠精神指对工作、技术、产品秉承精益求精、追求卓越的态度，强调细致、耐心、持之以恒的工作作风。现代社会中，许多人追求"速成"和"功利"，忽视了技术与品质的精雕细琢。庖丁解牛的故事提醒我们，成功源于深厚的积累和不断磨砺，真正的工匠精神需要时间的积淀和对"道"的追求。庖丁从"目视"到"神遇"的转变，依靠的是内心对自然规律的感知，刀刃如新，正是工匠精神升华的体现。成功的关键在于理解和掌握事物的规律，不仅要在技巧上精湛，更要在内心深处理解其本质。每项工作都应保持对本质的敬畏，做到"心到、手到、技到"，追求技术与自然的和谐共生。现代工匠精神要求技术者不仅要有娴熟技巧，还要有对技术本质的深刻理解，方能使技术与心境高度融合。弘扬工匠精神不仅是对传统手工艺的尊重，更是对每一份职业的敬重。汽车制造、芯片生产、建筑施工等各行各业都离不开工匠精神的支撑。在互联网行业，程序员不仅要写出高效代码，还要注重代码的简洁性；建筑工人不仅要建造坚固的建筑，还要兼顾美学与功能性。职业院校的学子们正以此为基础学习职业技能、涵养工匠精神。只有通过深刻理解技艺并在实践中积累经验，才能将"游刃有余"的工匠精神内化到实践中，达到精益求精的境界。教师不仅肩负着传授技能的职责，更应培养学生对工艺的敬畏之心和对细节的极致追求。通过深入的案例分析与项目实践，引导学生洞察技能背后的深层原理，并激发他们开拓创新的无穷潜力。在这种教育模式下，学生不仅能掌握过硬的技能，还能在内心升华为精益求精的工匠精神。学生最初可能只注重操作技巧，但随着技术进步和实践经验积累，他们会逐渐领悟到每个操作背后的原理和技巧，能够根据不同情况创新和调整。这就像庖丁的"以神遇而不以目视"，学生不再仅依赖表面技巧，而是深入理解每项工艺背后的技术原理。但在职业技能训练时，学生往往容易急功近利，想快速掌握技能，但工匠精神强调长期积累和反复磨砺。庖丁的技艺并非一蹴而就，而是通过三年的磨炼，从"只见牛"到"不见全牛"，在专注中前行，最终达到"神遇"的境地。庖丁通过顺应自然的方式解牛，不仅掌握了一门技术，更形成了一种创新实践的思维模式。随着社会发展，学生应当强化创新意识，将传统技能与新技术、新工艺有机融合。只有通过长期积累与持续创新，才能在职业生涯中游刃有余，最终成就卓越，成为具有工匠精神的行业精英。

【诵文】

开篇呈现了庖丁为文惠君解牛的场景，展现出其高超技艺，动作熟练流畅，解牛之声宛如美妙音乐。庖丁通过与文惠君的对话，阐述了自己解牛的过程：初学时全牛可见，三年后便"目无全牛"，能够依照牛的生理结构下刀，凭精神感知而非眼睛观察。他与其他庖丁对比，因掌握规律，刀用了十九年依然锋利如新。最终，文惠君从庖丁的话中领悟到养生之道。庄子通过庖丁解牛的事例，深入浅出地阐述了顺应自然、遵循规律的哲理。

诵读时，开篇描绘解牛场景部分，节奏紧凑，语调上扬，营造出紧张而精彩的氛围，突出解牛的流畅与技艺高超；庖丁阐述解牛境界部分，"臣之所好者，道也，进乎技矣……"节奏稍缓，每个短句间停顿稍长，便于听众思考，突出理性分析；结尾文惠君感悟部分节奏适中，语调稍扬，展现出豁然开朗的感觉。用紧凑节奏展现精彩场景，用稍缓节奏进行理性思考，用适中节奏表达感悟。

64 核舟记① （节选）

魏学洢②

核舟记
（节选）

明有奇巧人曰王叔远，能以径寸之木，为宫室、器皿、人物，以至鸟兽、木石，罔不③因势象形，各具情态。尝④贻余⑤核舟一，盖大苏泛赤壁云⑥。

通计一舟，为人五；为窗八；为箬篷⑦，为楫，为炉，为壶，为手卷，为念珠各一；对联、题名并篆文，为字共三十有四。而计其长曾不盈寸⑧。盖简⑨桃核修狭者为之。嘻，技亦灵怪矣哉！

【解字】

①选自《虞初新志》（中华书局 2025 年版）。

②魏学洢（？—约 1626 年）：字子敬，号茅檐，浙江嘉善（今浙江嘉兴）人，明末散文作家。

③罔不：无不，全都。罔，没有，读 wǎng。

④尝：曾经。

⑤贻余：赠我。贻，读 yí。余：我。

⑥盖：表示推测的句首语气词。云：句尾语助词。

⑦箬篷：用箬叶编的船篷。箬，读 ruò。

⑧曾不盈寸：竟然不满一寸。曾，读 zēng。盈，满。

⑨简：同"拣"，挑选。

【说文】

明朝有一个技艺精巧的人名叫王叔远，他能用直径一寸的木头，雕刻出宫殿、器具、人物，还有飞鸟、走兽、树木、石头，没有一件不是根据木头原来的样子雕刻成各种形状的，且各有各的神情姿态。他曾经送给我一个用桃核雕刻成的小船，刻的是苏轼乘船游赤壁的情景。这条船上总共刻了五个人、八扇窗户，还有用箬竹叶做的船篷、船桨、炉子、茶壶、画卷、念珠各一件；对联、题名和篆文，刻的字共计三十四个。可是计算它的长度，竟然还不满一寸。原来这是挑选长而窄的桃核雕刻而成的。啊，手艺技巧也实在是太神奇了！

【通文】

《核舟记》是一篇极具艺术性的散文，文中通过王叔远以一枚桃核雕刻的微型舟船，展现了精湛的工艺技艺和深厚的文化内涵。微雕艺术在中国源远流长，是中国历史悠久的雕刻工艺中的一个重要分支。在一个不大的桃核上，雕刻出人间万象、山水景物以及不同格调的各式建筑，并把传神、精细、复杂这三大特点融为一体，这是中国微雕工匠们世世代代极力追求的最高境界。文章以细腻的描写，呈现了一个极为精巧且富有生动场景的小小作品，凸显了"技艺之灵怪"与"匠心独运"。王叔远将文学与雕刻相结合，赋予了核舟更深层次的文化意义。这不仅展示了他技艺上的精湛，更表现了他对文学艺术的融会贯通，提升了整个作品的精神内涵。通过对这枚核舟的细致刻画，作者不仅展现了王叔远的雕刻才华，也通过这些细节折射出传统艺术的魅力和工匠精神的精髓。

【达理】

《核舟记》中，王叔远通过雕刻一颗寸许大的桃核，展示了精湛的工艺和匠人精神。他的雕刻作品细致入微，反映了工匠对艺术手法和技艺的极致追求。尽管体积微小，但每一处雕刻都充满生动的情感，体现了匠人精益求精的态度。随着科技的飞速发展，现代技术如3D 打印和数字建模不断崛起，虽然改变了制作手段，但工匠精神依然贯穿其中。国家推进《中国传统工艺振兴计划》，注重传统手工艺的保护与创新，推动传统技艺与现代科技的结合。传统工艺如木工、织锦、陶瓷等在现代技术的支持下焕发新生，提升了市场竞争力。现代工匠依赖精确的工具和材料，关注每个细节，正如王叔远雕刻时的专注和精准。尽管技术不断进步，但工匠精神与对完美的追求从未改变。古代工匠将有限材质转化为创意，而今天的工匠则借助现代设备创造出更加精致的艺术作品。技术发展并未让传统技艺消失，反而为其创新和传播提供了新机遇。正如《核舟记》通过小小的桃核表达了匠人的无限创意与细腻心思，我们也应鉴古通今，继续发扬精益求精的工匠精神，让传统与现代在技术与艺术的碰撞中实现完美融合。

【诵文】

明代奇人王叔远以寸木雕刻万物，技艺超凡，令人惊叹。他赠作者核舟，刻大苏泛赤壁之景，勾起了作者的好奇与钦佩。作者细致描绘核舟，从船舱到人物，再到雕刻，满眼都是欣赏与珍视。结尾提到核舟上的人物、物品与文字，令人大为惊叹，一句"嘻，技亦灵怪矣哉！"将赞叹推向高潮，展现了古代微雕艺术的匠心魅力。"明有奇巧人/曰王叔远，能以径寸之木/为宫室……各具情态。"语速稍慢，语调平稳中带着惊叹，突出王叔远的奇巧，"大苏泛赤壁云"稍作强调，以引出下文。"通计一舟……嘻，技亦灵怪矣哉！"语调加重，语速稍慢，"为人五……为字共三十有四"清晰读出数量，"嘻，技亦灵怪矣哉！"语调上扬，重音突出，表达强烈的惊叹。

整体诵读时，情感从好奇惊叹到专注欣赏，再到强烈惊叹。要突出对核舟雕刻技艺的赞美之情，仿佛亲眼看到核舟的精巧一般。

65　周礼·考工记① （节选）

周礼·考工记
（节选）

知者创物，巧者述之守之，世谓之工。百工之事，皆圣人之作也。烁金②以为刃，凝土以为器，作车以行陆，作舟行水，此皆圣人之所作也。

天有时，地有气，材有美，工有巧，合此四者，然后可以为良。材美工巧，然而不良，则不时，不得地气也。橘窬淮而北为枳③，瞿鹆不逾济④，貉⑤逾汶则死，此地气然也；郑之刀，宋之斤，鲁之削，吴粤之剑，迁乎其地而弗⑥能为良，地气然也。燕之角，荆之干⑦，妢胡之笴⑧，吴粤之金锡，此材之美者也。天有时以生，有时以杀；草木有时以生，有时以死，石有时以泐⑨，水有时以凝，有时以泽，此天时也。

【解字】

①选自《考工记译注》（上海古籍出版社 2021 年版）。《考工记》成书于春秋战国时期，为中国第一部手工业技术文献，也是工艺文化瑰宝，具有极其珍贵的史料价值。

②烁金：熔化金属。烁，读 shuò。

③窬：山洞、坑道，读 yú。枳：一种植物，学名枳实，常用于中药名，读 zhǐ。

④瞿鹆：一种类似于鹭鸟或水鸟的鸟类，古代文献中常见其名，读 qú yù。逾：越过，超越，读 yú。济：古代文献中常指代跨越的河流或水道。

⑤貉：一种具有特定生活习性和栖息环境的与狸相似的动物，读 hé。汶：指汶水，古代为黄河流域水系之一，位于今山东省汶上县一带，读 wèn。

⑥弗：本义为矫正，后常用作否定副词，相当于"不"，读 fú。

⑦干：木材，读 gàn。

⑧妢胡：古国名，位于战争时楚地，读 fén hú。笴：箭杆，读 gǎn。

⑨泐：石头被水冲击而成的纹理，读 lè。

【说文】

智慧的人创造器物，而能将这些技艺记录下来并循其法式世代传承下去的，是善于表达、心灵手巧的人，世人称之为"工匠"。一切工艺技艺，都是古代圣人智慧的体现。用火熔化金属以铸造刀剑，用泥土烧制器皿，制造车辆在陆地上行驶，制作船只在水中航行，这些工具都是圣人所发明的。

天有节令，地有气候，材料有自身的优劣，工艺有高下之分。只有这四者完美结合，才能造出优良的器物。即使材料优良、工艺精巧，但如果所处之地的地气不合，也无法做出上品之物。橘迁种到淮北就变成枳，八哥鸟不向北飞越济水，貉向北越过汶水就会死：这些都是地气造成的。例如郑国的刀、宋国的斧、鲁国的削刀、吴越之地的宝剑，若将它们的工艺移植到其他地方，就未必能造出同样的好器物，这就是"地气"不同的影响。

燕地的兽角、荆地的木材、北方少数民族的箭杆、吴越的金属矿石，都是上好的原材料。天有四时之变，有时使万物生长，有时使其凋零；草木有生长和枯死的时候，石头有风化碎裂的时候，水也有凝结和流动之时，这些都是天时造成的。

【通文】

《周礼·考工记》是中国古代工艺技术的重要文献，详细记载了各类工匠的分工、技艺、材料运用等内容，为我们了解古代工匠的职业特性和工艺精神提供了宝贵资料。文中提到不同地区的工匠擅长制造不同的器物，像郑国的刀、宋国的斧、吴越的剑，各有千秋，都离不开地域文化的滋养，正是这种因地制宜、各展所长的工艺特色，构成了中国古代工艺文化的多样性和丰富性。《晏子使楚》中记载的"橘生淮南则为橘，生于淮北则为枳。"生动比喻了同样的物种在不同的环境下因气候与土壤的差异，展现出截然不同的面貌。这种变化是自然界的规律，也是成语"南橘北枳"的由来，蕴含着环境影响个体成长和发展的智慧。

文中还探讨了工艺制作的四大要素"天时、地气、材美、工巧"是评判工艺成功与否的标准。工匠们懂得尊重自然规律，用对时间、选对材料，再加上巧手和经验，才能打造出真正精良的器物。这种顺天应时、人与自然协作的观念，是中国传统工艺中的核心理念，也体现了古人追求和谐与平衡的智慧。文中指出好工匠不仅能发明创造，还能将技艺系统整理、传授后人，这种创造与传承并重的精神，使工艺文化得以延续千年，代代不息。在今天，虽然技术不断进步，但工匠精神依然不可或缺。从工业制造到手工艺术，从工程建设到数字设计，处处需要精益求精、耐心打磨的态度，这不仅是一种工作方法，更是一种价值追求。

《周礼·考工记》让我们看到，古代工匠是懂天时地利、擅材料之性、精技艺之道的匠者。我们今天传承这种精神，不只是为了守住传统，更是为了在创新中走得更稳、更远。工匠精神，不只在过去发光，也应在当下发热，在未来发亮。

【达理】

《周礼·考工记》中强调的"天时、地气、材美、工巧"四者的结合，展现出中国古代工匠对于自然与人类创造力关系的深刻理解。

"天时"在古代指时机和环境的选择，在现代社会中则对应市场需求、技术发展和政策导向。在职业教育中，学生不仅要学习传统技能，还要适应技术变革和市场动态。随着新能源、绿色建筑等行业的崛起，职业教育应培养学生对环保材料和可持续技术的敏感性，以应对行业发展的"天时"。"地气"强调环境和地域对工艺的影响，随着全球化进程的推进，地域优势正在影响职业教育的培养方向。例如，浙江义乌在小商品开发领域具有优势，广东中山在灯饰产业中占主导地位，深圳因技术积累成为高科技创新中心。"材美"在古代指选择优质材料，现代则与新材料的开发相关。职业教育需要教授学生如何运用如碳纤维、纳米材料等现代材料，培养其创新思维与技术能力。"工巧"在古代强调精湛的工艺技术，现代则对应高效、精确的工艺技术。随着自动化、机器人技术和人工智能的进步，职业教育不仅要传授技术操作，更要培养学生的创新能力和解决实际问题的能力。现代制造业对精度和效率的需求，促使职业教育结合新技术，如3D打印、智能生产线等，使学生能够掌握传统工艺并熟练应用现代技术工具。

古人的智慧提醒我们，优秀的工艺不仅仅依赖单一因素，更需要多种条件的协同作用。职业教育应与时俱进，融合新材料、新技术和新工艺，结合地域特点和市场需求，培养出既精通传统技艺，又能引领行业创新的复合型人才。这种教育理念符合现代社会对职业教育的高度需求，也是工艺传承与技术革新的重要支点。

【诵文】

本文围绕百工造物之理展开。开篇点明，智慧之人始创器物，巧匠承而守之，百工诸业皆为圣人之作，如铸刃、制器、造车、行舟等。继而提出，欲成精良器物，需合天之时序、地之气息、材之佳质、工之精巧四者。文中还以地域差异致器物品质不同为例，阐述地气影响，又列举各地优质材料，并论及天时对万物的生杀荣枯之变。

开篇节奏沉稳坚定，体现敬重与强调，"知者""创物""圣人""之作"等重读。"烁金以为刃"等句节奏明快，"烁金""作车"等动作词及"天""地""材""工""四者""为良"等词读重音，突出创造与四者结合的重要性。"材美工巧"等句中，"材美""工巧""地气"及各地器物名称重读，"然而"语调转折，强调地气影响。"燕之/角……此天时/也。"各地材料名及"天""有时""生""杀"等词重读，节奏对称，体现天时与优质材料的关系，"此材""此天时"加重语气。整体诵读时应语调沉稳庄重，展现对古代工艺智慧的尊崇。

66 茶中杂咏·茶瓯①

皮日休②

茶中杂咏·
茶瓯

邢客与越人③，皆能造兹器。
圆似月魂堕，轻如云魄起。
枣花④势旋眼，蘋沫⑤香沾齿。
松下⑥时一看，支公⑦亦如此。

【解字】

①选自《全唐诗》（中华书局2018年版）。茶瓯：唐代典型茶具。瓯，读ōu。

②皮日休（约838—约883年）：字逸少，后改袭美，襄阳（今属湖北）人，晚唐诗人。

③邢客：邢国（今河北邢台一带）制陶工人。邢国历史上以陶瓷工艺著称。邢，读xíng。越人：越国（今浙江一带）的人，特别是指越地的工匠。越国以生产精美的青瓷而闻名，常与邢国并列。

④枣花：枣树的花，常常用来比喻细腻而美丽的事物。枣花在中国文化中象征着富贵和美好，这里指茶瓯表面装饰像枣花一样细致精美。

⑤蘋沫：指浮萍上的泡沫，带有香气。蘋：浮萍，一种水生植物，读pín。

⑥松下：指在松树下品茶的情景。松树在古代文人心目中常是高洁、清雅的象征，也是文人雅士常常栖息、品茶的环境。

⑦支公：此处借指高雅之士（如东晋高僧支道林等，泛指有高雅情趣的人），通过提到支公来强调茶文化的优雅。

【说文】

邢国和越国的工匠，都能制作出这样的茶器。它圆得像月亮的魂魄下坠，又轻如云雾飘起。茶瓯上雕刻的花纹像枣花一样细腻美丽，茶水的泡沫像浮萍一样清香，让人忍不住想品尝。在松树下看着它，仿佛支公也会喜欢这般雅致的茶器。

【通文】

　　《茶中杂咏·茶瓯》描绘了茶器之美，展现了古人的雅趣。"邢客与越人，皆能造兹器"点出邢窑、越窑的制瓷技艺精湛，南北皆有佳器；"圆似月魂堕，轻如云魄起"写茶瓯圆润轻盈，仿若月落云起，灵动脱俗；"枣花势旋眼，蘋沫香沾齿"，茶面泡沫细腻，香气萦绕；瓷器纹饰亦如花旋，美感与实用并存；结尾提及支公，引人联想到古代文人松下品茶、抚琴论道的清雅生活。

　　全诗以器写意，情景交融，映射出古人对茶、器与自然和谐之美的由衷喜爱。

【达理】

　　中国陶瓷历史悠久、影响深远，早已成为中华文化的重要符号。英文中"china"既指瓷器，也代表中国，这一巧合背后，正是瓷器作为文化使者走向世界的真实写照。瓷器不只是器物，更是文化的载体，西方世界通过丝绸之路的传播逐渐认识并喜爱上这种精美的东方器物，陶瓷也因此成为连接中外、促进文化互鉴的重要桥梁。

　　全诗生动描绘了瓷器与茶文化的完美结合，开篇直接点出邢窑、越窑早已名声在外，技艺成熟，瓷器工艺自古不凡；诗句"圆似月魂堕，轻如云魄起"，写出了茶瓯的圆润如月、轻盈若云，器物不大，却工巧动人；而"枣花势旋眼，蘋沫香沾齿"既形容了瓷器纹饰的精美，也传达出茶香缭绕、品饮时的细腻感受。字句之间，将器物之美和茶香之韵写得淋漓尽致，入口即留香，既有器物之美，也有饮茶之乐。像茶瓯这样看似普通的生活用品，实则承载着千年的工艺和文化底蕴。从古至今，人们通过它感受茶香、欣赏器形，也触碰到了中国传统文化的温度。《茶中杂咏·茶瓯》虽作于千年前，却因那份对生活的细致观察与热爱，至今读来仍令人产生共鸣。陶瓷作为历经风霜的艺术珍品，早已超越器物本身，在历史与现实之间，见证着文化的延续与交流。

【诵文】

　　唐代皮日休的《茶中杂咏·茶瓯》是组诗中的第九篇。当时邢窑与越窑都能烧制出精美的茶瓯。诗里描绘了茶瓯外形圆润、质地轻盈，展现出极高的工艺水准。茶汤注入茶瓯后，呈现出美妙的视觉效果，品尝时更觉香气宜人。皮日休以支公自比，既流露出对茶瓯的喜爱和品茗时的闲适心情，也体现了不沉溺于物欲的态度，还为后人研究茶具的演变提供了一定的参考。

　　在诵读时，首联重音放在"邢客""越人"上，"皆能"语调上扬，尾音稍缓。颔联语

调柔缓，"圆似""轻如"轻读，"堕""起"拖长音。颈联中"枣花势"语速稍快，体现动态感，"旋眼"紧凑连贯，"蘋沫香"语调上扬，"沾齿"慢品细读。尾联"松下时"语调舒缓，"一看"轻读停顿，尾句平稳降调。整体诵读时，应舒缓悠然。开篇节奏平稳，重音凸显匠人技艺。"枣花"句前快后慢，突出动态与茶香。最后"松下时"舒缓，"一看"轻读，尾句平稳收尾，传达出悠然心境，让人与古人心意相通。

土木之功　执事以敬

67 敬告青年工学家^①（节选）

詹天佑^②

莽莽神州，岂长贫弱？曰富、曰强，首赖工学。交通不便，何以利运输？机械不良，何以精制作？若夫矿产之辟兴，市场之建筑，孰非工学之范围，皆系经营之要着。呜呼，我工学家之责任，不亦綦^③重耶！晚近以来，人才蔚起，各专科硕学济济，或积经验，以邃^④故知；或渡重洋，以求新理。而国内学校所产英才，亦日增不已。工学之前途，发达可期，实业之振兴，翘足以俟^⑤，将不让欧美以前驱，岂仅偕扶桑而并骑。虽然，默察社会之情形，细观工学界之状况，有不能已于言，而为我青年工学家告者，厥^⑥有数端。爰^⑦简陈之以为针砭。

精研学术以资发明。镜以淬而日明，钢以炼而益坚。凡诸学术，进境无穷，驾轻就熟，乃有发明。横观世界之潮流，物质进步，一泻千里。由人力而进于汽机，由汽机而臻于电力，电力可无线以传，飞艇可航空而驶。青年学子，一出校门，辄辍^⑧学业，得一位置，已自满足。及至实地工作，亦惟求称职而已。至于退食之暇，尚发奋求学者实为少数。故必从事业以求精理，温故业启新知。

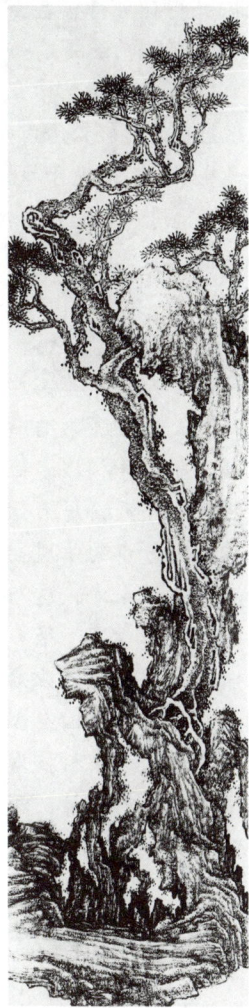

【解字】

① 选自《詹天佑文集》（中国铁道出版社2006年版）。

② 詹天佑（1861—1919年），字达朝，号眷诚，安徽婺源（今属江西）人，是中国近代著名的工程师、铁路专家和爱国实业家。他是中国近代铁路建设的奠基人之一，被誉为"中国铁路之父"。

③綦：极，很的意思，读 qí。

④邃：指学问或理论的程度精深，读 suì。

⑤翘足以俟：盼望已久，期待某种事情发生。翘，读 qiáo。俟，读 sì。

⑥厥：他的，其，读 jué。

⑦爰：本意是拉、引，后表示"于是"，起衔接前后文的作用，读 yuán。

⑧辄：总是，常常，读 zhé。辍：停下，停止，读 chuò。

【说文】

中国土地广阔，如何才能摆脱贫弱，走向富强？最关键的就是依靠工学。交通不便怎么促进运输？机械技术不先进怎么实现精密制作？矿产资源开发和市场建设，都属于工学范畴，必须通过良好的经营来实现。近年来，越来越多的硕士和博士涌现，一些人积累经验，另一些人通过留学学习新理论。国内高校培养的优秀人才也在不断增加，工学前景可期，实业振兴指日可待，甚至有望超越欧美，与日本并肩。然而，如果观察社会形势，仔细分析工学界的现状，还是有一些问题无法忽视。我有几件事要特别提醒我们的青年工学家。

首先，青年工学家应精研学术，才能为创新做出贡献。学术是不断进步的过程，掌握基本原理后，才能轻松运用并发明新技术。随着科技飞速发展，物质进步的速度不断加快，但许多青年学生毕业后满足于找到工作，忽视了继续学习的重要性。即便在工作中，也常常只求职位称职，缺乏进一步提升自我的动力。即使在工作之余，能坚持学习的年轻人少之又少。事实上，真正的进步需要在工作中总结经验、深化理解，时常复习旧知识，并不断拓展新知。

【通文】

詹天佑在《敬告青年工学家》一文中强调了工学对国家发展的重要性，特别是在交通、机械和矿产等领域。他指出，工学是推动社会进步的核心力量，尤其是在中国崛起为全球科技强国的今天，詹天佑的警示依然具有深远意义。中国的高铁网络、智能物流等成就，正是工学技术进步的体现，回应了他提出的"交通不便，何以利运输？"制造业的转型升级离不开高端工学人才，这与他所强调的"精研学术以资发明"不谋而合。与此同时，詹天佑也提醒青年工学家，很多人进入职场后满足于现状，缺乏持续学习的动力。他强调"必从事业以求精理，温故业启新知"，深刻揭示了持续学习与技术创新的重要性。在全球科技竞争激烈的今天，中国在5G、人工智能等领域的成就，正是大量工学创新的结果，这证明了詹天佑对中国未来科技发展的预见。詹天佑的文章为当时和今天的工学家提供了宝贵的启示，鼓励他们继承精神，深耕学术，为国家科技崛起贡献力量。詹天佑以身作则，对青年的谆谆教诲时至今日仍是无价良言。

【达理】

《敬告青年工学家》虽然写于百年前，但其中关于工学人才的培养、学术精进与社会责任的思想，在今天中国推动高质量发展和实现共同富裕的过程中仍具有深刻的现实意义。随着国家经济结构的升级，科技和工程人才是推动社会进步和实现乡村振兴战略的中坚力量。面对人工智能、大数据、5G通信、新能源等新兴行业的挑战，工学人才的创新能力和实践能力直接关系到国家的未来。青年工学家应不断追求学术突破，将理论知识转化为实际生产力，具备解决现实问题的能力。然而，许多年轻人进入职场后停留在"舒适区"，缺乏持续学习的动力。在科技日新月异、产业结构不断变化的背景下，职业发展的天花板往往取决于一个人是否能更新自己的知识结构和技术水平。青年工学家唯有不断推动学术探索，才能为社会带来技术进步和产业创新，展现应有的责任感。工学家不仅要精通技术，更要将专业能力与国家需要紧密结合，为实现共同富裕贡献力量。如今，青年工学家有更多机会接触世界前沿技术和理念，海外留学、国际交流、跨学科合作为他们提供了丰富的知识平台。这些经历能拓宽他们的视野，并为国家科技发展带来新思路。青年工学家的责任不仅在于自我发展，更在于推动社会进步和国家发展。国家大力推动科技创新，强调"创新是引领发展的第一动力"，这就要求他们具备前瞻性视野和创新精神，勇于承担社会责任，推动技术革新和产业升级。詹天佑对于工学家责任的深刻洞察提醒我们，工学家不仅是技术创造者，更是社会进步的推动者。面对科技革命和社会发展，青年工学家应牢记历史责任，秉承工匠精神，保持求知若渴的态度，开拓研究领域，为国家发展和人民福祉贡献力量。

【诵文】

在诵读时，开篇要激昂振奋，强调工学重要之处时语调需加重，讲述前景时语速稍快以表达兴奋感，而谈到问题时则放慢速度引起注意。重音需突出"首赖""责任""精研学术"等关键词，强调科技进步的词语也要重读。要依据句子层次来停顿，如"工学之前途，发达可期，/实业之振兴，翘足以俟"，这样的停顿能让表意更清晰。整体诵读时，要饱含对工学的重视、对现状的忧虑以及对青年工学家的期望之情。

68　题应县木塔①

乔宇②

题应县木塔

蠹蠹③栏杆面面迎，盘空万木费支撑，
山川一览云中胜，烽火遥连塞上兵，
岁纪辽金留往迹，郡④经秦汉有威名，
云梯踏遍穿窿⑤顶，蜂蚁纷纷下界行⑥。

【解字】

①选自《应州志》（山西省应县县志办公室1984年版）。应，读 yìng。

②乔宇，字希大，号白岩，山西乐平（今山西昔阳）人，明朝成化年间进士。

③矗矗：高耸的样子，读 chù。

④郡：古代的行政区划单位，读 jùn。"耳"偏旁的字分为"左阜右邑"，右包耳旁的本字是"邑"，表示人们聚居的地方，如"都、邦、郊、邻"等；左包耳旁的本字是"阜"（fù），意为土山，多与山地、地形相关，有高低落差之意，如"阶、陡、陷阱、险、障、降"等。

⑤穹窿：建筑学术语，形容拱形的屋顶结构。穹，读 qióng。

⑥蜂蚁纷纷下界行：通过比喻，形容木塔高得几乎能让人看到如同蜜蜂或蚂蚁般小巧的人或物体，突出木塔的巍峨与其超凡脱俗的高度。

【说文】

高高的栏杆向四面迎风伫立，四周的万树似乎费尽了力气在支撑着它。站在这里，一览无余的山川景色，仿佛云中所见的美丽胜地。远处的烽火与塞外的战士遥相呼应，仿佛历史的烽烟依然在延续。岁月的痕迹、辽金的历史依然留在这里，郡城自古就有着秦汉时期的威名。云梯让人登上了这座塔的巅峰，仿佛能够看到无数像蜂群蚂蚁一样的人们在塔下行走，忙碌不停。

【通文】

应县木塔位于山西省朔州市应县，是中国现存最古老且保存最完整的木塔之一，建于公元 1056 年，已有近千年历史。塔身九层，高 67.31 米，采用独特的木结构技术建造，四面开窗，通透感十足。应县木塔不仅是辽代建筑艺术的杰出代表，也体现了古代工匠的卓越技艺，尤其在防震和抗风方面具有极高的技术价值。塔内保存有佛教雕刻和壁画，展现了当时的宗教文化和艺术成就。

应县木塔的斗拱是一种精巧的支撑结构，它通过层叠的木质拱形构件将上部重量传递至下层，起到了承重和稳定作用。斗拱不仅具备强大的结构功能，还具有美学价值，使得塔体更加宏伟、稳固。其形态呈现出复杂的层次感，每一层之间通过巧妙的斗拱连接，仿佛汉字中的横、撇、竖、捺等笔画相互交织，既有横向的延展，也有纵向的支撑，互相交错、相互依存，形成了一个有机整体。就像汉字书写时笔画的连接，斗拱的各个部分密切配合，呈现出一种和谐美感，这正是中华文化中"天人合一"思想的体现，表现出古代工匠对于力学原理和美学的深刻理解。

《题应县木塔》通过精细描写展现了木塔的壮丽景观，同时隐含着历史情感与哲理思考。开篇描绘木塔巍然屹立，突出其巨大的身躯与自然环境的对比，象征着人类智慧的伟大。通过"岁纪辽金"和"郡经秦汉"，传递了诗人对历史辉煌与战争的思考，强调了历史文化遗产的重要性。最后，诗人通过云梯与穹隆顶的描写，象征了人类的探索精神，反映了个体在历史中的渺小与勤奋，揭示了每个人对社会的贡献。

【达理】

这首诗不仅勾画了应县木塔的宏伟与历史的深远，更是通过描写历史的痕迹与时代的变迁，表达了时间流转中物是人非的感慨。塔楼屹立、万木盘绕、烽火连天，这些诗句不仅呈现了应县木塔的壮丽，更让人感受到历史的厚重与沧桑。

在现代社会快速发展的背景下，许多历史遗址面临着开发与保护的双重压力。应县木塔见证了历史的风雨，承载着人们的梦想与情感，提醒我们在追求现代化的过程中，要在物质文明与精神文明之间找到平衡，守护好文化根基，并反思如何在传承与创新中找到契合点，尊重历史积淀，同时创造时代价值。诗尾句则提醒我们在忙碌的生活中，抽出时间回顾历史、关照社会，理解我们时代的责任与使命。应县木塔在历史的长河中屹立不倒，也给我们带来了希望与前行的力量。

【诵文】

首联描绘木塔矗立之姿，强调建筑之不易，突出其精巧。"矗矗"重读且语调上扬，"盘空"语调高昂，"费支撑"语调沉稳，语速适中表惊叹。颔联将登塔所见的山川美景与边塞烽火相连，展现了自然壮丽与历史沧桑。"山川一览"语调舒展，"云中胜"语调轻快，"烽火遥连"语调低沉，"塞上兵"语调凝重，以表现景与史的融合。颈联回溯木塔历经辽金岁月，点明其自秦汉时已声名远播，历史感强。"岁纪辽金"语调庄重，"留往迹"语调低沉，"郡经秦汉"语调平稳，"有威名"语调稍有力。尾联以登塔顶、俯瞰人群如蜂蚁的夸张手法，强化木塔高耸之势，并隐含对岁月更迭的感慨，抒发对木塔的赞美之情。"云梯踏遍"语调激昂，"穹窿顶"语调上扬，"蜂蚁纷纷"语调夸张且轻快，"下界行"语调渐缓，以表达豪情与感叹。

天堑通途　以为桥梁

69 蜀道难① （节选）

李白

噫吁嚱②，危乎高哉！蜀道之难，难于上青天！蚕丛及鱼凫③，开国何茫然④！尔来⑤四万八千岁，不与秦塞⑥通人烟。西当太白有鸟道，可以横绝峨眉巅。地崩山摧壮士死，然后天梯石栈⑦相钩连。

其险也如此，嗟尔⑧远道之人胡为乎来哉！剑阁⑨峥嵘而崔嵬⑩，一夫当关，万夫莫开。所守或匪亲⑪，化为狼与豺。朝避猛虎，夕避长蛇，磨牙吮血⑫，杀人如麻。锦城虽云乐，不如早还家。蜀道之难，难于上青天，侧身西望长咨嗟⑬！

【解字】

①选自《全唐诗》（中华书局2018年版）。蜀道难：古乐府题。
②噫吁嚱：惊叹声，表示惊讶的声音。噫，读yī；吁，读xū；嚱，读xī。
③蚕丛、鱼凫：传说中古蜀国两位国王的名字。
④何茫然：完全不知道的样子。何：多么。茫然：渺茫遥远的样子。
⑤尔来：从那时以来。
⑥秦塞：秦的关塞，指秦地。秦地四周有山川险阻，故称"四塞之地"。
⑦石栈：栈道。栈，读zhàn。
⑧嗟：感叹声，读jiē。尔：你。
⑨剑阁：又名剑门关，在今四川剑阁县北，是大剑山和小剑山之间的关隘。

⑩峥嵘、崔嵬：都是形容山势高大雄峻的样子。嵬，读 wéi。

⑪或匪亲：倘若不是可信赖的人。匪亲，不是亲信。匪，读 fěi。

⑫吮血：读 shǔn xuè。

⑬咨嗟：赞叹，叹息，读 zī jiē。

【说文】

唉呀呀！多么高峻伟岸！蜀道难以攀越，简直难于上青天。传说中蚕丛和鱼凫建立了蜀国，开国的年代实在久远无法详谈。从那时至今约有四万八千年了吧，秦蜀被秦岭所阻从不沟通往返。西边太白山高峻无路，只有飞鸟可通行，此山可以直通峨眉山巅。山崩地裂，埋葬了五位开山英雄壮士，这样以后，高险的山路和栈道才相互勾连。

这样危险的地方，唉呀呀，你这个远方而来的客人，为什么非要来这里不可呀？剑阁所在崇峻巍峨高入云端，只要一人把守，千军万马也难攻占。驻守的官员倘若不是可信赖的人，难免会变为豺狼，据险作乱。每日每夜都要躲避猛虎和长蛇，它们磨牙吮血，杀人如麻。锦官城虽然说是个快乐的所在，但如此险恶的环境，还不如早早地把家还。蜀道难以攀越，简直难于上青天，侧身西望令人不免感慨与长叹！

【通文】

《蜀道难》是李白的代表作。诗人以浪漫主义的笔法，通过对蜀道险峻山川的描写，展现了蜀道的难行与自然的壮丽。诗一开头便以强烈的感叹表达蜀道之难，且用"难于上青天"夸张地凸显山川的险阻，刻画了路途的艰难与崎岖。通过这些景象，诗人传达出山高水险、人行困难的感受。诗中的夸张手法与神话元素交织，诗人通过自然景象渲染了旅愁与孤寂，进一步加重了蜀道的艰难之感。后半部分以更为惊险的山川景象来展示蜀道的险要，山川奇险、风光变化无常，最终以剑阁的描写引出政治隐忧，警示世人。李白通过浪漫化的笔法，融入想象与夸张，创造出一种雄浑壮丽的艺术效果，展现出其高远的理想与情感。诗作突破了乐府古题的形式束缚，运用多变的语言和韵律，语言奔放，气势磅礴，形成了李白独特的艺术风格。

【达理】

李白的《蜀道难》不仅深刻刻画了古蜀道的艰难险阻，更蕴含了对自然界与命运的强烈敬畏与反思。诗中的"蜀道之难，难于上青天"不仅道出了蜀道的艰辛，也传达出古人面对此等险境时的无奈与愁苦。李白用"地崩山摧壮士死，然后天梯石栈相钩连"这样宏大的场景，描绘了人类如何在险阻中与命运搏斗，挣扎前行。时至今日，蜀道的险峻早已成为历史的印记，但这片曾经的"天堑"如今已蜕变成了连通现代社会的"通途"。

如今的蜀道已经不再是阻隔四川与外界的难越之山，而是通向未来的桥梁。高速公路、铁路以及航空网络，已经使得这片曾被视为困厄与封闭的土地，成为丝绸之路经济带与

"一带一路"倡议的重要枢纽。四川，作为中国西南的战略腹地，借助强大的交通网络，已从历史的困境中走出，成为全球交流的亮眼窗口。尤其是"剑阁峥嵘而崔嵬，一夫当关，万夫莫开"的壮丽景象，早已化作一条条畅通的高速公路和高铁线路，成为四川通达全国乃至全球的纽带。

在李白的笔下，蜀道曾是"山高路远"，充满挑战和困难，然而今天的蜀道，已经化险为夷，成为一条快捷的通道。四川的交通网络快速发展，成渝地区双城经济圈的崛起，让这片古老的土地在新时代焕发出崭新的生机与活力。随着"一带一路"倡议的深入推进，四川的资源优势、产业发展、旅游文化等逐渐崭露头角，吸引着国内外的关注与投资。这片曾被隔绝的"天堑"，如今已成为联系世界的"通途"，展现着现代中国的开放与包容，成为连接世界的桥梁。今天的蜀道不再是"地崩山摧"的荒凉，而是"天梯石栈"所象征的希望与进步。蜀道的变化不仅是地理上的转折，更是古老与现代、困难与希望之间的伟大跨越。

回望历史，今天的蜀道让我们不禁感慨：古人所难以逾越的险境，已变成了现代化的道路。从李白笔下的蜀道难行到今天的蜀道通途，历史的诗句已经变成了现实的壮丽景象。而我们站在这片新蜀道上，纵览山川、怀抱未来，心中不再是古人无奈的叹息，而是对于未来更加美好与繁荣的展望。正如李白所言，"嗟尔远道之人胡为乎来哉"，今天的蜀道，已为每一位追梦者打开了无限可能的大门。让我们以古人之歌为铭，向着更加光辉灿烂的明天迈进。

【诵文】

《蜀道难》为乐府诗。起笔以震撼惊叹之语奠定惊叹蜀道艰险的基调。继而追溯其历史之闭塞久远，摹写其高峻难越之景，再渲染地势险要、气势磅礴之状。篇末转至蜀地政治形势，寄寓对其安危的深切忧思。全诗尽显李白对蜀道奇景的赞叹、对蜀地局势的关切，展现出其豪放飘逸的浪漫诗风。

开篇语调高亢，语速稍慢，"噫吁嚱"读得悠长，"难于上青天"加重语气，突出对蜀道艰险的惊叹。中间"蚕丛及鱼凫……然后天梯石栈相钩连。"语调起伏，语速适中。结尾"剑阁峥嵘而崔嵬……侧身西望长咨嗟！"语调沉重，语速稍慢，"所守或匪亲，化为狼与豺"读得缓慢，体现出对蜀地形势的担忧。整体诵读时，高亢起调展现惊叹，起伏表达描绘蜀道之景，沉重收尾传达担忧之情。注意"噫吁嚱"等句要激昂高亢，突出惊叹，展现李白诗之豪放。

70 安济桥①

杜德源②

驾石飞梁尽一虹，苍龙惊蛰背磨空③。
坦途箭直千人过，驿使驰驱万国通。

云吐月轮高拱北，雨添春色去朝东。
休夸世俗遗仙迹，自古神丁④役⑤此工。

【解字】

①选自《茅以升桥话》（西南交通大学出版社2006年版）。
②杜德源（约公元12世纪），字景南，号青山居士，宋代诗人。
③背磨空：桥梁后部或结构在支撑和受力时显得宽阔而空旷。
蛰：读zhé。
④神丁：指聪明、技艺高超的工匠，这里形容建造桥梁的工匠。
⑤役：劳动、工作，这里指的是工匠们辛勤工作的意思。

【说文】

　　这座桥像飞架的石梁，犹如一道彩虹横跨天空，雄伟壮丽；苍龙般的桥身在春雷惊醒的时节，背后显得空旷无比。桥面平坦笔直如箭，成千上万的人可以轻松通过；驿站的信使在这座桥上驰骋，四通八达，沟通万国。云彩吐出明亮的月轮，高高拱起在北方；春雨滋润大地，河水朝东而去，带来了春天的气息。不要夸耀世人传说中的仙境，真正的伟大工程始终是由聪明的工匠通过辛勤劳动创造的。

【通文】

　　《安济桥》通过描写安济桥的雄伟与工艺，展示了古代桥梁技术的精湛与巧妙。诗人运用生动的比喻和形象的描绘，表达了对安济桥工程技术的崇敬。首句以夸张手法形容桥梁的飞架构造，仿佛一条彩虹跨越山川，体现了工匠们面对自然环境挑战的智慧。颔联将桥梁与自然景象结合，象征桥梁的坚固与气势，表达工匠克服艰难险阻完成伟大工程的壮举，展示了桥梁修建中的技艺与智慧。接着描写桥面平坦如箭直，承载成千上万人通行，体现了桥梁的功能性与交通重要性。"驿使驰驱万国通"拓宽了桥梁的象征意义，表明安济桥是地方交通的枢纽，也是连通四方的通道，展现了古代桥梁在促进社会交流和经济发展中的关键作用。颈联通过自然景象描写，暗示桥梁建设带来的社会繁荣与活力。尾联提醒人们不应迷恋过去的"仙迹"，应尊重古代工匠的辛勤劳动与智慧。整首诗通过精湛艺术手法，展现了安济桥的宏伟与工匠精神，突出了技术创新的价值，令后人敬仰。

【达理】

　　杜德源的《安济桥》通过生动的诗句描绘了安济桥的宏伟与雄浑，展现了古代工匠的

智慧与技艺。诗中"驾石飞梁尽一虹，苍龙惊蛰背磨空"一句，勾画出桥梁的壮丽景象，仿佛一条横空出世的虹，连接了天地，展现了桥梁艺术与技术的完美结合。诗人还通过描述桥梁的功能，展现了它对交通、贸易和文化交流的推动作用。与古代安济桥相似，现代桥梁工程也在推动经济发展与文化交流。从单纯的石木结构到今天的钢筋混凝土结构，桥梁不仅跨越了地理障碍，更承载了国家和地区间的交流与合作。港珠澳大桥作为中国桥梁建设的杰出代表，横跨珠江口，连接香港、澳门和珠海，是全球最长的跨海大桥之一。它的建设体现了现代桥梁技术的突破与创新，不仅大大缩短了三地的通行时间，还推动了粤港澳大湾区的经济一体化进程。与安济桥连接古代丝绸之路相似，港珠澳大桥作为现代经济大动脉，推动了粤港澳大湾区在科技、经济和文化等领域的合作与发展。无论是古代还是现代，桥梁建设都离不开工匠精神和创新精神。古代工匠用有限的工具创造了安济桥这样的伟大工程，而现代工程师依靠先进技术完成了港珠澳大桥这样的跨时代工程。这些桥梁承载着时代的技术力量和智慧，推动着社会不断进步。

古今桥梁的建设，既是对人类智慧的礼赞，也是对未来更加智慧、高效的城市与区域联通的展望。随着技术的不断进步，未来的桥梁将更加智能化，材料和设计将更加环保。桥梁，作为连接不同空间和文化的纽带，将在全球化的背景下发挥越来越重要的作用，促进世界各国之间的交流与合作。

【诵文】

安济桥气势恢宏，状若长虹卧波，又似苍龙横空。其桥身平且直，可容众人往来，是沟通各地的交通要津，在交通方面作用关键。于桥上观景，月升云间，清辉洒落，春雨过后河水奔腾东去，景致灵动，令人心旷神怡，沉醉其中。安济桥并非神工仙迹，实乃古代工匠心血结晶。其精湛技艺令人赞叹，彰显着古人的非凡智慧与勤劳。这一伟大造物，值得我们致以崇高敬意。诗人借安济桥，抒发了由衷的赞美及对古代工匠的钦佩之情。首联节奏稍缓，每个短句间停顿稍长，突出惊叹。颔联语调沉稳，突出沉稳肯定。颈联舒缓流畅，语调悠然，突出悠然惬意。尾联语速稍慢，加重语气，语调崇敬，突出崇敬感慨。

整体诵读时，惊叹起调描绘桥之外形，沉稳叙述展现桥之功能，悠然表达呈现桥之景色，最后崇敬收尾，强调人工成果之伟大。读时，真切感受作者对安济桥的赞美及对古代工匠智慧和劳动的深深钦佩。

71 水经注① （节选）

郦道元②

悬瓮③之山，晋水出焉，昔智伯之遏④晋水以灌晋阳，其川上源，后人踵其遗迹，蓄以为沼⑤。沼西际山枕水，有唐叔虞⑥祠。水侧有凉堂，结飞梁于水上，左右杂树交荫，稀见曦景……于晋川之中最为胜处。

【解字】

①选自《水经注》（中华书局 2016 年版）。

②郦道元（约 470—527 年），字善长，范阳郡涿县（今河北省涿州市）人。

③悬瓮：位于太原市西南 20 公里处，与晋祠一衣带水。瓮，读 wèng。

④遏：截断，读 è。

⑤沼：古人以圆形为池，方形为沼，读 zhǎo。蓄，读 xù。

⑥唐叔虞：西周时晋国第一任诸侯。虞，读 yú。

【说文】

晋水是从悬瓮山这里发源的。从前智伯截断晋水，用来灌溉晋阳城。这条河的上游就是这里。后人沿袭他留下的遗迹，将水蓄积起来，形成了一个水池。水池的西边紧靠着山，山枕着水。那里有一座供奉唐叔虞的祠庙。水边还有一座乘凉的亭堂，亭堂架起了飞梁横跨水面，左右两旁杂树丛生，枝叶交错成荫，阳光都难以照射进来……在晋水流域中，这里是最美的地方。

【通文】

鱼沼飞梁位于山西省太原市西南的晋祠圣母殿前，是中国古代桥梁建筑的杰作，也是世界上现存最古老的"立交桥"。它以十字形桥面巧妙地实现了南北、东西四向通行，结构科学、造型优美，其造型如同一只展翅欲飞的鸟，被誉为中国古代十大名桥之一，堪称桥梁建筑史上的奇迹。桥梁主体为宋代遗物，距今已有 1000 多年历史，保存至今仍坚固耐用，是中国古代十大名桥之一。晋祠建于北魏时期，古人以圆形为池，方形为沼，因池中游鱼甚多，且泉源为晋水的重要支流，故称"鱼沼"；桥梁建于沼上，因其"架桥为座，若飞也"，故名"飞梁"。鱼沼飞梁作为我国第一批国家级重点文物保护单位，是中华文明智慧的生动体现。

【达理】

"行"字在甲骨文和金文中象征纵横交错的十字路口，本义为道路，代表四通八达的交通。因此，由"行"字构成的词语通常与道路相关，如银行、粮行、商行等，这些词均源自路旁做买卖的地方，进而引申出"行情"和"行话"等概念。现代立交桥类似于甲骨文中的"行"，在城市交通系统中起着关键作用，融合了力学、交通工程和材料科学等学科知识，通过多层次、多通道的设计，高效地疏导车流、人流，体现了现代文明的脉动。古今对比不难看出，鱼沼飞梁虽没有如今立交桥的庞大体量与交通功能，却展现出古人对结构力学的深刻理解与对自然环境的尊重利用；而现代立交桥则是在信息化、工业化背景下对效率的极致追求，是现代科技进步的象征。在大力发展"新质生产力"的时代背景下，从鱼沼飞梁到现代立交桥，这种跨越千年的智慧传承，正体现了中国人在不同历史阶段以创新推动社会进步的不懈精神。鱼沼飞梁不仅是一项珍贵的文化遗产，更激励我们在新时代的城市建设中，不忘匠心、坚持创新，将历史文化与现代科技相融合，打造更加美丽、智能、可持续的城市空间。

从"桥"的演进中，我们能看到文明的接力，这正是当代中国迈向高质量发展的生动写照。

【诵文】

此片段聚焦晋水之源及其周边景致。晋水发于悬瓮山，文中追述了智伯以水灌晋阳之事，后人循其旧迹蓄沼。唐叔虞祠枕山临水，凉堂飞梁点缀其间，杂树交荫间难见阳光，一派清幽之景。作者对晋水承载的历史旧事满怀追怀之情，对山川祠庙、凉堂飞梁之景饱含赞赏之意。

开篇节奏舒缓，"悬瓮""晋水"重读，奠定叙述基调。"昔"稍停顿，"遏""灌"重读，带历史沧桑感。"后人蹑其遗迹"语速略快，"蹑"重读。其后描绘祠、堂、飞梁等景致时语调平和表赞叹，"交荫""曦景""胜处"轻读。

心智篇

体悟定静安虑得

——心理自洽破障

含英咀华　修己达观

大学之道
（节选）

72 大学之道① （节选）

　　大学之道②，在明明德③，在亲民，在止于至善④。知止⑤而后有定，定而后能静，静而后能安，安而后能虑，虑而后能得。物有本末，事有终始。知所先后，则近道矣。

　　古之欲明明德于天下者，先治其国。欲治其国者，先齐其家。欲齐其家者，先修其身。欲修其身者，先正其心。欲正其心者，先诚其意。欲诚其意者，先致其知⑥。致知在格物。物格而后知至，知至而后意诚，意诚而后心正，心正而后身修，身修而后家齐，家齐而后国治，国治而后天下平。自天子以至于庶人，壹是⑦皆以修身为本。其本乱而末⑧治者，否矣。其所厚者薄，而其所薄者厚，未之有也。

【解字】

①选自《大学》（人民文学出版社 2020 年版）。

②大学之道：大学的宗旨。"大学"一词古代有两层含义：一是指"博学"，二是指"大人之学"，即相对于小学而言的更高层次的学问。古人八岁入小学，学习基础知识与礼节，十五岁入大学，学习伦理、政治、哲学等，旨在"穷理正心，修己治人"。"道"本指道路，引申为规律、原则，也指宇宙万物的本原与思想体系。

③"明明德"：第一个"明"作动词，指发扬、弘扬；第二个"明"指光明正大的品德。

④止于至善：持守至善的原则而不改迁。

⑤知止：知道目标所在。

⑥致其知：研究事物原理而获得知识。

⑦壹是：一切，一概，一律。

⑧末：指枝末、枝节，相对于"本"而言。

【说文】

大学的宗旨在于弘扬光明的德行，将学习应用于生活，使人达到最完善的境界。知道人生的目标所在，才能够坚定志向；志向坚定才能够平心静气；平心静气才能够心安理得；心安理得才能够思虑长远；思虑长远才能够处事合宜。每样东西都有根本有始末，每件事情都有开始有终结。知晓了事物发展的先后顺序，就接近事物发展的规律了。古代那些将光明的德行弘扬于天下的人，先要治理好自己的国家；要治理好自己的国家，先要管理好自己的家庭；要管理好自己的家庭，先要修养自身的品性；要想修养自身的品性，先要端正自己的心念；要想端正自己的心念，先要使自己的意志真诚；要使自己的意志真诚，先要对最根本的原则有所了解；了解根本原则的方式在于探究万事万物的道理。通过对万事万物的认识、研究后才能获得知识；获得知识后意念才能真诚；意念真诚后心思才能端正；心思端正后才能修养品性；品性修养后才能管理好家庭和家族；管理好家庭和家族后才能治理好国家；治理好国家后天下才能太平。上至天子下至平民百姓，都应该以修养自身的品德为根本。若这个根本被扰乱了，却还能治理好家庭、国家和天下，是不可能的。本应重视的事情却轻视它，本应轻视的事情却重视它，（这样想做好事情）也是不可能的。

【通文】

"大学之道"是儒学经典《大学》开篇的第一句，它强调了修身、齐家、治国、平天下之间的层次性和逻辑性，强调了个人修养与社会、国家，甚至天下太平之间的密切关系。《大学》出自《礼记》，原本是《礼记》四十九篇中的第四十二篇。据断代史学家班固在"《记》百三十一篇"下自注云"七十子后学者所记也"，他认为《礼记》各篇的成书年代主要处于战国初期至西汉初期这一时间段。

【达理】

"立志"被视为成功的起点，但人们往往只注重外在目标的设定，而忽视了内在心灵的修养。真正的立志不仅仅是设定目标，而是从正心、诚意开始。只有内心纯净、心志坚定，才能让自己的目标具有持久的动力和正确的方向。立志的关键不仅仅是设定远大的目标，还要有踏实的行动力，要通过不断的学习、改进推动实践创新，最终实现个人和社会的共同进步。

立志应该从正心、诚意做起，明确自己的目标并且坚持良好的价值观，这样才能在社会竞争中保持方向的清晰和内心的宁静。任何事情都应该按照先后顺序来处理，立志首先要明确什么是"本"，什么是"末"，什么是"始"，什么是"终"。"格物致知"强调通过实践和探索来实现知识的积累和智慧的提升。当下社会越来越强调创新、实践和行动力，但人们在立志过程中往往容易"纸上谈兵",陷入理想化,缺乏实际行动和探索。"格物"指的就是通过实践和探索了解事物的本质,从而获取实际的知识和经验,促进综合素质的提高。职业教育强调通过动手操作、实地考察和解决实际问题,让学生深入理解所学技能和知识的应用,从而更好地适应职场需求,形成扎实的专业能力和创新思维。现场工程师正是这一理念的践行者,他们在现场工作中,通过亲自操作、检验和解决实际问题积累经验、优化解决方案,从而提高工程质量和效率,不断深化对工程技术的理解与应用。

在立志的过程中,修身是基础,要明确目标的先后顺序,注重实践和行动。立志的核心不仅在于追求远大目标,更在于从内心的正直与修养做起,以此为基石,逐步走向更高的境界。

【诵文】

《大学》开篇阐述了儒家教育的核心思想,强调大学的宗旨在于弘扬光明正大的品德,帮助人弃旧图新,追求完善的境界,突出道德修养和人生目标的重要性。其情感庄重严肃,强调修养过程的循序渐进,修身之道并非一蹴而就,而是要经历从明确目标到内心安定,再到思虑周全,最终逐步达成目标的过程。结尾部分则以坚定深邃的情感阐述事物的规律,强调对事物根本与枝末、开始与终结的认知,提示要理解事物发展的先后次序,以接近其本质和规律。整段内容深入探讨了儒家思想,反映了对个人修养、人生目标以及事物规律的全面思考,既具有古代教育的价值,也对现代社会和个人具有重要的启示作用。

开篇庄重起调,点明宗旨,平和表达,阐述修养,坚定收尾,强调规律。诵读时,要重点体会儒家对教育宗旨的高度概括,全面思考个人修养、人生目标与事物本质。诵读时,从情感庄重地阐述宗旨,到沉稳平和地引导修养步骤,再到坚定深邃地突出事物规律,通过声音的高低、轻重传达出一种积极向上、追求卓越和真理的精神。

73　教条示龙场诸生·立志①

王守仁②

教条示龙场
诸生·立志

志不立,天下无可成之事。虽百工③技艺,未有不本于志者。今学者旷废隳惰④,玩岁愒时⑤,而百无所成,皆由于志之未立耳。故立志而圣,则圣矣;立志而贤,则贤矣;志不立,如无舵之舟,无衔之马,漂荡奔逸,终亦何所底乎?

【解字】

①选自《传习录》(中华书局2021年版)。龙场位于贵州省修文县,是王阳明在明朝正德年间被贬谪到贵州时的一个驻地,是阳明心学的重要发源地之一。

②王守仁（1472—1529年）：字伯安，号阳明，后人称王阳明或阳明先生，明代著名的思想家、哲学家和教育家。他强调"知行合一"理念，是中国儒学史上最重要的心学代表人物之一，其学术思想在中国、日本、朝鲜半岛以及东南亚国家乃至全球都有重要而深远的影响。王守仁（心学集大成者）与孔子（儒学创始人）、孟子（儒学集大成者）、朱熹（理学集大成者）并称为孔、孟、朱、王。

③百工：各种手工业者和手工业行业的总称。

④隳惰：懈怠。隳，读huī。惰，读duò。

⑤玩岁愒时：指贪图安逸，旷废时日。愒，读kài。

【说文】

志向不树立，天下就没有可以做成功的事情。即使各行各业的技能手艺，没有一项不是以志向为出发点的。现在的读书人，荒废学业，堕落懒散，贪玩而荒费时日，因此百事无成，这都是由于志向未能树立罢了。所以立志成为圣人，就可以成为圣人了；立志成为贤人，就可以成为贤人了。志向不树立，就好像没有方向的船，像没有衔环的马，随水漂流，任意奔逃，最后到哪里才能算到达呢？

【通文】

这段话出自王阳明的《传习录》，为师长对弟子的训诫，提出了"立志"这一修身准则。其核心思想是强调"志"的重要性，揭示了志向对人生成就的决定性作用，体现了师长的睿智与关怀，旨在引导弟子走向正道，成就完善的人格。作者通过深入浅出的论述，引导弟子树立正确的价值观，培养高尚的道德情操，为成为有用之才奠定坚实的基础，体现出身为师长的良苦用心。

王阳明通过对比深刻指出：没有明确志向的人生就像没有舵的船、没有缰绳的马，漂浮不定、随波逐流，最终难以达到目的。立志是实现任何成就的前提，不论是学术、技艺还是道德修养，都必须以坚定的志向为基础。王阳明提到"虽百工技艺，未有不本于志者"，即使是技艺学习，也需要立下明确的志向作为动力。立志不仅仅是一个口号，而是通过不断的学习和实践，朝着既定的目标努力。他还强调"立志而圣，则圣矣；立志而贤，则贤矣"，意思是只有确立了正确的志向，才能走向智慧与德行的巅峰。志向不仅能引导个人成长，还能决定人生的最终走向。因此不可忽视立志的重要性，它是个人成功与发展的根本动力。

【达理】

"志不立，天下无可成之事"指出立志是成就任何事业的关键。无论是学问还是技艺，立下坚定的志向是成功的基础。人若有了远大志向，不仅增添了奋斗的动力和方向，而且能变得超凡脱俗，不再戚戚于贫贱，不再汲汲于富贵。

当前国家大力发展职业教育，尤其是在推动"技能强国"战略的背景下，职业院校的学生将来要成为复合型专业技术人才，肩负着培养和传承专业技能、推动社会生产力发展的使命。王阳明提到的"志不立，如无舵之舟，无衔之马，漂荡奔逸，终亦何所底乎"正是当下许多职业院校学生面临的挑战。青年学子在职业院校虽然有机会学习一技之长，但若没有明确的职业目标和理想支撑，往往会在学习过程中感到迷茫，缺乏持续的动力，最终难以将所学技能真正应用到社会和工作中。技术技能的学习虽然是职业院校的核心任务，但如果没有明确的志向和奋斗目标，学生很容易陷入"玩岁愒时，百无所成"的困境。正如王阳明所说，"虽百工技艺，未有不本于志者"，职业教育不仅是技能的传授，更是对学生志向的引导和培养。只有树立明确的职业理想，才能在技术的学习和实践中坚定信念，克服困难，最终成才。国家大力支持政策的推动不仅为职业教育提供了更多的资源和平台，也为学生提供了更加广阔的就业和发展空间。"立志而圣，则圣矣；立志而贤，则贤矣"强调了志向对人成长的巨大推动力。职院校学子若能明确自己的目标，树立正确的职业价值观，在技术学习上精益求精，就能在未来的职业道路上取得成就，为国家的经济建设贡献力量。例如在智能制造、人工智能、绿色能源等行业，国家都急需大量的高技能人才，而这些人才的培养正是依赖于职业教育。学生的志向不仅能拓宽他们在技术层面的深度和广度，也能引导他们通过创新和实践推动行业进步。如果能够从一开始就树立坚定的职业目标，并将其作为动力，必定能在未来的职业生涯中找到自己的位置，实现自我价值。

【诵文】

这部分关于立志的论述，其情感态度表达得鲜明且深刻，具有很强的劝诫性。开篇强调了志向对于成就一番事业的决定性作用，这种坚定的态度不容置疑，明确地向我们传达了立志的重要意义。随后指出当下一些人因缺乏志向而消极懈怠、一事无成，对这种现象流露出批判和惋惜之情，希望大家能以此为戒。随后的论述饱含作者对大家的殷切期望，表达出对人们树立高远志向的鼓励与期许，充满积极向上的情感。作者运用生动形象的比喻，将没有志向的人比作没有舵的船和没有缰绳约束的马，以此警示我们没有志向就会陷入迷茫、无所适从的境地。这种形象的表述增强了劝诫的效果，发人深省，引导我们深刻反思立志的重要性。

"志不立，/天下/无可成之事"，读时注意节奏停顿，开篇读得坚定有力，语调适当高且沉稳，突出"志""无可成"等重音，以强调立志的重要性。"虽百工技艺，未有不本于志者"则语气稍缓，自然叙述。"今学者旷废隳惰，玩岁愒时，而百无所成，皆由于志之未立耳"前半部分语速稍快，流露出对不良现象的感慨，重音放在"旷废隳惰""玩岁愒时"

上，后半句语调降低，着重突出"志之未立"。"故立志而圣，则圣矣；立志而贤，则贤矣"要充满鼓励与期许，语调上扬，重读"圣""贤"。"志不立，如无舵之舟，无衔之马，漂荡奔逸"放慢语速，展现出无志的状态，重音在"无舵""无衔"。最后一句"终亦何所底乎？"语调升高，读出反问与警示的意味。

整体诵读时，注意情感态度要鲜明且富有劝诫性。开篇便以坚定、肯定的语气，直陈志向对于成就事业的关键意义，将对不良现象的批判、对立志的鼓励、对无志后果的警示等情感融入诵读中。

74 诫子书①

诸葛亮②

诫子书

夫③君子之行，静以修身，俭以养德。非淡泊无以明志，非宁静无以致远。夫学须静也，才须学也，非学无以广才，非志无以成学。淫慢④则不能励精，险躁⑤则不能治性。年与时驰⑥，意与日去⑦，遂⑧成枯落，多不接世⑨，悲守穷庐，将复何及⑩！

【解字】

①选自《诸葛亮集》（中华书局2012年版）。诫：警告，劝人警惕。子：指诸葛亮的儿子诸葛瞻。书：书信。

②诸葛亮（181—234年）：字孔明，号卧龙，琅琊阳都（今山东临沂）人，三国时期蜀汉丞相，以卓越的政治智慧、军事才能和发明创造闻名于世。

③夫：助词，用于句首，表示发端。

④淫慢：放纵懈怠。淫：放纵。慢：懈怠。

⑤险躁：轻薄浮躁。与上文"宁静"相对而言。险：轻薄。

⑥年与时驰：年纪随同时光飞快逝去。与：跟随。驰：疾行，指飞速逝去。

⑦意与日去：意志随同岁月而丧失。日：时间。去：消逝，逝去。

⑧遂：最终，读suì。

⑨多不接世：大多对社会没有任何贡献。

⑩将复何及：又怎么来得及。

【说文】

品德高尚的人，依靠内心宁静专一来修养身心，以俭朴节约来培养品德。不恬淡寡欲就无法使自己的志向明确，不清静寡欲就无法达到远大的目标。学习必须静心专一，而才干则来自勤奋学习。如果不学习就无法增长自己的才干，不明确志向就不能在学习上获得成就。

放纵懈怠就不能勉励心志、振奋精神，轻薄浮躁就不能修养性情。年华随同时光飞快逝去，意志随同岁月而丧失。最终像黄叶一样枯老衰落，大多不接触世事，对社会没有任何贡献，只能困守在自家狭小的穷家破舍里，那时再悔恨又怎么来得及！

【通文】

这封诸葛亮写给儿子诸葛瞻的家书作于公元234年，彼时诸葛亮全心投入国家事务，无法亲自教育儿子，因此写下此信。诸葛亮一生为国，鞠躬尽瘁，死而后已，他的品德和才学深受后人敬仰，此信中的教诲展现了他对儿子的深切期望。信中通过理性简练的文字表达了作为父亲的无限爱意，此信也成为后世学子修身立志的经典之作。信的主旨是劝勉儿子要勤学立志、修身养性，重在淡泊宁静，避免急情急躁。文章通过强调"静"字，探讨了做人治学的经验，指出成功需要"静以修身"，即需要安静的环境和内心的自守，如此才能专心致志学习，进而积累才干与智慧。同时，诸葛亮警示儿子，心浮气躁、急功近利会导致失败，人生不应沉溺于放纵与急躁。信中提到，学术上的成功离不开长期的刻苦与专注，只有身心清净，方能做到心无旁骛，达到远大目标。他强调学习不仅需要努力，更需要坚持，如此才能不断增长和发扬才干。诸葛亮的教诲中还包含着关于立志与学习的辩证关系：立志需有坚定的意志，而学习需有持之以恒的态度。诸葛亮指出，人的性格决定学业的成败，强调"静以修身"和"俭以养德"，并提出"非学无以广才，非志无以成学"的名句，告诫儿子要静心修身、俭朴养德，才能成就学业。同时，他也提醒儿子警惕"淫慢"与"险躁"，这两种性格缺陷不仅无法激发潜力，反而会害人。他还强调"年与时驰，意与岁去"，告诫儿子珍惜时间，努力学习。最后，诸葛亮以"将复何及"发出警示，指出放任自己会错失人生的机会。全篇短小精悍，言简意赅，文字清新雅致，不事雕琢，说理平易近人，实为其突出之处。

【达理】

诸葛亮的《诫子书》是一篇传世佳作，其中蕴含的智慧不仅对古代社会有着深远的影响，即便在今天我们依然可以从中汲取力量。书中提到的"静"与"俭"强调修身养性的意义，尤其是在今天这个信息爆炸、节奏飞快的时代显得尤为重要。

现代社会科技快速发展、社交媒体繁杂，娱乐活动纷繁，人们极易陷入"浮躁"和"急功近利"的心态。一旦迷失其中便无法集中精力去追求自己的理想与目标，从而忽视真正的内心修养和长远规划。诸葛亮所提倡的"淡泊"与"宁静"，是一种深入的自我修养，它能让我们在物欲横流、喧嚣浮躁的环境中保持清醒，在快速变化的社会里始终坚持自己的理想和目标。在信息化的今天，知识更新速度飞快，学习已经成为一个持续的过程。但人们忙于应对社会的压力、追逐名利而忽视了提升内在素质。诸葛亮的教诲提醒我们，要坚持扎实的学习，培养深厚的才华，避免急功近利。时光匆匆，若不珍惜，最终会悔恨过去的荒废。因此要时刻保持清醒，抓住每一个提升自己的机会。

《诫子书》不仅仅是对个人修养的建议，也是应对科技变革、面对繁杂的社会热点时保持内心平静、涵养自我修养的处事指南。只有脚踏实地，远离浮躁，始终坚持自己的目标，才能在复杂的世界中保持清醒，走得更远。

【诵文】

《诚子书》是诸葛亮写给儿子的一封家书，字里行间充满了父亲的期望与教诲。开篇提出君子的行为操守，要通过宁静修养身心，以节俭培养品德，这是诸葛亮一生的准则。接着强调，内心不宁静就无法明确志向，无法达到远大目标，情感坚定，突出了学习和立志的必要性；同时指出，放纵懈怠和轻薄浮躁会阻碍修养与成长。最后，告诫儿子珍惜时光，年华易逝，若不努力学习，终将像枯叶般凋零，后悔也无济于事。整篇《诚子书》表达了诸葛亮对儿子的深切期望，希望儿子成为品德高尚、学有所成的人，展现了他作为父亲和智者对教育与人生的深刻思考。

开篇语调沉稳，节奏稍缓，营造严肃氛围。"夫/学须静也"等句节奏稍缓，语气坚定，强调学习和立志的重要性。"淫慢/则不能/励精，险躁/则不能/治性"节奏稍缓，语气加重，强调警醒之意。末尾"年与时驰""将复何及"读得缓慢且沉重，用舒缓的节奏表达严肃、坚定、警醒、忧虑等情感。整体诵读时，注意情感变化，从沉稳的严肃到坚定的期望，再到严厉的警醒和沉重的忧虑。语速全程稍慢，情感深沉、忧虑，表达出对孩子未来的担忧和父亲的良苦用心。

75 观书有感·其一①

朱熹②

半亩方塘③一鉴④开，天光云影共徘徊⑤。
问渠那⑥得清如许，为⑦有源头活水来。

【解字】

①选自《唐诗新赏》（中国人民大学出版社 2011 年版）。
②朱熹（1130—1200 年）：徽州婺源（今江西婺源）人，宋代理学集大成者。
③方塘：又称半亩塘，在福建尤溪城南郑义斋馆舍（后为南溪书院）内。
④鉴：镜子。一说为古代盛水或冰的青铜大盆。指像鉴（镜子）一样可以照人。
⑤徘徊：移动。
⑥那：通"哪"，意为怎么，读 nǎ。
⑦为：因为，读 wèi。

【说文】

半亩大的方形池塘像一面镜子一样打开，天光、云影在水面上闪耀浮动。要问池塘里的水为何这样清澈？因有永不枯竭的源头源源不断地为它输送活水。

【通文】

这是一首借景喻理的名诗，全诗以方塘作比喻，让人品读之后常有豁然开朗的感觉。诗中用象征的手法，将这种内心感觉化作具体形象加以描绘，让读者自行领略其中的奥妙。池塘并不是一潭死水，而是常有活水注入，因此像明镜一样清澈见底，映照着天光云影。这幅美丽的自然风光图已经令人感到清新明快了，更让人拍案叫绝的是，这种情景同一个人在读书时豁然贯通、获得新知，从而大有收益、提高认识的情形颇为相似。这首诗所表现的读书有悟、有得时的那种灵气流动、思路明畅、精神清新活泼而自得自在的境界，正是作者作为一位大学问家切身的读书感受。诗中所表达的这种感受虽然仅就读书而言，却寓意深刻，内涵丰富，可以作广泛理解。特别是"问渠那得清如许，为有源头活水来"两句，借水之清澈是因为有源头活水不断注入，暗喻人要心灵澄明，就得认真读书，时时补充新知识。因此人们常以此句比喻不断学习新知识，才能达到新境界。人们也用这两句诗来赞美一个人的学问或艺术的成就自有其深厚的渊源。读者也可以从这首诗中得到启发：只有思想永远活跃，以开明宽阔的胸襟接受种种不同的思想、鲜活的知识，广泛包容，方能才思不断、细水长流。这两句诗已凝缩为常用成语"源头活水"，用以比喻事物发展的源泉和动力。

【达理】

当今社会，工业化、信息化的节奏正在以几何倍数加快，知识的获取方式变得多种多样，但也面临着信息过载和碎片化的挑战。现代社会中的"活水"可以理解为具有深度与广度的知识积累和思考。能够从浩如烟海的资料中挑选出真正有价值的知识，并且不断更新和提升自我，这是个人与社会发展的重要驱动力。

现代社会正面临着日益严重的环境污染问题，空气、水源、土壤等自然资源都遭遇着前所未有的压力，其根源在于人类活动带来的资源浪费和生态失衡。要解决这一问题，亟需清洁能源、生态技术等"源头活水"，以推动绿色发展和可持续创新。我们不仅需要采取切实可行的治理措施，如污水处理、工业排放控制等，更需要从源头上减少对自然资源的过度消耗，推动清洁能源和循环经济的广泛应用。环境污染问题的解决同样需要科技创新带来源源不断的灵感和研究。只有不断引入可持续的资源和智慧，才能有效地遏制污染、修复生态环境，合理利用与保护自然资源。

朱熹的诗句不仅是对知识的赞美，更提醒我们，唯有不断创新和自我提升，才能像那池塘水般清澈，映照出社会的光明与希望。

【诵文】

《观书有感》是一首七言绝句。前两句描绘了一幅美丽的景象：半亩大的方形池塘像一面镜子一样打开，天光、云影在水面上闪耀浮动。诵读时语调宜轻快，节奏稍缓，突出清新悠然的氛围。后两句则是由景入理，诗人问池塘的水为何如此清澈，答案是有永不枯竭的源头源源不断地为它输送活水。诵读时语调宜轻快，节奏稍缓，延续清新悠然的氛围。

整首诗自然婉约又略带禅意，以景喻理，通过池塘水清源于活水注入这一现象，表达了只有不断学习新知识，才能让自己的内心充实澄明，保持思想的活跃与进步。诵读时声音要随着情感的变化而调整，从轻快的悠然过渡到沉稳思考。语速全程稍慢、轻缓，以表达出对知识追求的思考与感悟，从而体会哲理诗之美感。

养心语录
（节选）

76 养心语录①（节选）

梁启超②

人之生也，与忧患俱来；苟③不尔④，则从古圣哲，可以不出世矣。种种烦恼，皆为我练心之助；种种危险，皆为我练胆之助。随处皆我之学校也。我正患无就学之地，而时时有此天造地设之学堂以饷⑤之，不亦幸乎！我辈遇烦恼危险时，作如是观，未有不洒然自得者。

凡办事必有阻力。其事小者，其阻力亦小；其事愈大，其阻力亦愈大。阻力者，乃由天然，非由人事也。故我辈惟当察阻力之来而排之，不可畏阻力之来而避之。譬之江河，千里入海，曲折奔赴，遇有沙石则挟⑥之而下，遇有山陵则绕越而行，要之必以至海为究竟。办事遇阻力者，当作如是观，至诚所感，金石为开，何阻力之有焉！苟畏而避之，则终无一事可办而已。何也？天下固无无阻力之事也。

【解字】

①选自《自由书》（吉林出版集团有限责任公司2012年版）。

②梁启超（1873—1929年）：字卓如，号任公，笔名主要有饮冰室主人、自由斋主人等，广东新会人。中国近代杰出的思想家、政治活动家、宣传家、文学家和学者。

③苟：如果，假使。

④尔：如此。

⑤饷：用酒食等款待，泛指请人受用。饷，读 xiǎng。

⑥挟：夹持，读 xié。

【说文】

人一生下来，就与忧患同来；如果不这样，从古至今的那些圣贤先哲，就没有必要出世了。种种烦恼，都能帮助我磨炼心志；种种危险，都能帮助我锻炼胆量。人生在世，随时随地都是我的学校。我正忧虑没有地方读书学习，而时时有这些天然形成、造化创设的学校让我受用，这不正是我的幸运吗？遇到烦恼危险时，如果都这样来对待，那就没有不潇洒悠闲之人了。做任何事情都会有阻力。事小者，其阻力也小；事大者，其阻力也大。阻力是天然存在的，并不是人力形成的。所以，我们唯一要做的就是弄清楚阻力来自哪里，然后排除它，而不可畏惧阻力的到来而回避它。譬如大江大河，流淌千里进入大海，曲曲折折，奔涌向前，遇到沙石就挟带着一起向下，遇到山岭就绕越而行，总而言之，必定以到达大海为结果。办事遇到阻力的人，应当用这种态度来对待，人的至诚之心，能使金石为之开裂，从这个意义上来讲还有什么阻力可言！如果因为害怕而逃避它，最终将没有一件事可以办成。为什么呢？天下本来就没有一点阻力都没有的事。

【通文】

保持乐观向上的积极心态是获得幸福的根本，另外，还要拥有内心强大的意志力。在恶劣的环境面前，如果没有强大的内心动力和坦然面对困境的心态，很难想象一个人能顺利渡过难关。"不困于心，不乱于情"，是对人生的一种豁达态度和深刻领悟。

面对前进道路上的问题和困难，只有勇敢地面对，才能扫清障碍，继续前进。内心要有顽强的意志力，才能有战胜困难、解决难题的信心。如果畏畏缩缩、瞻前顾后，那就成就不了什么事情。须知，世上没有哪件事能轻轻松松地做成，世上没有哪个人能随随便便的成功。还是梁启超说得好："天下固无无阻力之事也。"

【达理】

这段养心语录强调了人生中不可避免会遇到忧虑与挑战、烦恼与危险，而这些恰恰可以锤炼人的心智与胆略。作者通过这样的视角告诉我们，每一份困难和阻力都应被视为自我修炼的机会，不应畏难回避，而应正视并主动调适，从中汲取成长的力量。只有通过正确的心态来应对挑战，才能找到内心的平静与力量。这种心态不仅能帮助我们穿越当下的困境，也能为我们未来的成功奠定基础。在面对复杂社会现象时，青年应该更多地保持思考的深度，学会从长远视角看待问题，而非单纯地依赖外界环境的变化来左右自己的情绪和行动。这不仅仅是对个体心理素质的要求，更是社会责任感的体现，我们不应让环境决定自己的人生轨迹，而是通过理性思考，做出对自己、对社会负责的决策。

社会竞争的加剧使得年轻人在职场竞争中面临着巨大的压力和焦虑。许多人会在面对工作压力、职业瓶颈时感到不知所措，情绪问题也越来越突出，焦虑、抑郁等心理问题日益严重，甚至产生逃避的想法。环境变迁不断，而我们能做的，是调整自己对待世界的心态去适应环境，把每一次失败和压力转化为进步的动力，最终找到属于自己的发展道路，使自己变得更加成熟和坚韧。每一次遭遇挫折，都是命运为我们精心安排的一堂修行课，它教会我们如何在风雨中淬炼自己，掌握理性思考、冷静应对的能力。若能将不顺转化为成长的养分，便是化劣势为优势的智慧，而每一次的磨砺，都是在困境中成长、实现自我超越的契机。

【诵文】

开篇理性沉稳地阐述了人生与忧患的关系，揭示了忧患存在的必然性——若没有忧患，古圣哲便无须出世，点明了忧患与人生本质的联系。情感客观理性，节奏缓慢，引发人们深思。接着，作者以积极豁达的态度指出，生活中的烦恼与危险实际上是锻炼心智与胆量的契机，遇到忧患应视作幸运，保持乐观心态，生活处处皆为自我提升的机会。此时情感转为积极、平稳的叙述，营造出正向氛围。后半部分强调，办事必然会遇到阻力，且阻力与事情的规模成正比，这些阻力源自自然，非人为，因此要勇于面对并冲破阻碍。全文展现了梁启超勇敢面对困难和挑战的处世哲学，激励人们在困境中不断自我磨砺，奋勇前行。整体诵读时，沉稳起调用于剖析人生，积极叙述用来传达心态，坚定加速突出激励奋进。从对人生本质的理性剖析，逐渐过渡为对人们积极心态的引导，最后发展为坚定的激励，情感层次分明。

定风波·莫听
穿林打叶声

77 定风波·莫听穿林打叶声①

苏轼

莫听穿林打叶声，何妨吟啸且徐行②。竹杖芒鞋轻胜马，谁怕？一蓑③烟雨任平生。

料峭春风吹酒醒，微冷，山头斜照④却相迎。回首向来萧瑟处，归去，也无风雨也无晴⑤。

【解字】

①选自《宋词三百首》（中华书局 2018 年版）。定风波：词牌名。

②徐行：缓慢前行。徐，慢慢地。

③蓑：用植物棕制成的雨衣，读 suō。

④斜照：偏西的阳光。

⑤也无风雨也无晴：意为既不怕雨，也不喜晴。

【说文】

不要听风穿树林、雨打树叶之声，我依然边吟诗长啸边缓步前行。穿着草鞋，挂着竹杖，比骑马坐车更加轻松，谁怕这风风雨雨？我这一生任由烟波风雨与我同行。阴冷春风又把我吹醒，微感有些寒意，山头斜阳却来迎接我。回头望向来时淋雨的地方，一片萧条，归去时又一片平静，仿佛没什么风雨，也没什么"天晴"。

【通文】

读罢全词，令人心情振奋、心境豁然，心灵仿佛得到净化，对人生的沉浮和情感的忧乐，自会有一番全新的体悟。从心理学的角度看，此词实际是词人描绘的一个淡泊从容、旷达超脱的"白日梦"。通过野外途中偶遇风雨这一生活中的小事映射出一位正直文人在坎坷人生中力求解脱之道的历程。词人借雨中潇洒徐行的举动，表现了其虽处逆境、屡遭挫折仍不畏惧、不颓丧的倔强性格和旷达胸怀。全词于简朴中见深意，于寻常处生奇景，篇幅虽短，但意境深邃、内蕴丰富，是苏轼自信洒脱、处事从容的代表作之一，表现了他面对困境时的豁达心境，表露出他那种无畏、乐观的生活态度。

此词作于苏轼被贬黄州后的第三个春天，描写了野外途中偶遇风雨这一生活小事，是词人大起大落后心境的写照，表现出词人旷达超脱的胸襟，寄寓着超凡脱俗的人生理想。首两句是全篇枢纽，一方面渲染出雨骤风狂，另一方面又以"莫听"二字点明外物不足以萦怀之意。"吟啸"是他的豁然开朗之音，"徐行"是他遗世独立之举。当面对外界的压力时，他选择跟随自己的节奏前行。词人竹杖芒鞋，顶风冲雨，从容不迫，传达出一种搏击风雨、笑傲人生的轻松、喜悦和豪迈之情。"一蓑烟雨任平生"是整首词的最强音，也是词人后半生的写照。在这里，苏轼给出了他的答案：我无意阻止风雨，风雨要来，那我便一身蓑衣迎接，任凭风吹雨打，照样度我此生。词人由眼前风雨推及整个人生，强化了面对人生风风雨雨而我行我素、不畏坎坷的超然情怀。结句"回首向来萧瑟处，归去，也无风雨也无晴"是饱含人生哲理意味的点睛之笔，道出了词人在大自然微妙的一瞬所获得的顿悟和启示：自

然界的雨晴既属寻常，社会人生中的荣辱得失又何足挂齿？

【达理】

社会的快速发展带来了诸多压力，人们的生活节奏加快，竞争日益激烈，许多人因此感到焦虑和不安。无论是工作中的压力，还是生活中的困难，似乎都在不断地冲击着人们的情绪。就像苏轼所写的"穿林打叶声"，生活中的烦恼和困境总是时刻困扰着我们，仿佛无法逃避。然而，"何妨吟啸且徐行"提醒我们即使外界充满了杂音和不安，依然可以保持内心的从容和冷静，找到自我安宁的节奏。无论外界如何喧嚣，自己依然可以选择不急不躁，走自己的路。"竹杖芒鞋轻胜马，谁怕？"表达了苏轼超然物外、不拘小节的生活态度。当下，我们常常看到一些人追求功名利禄，追逐社会标准所设定的成功模式。无论是拼搏的年轻人，还是中年职场人，都在为达成个人目标而疲于奔命。苏轼告诫我们，真正的自由与安宁，并不在于外界的评价和攀比，而是在于自己的内心安定。"竹杖芒鞋轻胜马"是一种超脱，是一种放下对外物的执着，追求内心的自在和宁静。"料峭春风吹酒醒，微冷，山头斜照却相迎"也在暗示着一种人生态度：无论生活中多么寒冷与艰难，总会有希望和温暖的时刻在前方等待。"回首向来萧瑟处，归去，也无风雨也无晴"体现了词人的超然和豁达，面对过去的种种风雨，不管未来如何，过去如何，最终选择放下，回归到自我的平静与安宁，保持内心的从容与坚定。

《定风波·莫听穿林打叶声》展现了苏轼超凡脱俗的生活智慧。换个角度来看，也许人生不是一味地奔前程，而是一场归途，此刻的悲喜放在整个生命脉络之中仅是一瞬间的得失。我们之所以太执着，正是因为过于在意当下的一分一毫，而缺少更广阔的生命视野。得、失、悲、喜、下雨、晴天，世界本就是如此转换，不会因为个人意志而转变，真正困住我们的不是那场风雨，而是迟迟不愿意走进风雨的我们。在这个快节奏、充满竞争与压力的社会，我们也应学会像苏轼一样，不以物喜、不以己悲，从容面对风雨，过好生命中的每一天，这便是此生的使命。

【诵文】

这首词开篇通过"莫听穿林打叶声，何妨吟啸且徐行"展现了词人面对风雨的从容与洒脱，情感悠然自得。接着"竹杖芒鞋轻胜马，谁怕？一蓑烟雨任平生"表现出词人豪迈坚定、不畏困难的精神，遇到风雨，他不仅不躲避，还一边吟诗一边悠然前行，心境豁达洒脱。下阕中，"料峭春风吹酒醒，微冷，山头斜照却相迎"描绘了酒醒后的微冷与温暖的斜阳，情感平和淡然；"回首向来萧瑟处，归去，也无风雨也无晴"则表达了无论是风雨还是晴天，都已无所谓的淡定心态。整首词通过一次遇雨，表达了作者乐观旷达的人生态度，读来让人心生共鸣。

上阕前两句读时稍慢显悠然，营造从容氛围。"竹杖/芒鞋/轻胜马，谁怕？一蓑/烟雨/任平生"其中"谁怕"等反问处语调上扬、语速加快，突出豪迈坚定的精神。下阕前两句节奏稍缓、强调平和，体现出淡然的态度。末尾语速稍慢，突出超脱，以舒缓的节奏表达从容、豪迈、平和、超脱等情感。

整体诵读时，声音从轻松的洒脱到坚定的豪迈，再到平和的淡然和洒脱、超脱。语速全程稍慢，要传达出词人身处逆境却泰然的心境，不畏惧、不颓丧的倔强性格和旷达超脱的胸襟，同时应呈现出词人醒醉全无、无喜无悲、胜败两忘的人生哲学和处世态度，语气中应充盈着潇洒、旷达、人生豪迈之气概。

78 酬乐天扬州初逢席上见赠①

刘禹锡②

巴山楚水凄凉地，二十三年弃置身。
怀旧空吟闻笛赋③，到乡翻似烂柯人④。
沉舟侧畔千帆过，病树前头万木春。
今日听君歌一曲，暂凭杯酒长⑤精神。

【解字】

①选自《刘梦得文集》（上海古籍出版社 2013 年版）。酬：酬答。乐天：白居易。

②刘禹锡（772—842 年）：字梦得，唐代著名文学家，有"诗豪"之称。洛阳（今属河南）人。代表作有《陋室铭》《竹枝词》《乌衣巷》《杨柳枝词》等。

③闻笛赋：作者借用这个典故怀念已死去的王叔文、柳宗元等人。

④翻似：倒好像。翻：副词，反而。烂柯人：指晋人王质，此处借这个故事表达世事沧桑、人事全非、暮年返乡恍如隔世的心情。柯，读 kē。

⑤长：增长，振作，读 zhǎng。

【说文】

在巴山楚水这些凄凉的地方，度过了二十三年沦落的光阴。怀念故友吟诵的闻笛小赋，久谪归来感到已非旧时光景。沉船的旁边正有千艘船驶过，病树的前头却也是万木争春。今天听了你为我吟诵的诗篇，暂且借这一杯美酒来振奋精神。

【通文】

这首酬答诗是刘禹锡回应白居易赠诗之作，重点抒发了诗人在特定环境中的复杂感情。白居易的诗感慨诗人的遭遇，而诗人在开头以"巴山楚水凄凉地，二十三年弃置身"回应，尽显朋友间的亲密关系。接着，诗人感慨"怀旧空吟闻笛赋，到乡翻似烂柯人"，通过王质烂柯的典故，暗示自己贬谪已久，并表现出回归后的怅惘与不适应。接下来的"沉舟侧畔千帆过，病树前头万木春"，诗人以沉舟和病树自比，虽然感到惆怅，但仍显示出乐观与坚韧的态度。最后，"今日听君歌一曲，暂凭杯酒长精神"点明了酬答的主题，在朋友的关怀下，诗人决定振作，重新投入生活，表现出顽强的意志力。

【达理】

《酬乐天扬州初逢席上见赠》以其丰富的情感和深远的意境，展现了刘禹锡从身世之感到心境之变的复杂历程。全诗通过怀念、对比与释然，呈现了诗人面对人生的起伏、岁月的流转以及对未来的乐观展望，从人生的起伏、社会压力与希望的力量等方面给予我们启示。诗中的"巴山楚水凄凉地，二十三年弃置身"道出了刘禹锡在政治上遭遇被贬谪到远离故土的地方的困境。许多人在人生的不同阶段，尤其是在职场上，可能也会经历"被边缘化"的痛苦。无论是事业陷入低谷，还是因环境变动而遭遇不公，许多人都有过类似的困顿期。这种"被弃置"的情感，正是当下社会中一些人对于职场焦虑、被排除在外或未被充分认可的普遍感受。接着，"怀旧空吟闻笛赋，到乡翻似烂柯人"则传达了诗人对故乡的深深怀念。时过境迁，回到家乡却已物是人非。这一段所表达的是对过往美好时光的留恋与追忆，恰如今天在社会转型、城市化进程中，人们思考如何在现代化的浪潮中保持自我，如何在新的时代背景下找到属于自己的位置。"沉舟侧畔千帆过，病树前头万木春"表露了诗人对自己困境的超越与豁达，他深刻意识到虽然自己在某一阶段可能遭遇了沉沦，但生命依然在向前流动，社会依然充满生机。当今社会，这种"沉舟"与"病树"的象征，反映了许多人在人生低谷时的无奈与困顿。然而，就像千帆过、万木春的景象一样，社会的进步和人生的多样性总是存在着无限的希望和可能。每个人的人生都不应该因为一时的低谷而灰心丧气，新的机会、新的希望总会如春天般到来。"今日听君歌一曲，暂凭杯酒长精神"则展现了诗人即使身处困境，依然能够在朋友的陪伴与音乐的慰藉中找到片刻的宁静与力量。现代社会中，人与人之间的沟通、友谊和支持成为缓解压力和增强信心的重要力量。在这个节奏飞快、竞争激烈的时代，人际关系、情感的交流依然是我们寻求心理慰藉和力量的源泉。

刘禹锡的这首诗不仅显示出了他个人的豁达襟怀，也能够与当今社会的各种困境、压力、转型以及人与人之间的情感产生共鸣。它提醒我们无论身处何种境地，心中的希望、坚持以及他人的支持，都是我们渡过难关、笑迎未来的关键。

【诵文】

首联语调低沉，语速稍慢，展现出愤懑不平的心境。诗人的情感愤懑、哀怨，表达了内心的不平以及对被贬经历的不满；颔联语调感慨，语速稍慢，体现出对旧友的怀念和对时光变迁的惆怅。颔联运用典故，表达了对故去友人的怀念，感慨岁月流逝、人事变迁；颈联读得缓慢且有力，强调豁达，诗人以"沉舟""病树"自比，却展现出一种豁达乐观的精神。尾联节奏稍缓，突出振奋。"暂凭杯酒长精神"读得缓慢且坚定，表达出要振作精神、重新面对生活的决心。

全诗以舒缓的节奏表达愤懑、豁达、振奋等情感，体现诗人在困境中不屈不挠、乐观向上的人生态度以及对世事变迁的感慨。诵读时，从低沉的愤懑到感慨的惆怅，再到昂扬的豁达和坚定的振奋。语速全程稍慢，读出对旧友的怀念和对时光流逝的喟叹，而后表达重新振作的决心，体会诗人在困境中积极向上的精神。

79　行路难·其一①

李白

金樽②清酒斗十千③，玉盘珍羞④直⑤万钱。
停杯投箸⑥不能食，拔剑四顾心茫然。
欲渡黄河冰塞川，将登太行雪满山。
闲来垂钓碧溪上，忽复乘舟梦日边。
行路难，行路难，多歧路，今安在？
长风破浪会有时，直挂云帆⑦济沧海。

行路难·
其一

【解字】

①选自《李白集校注》（上海古籍出版社 2018 年版）。行路难：乐府旧题。
②金樽：古代盛酒的器具，以金为饰。樽，读 zūn。
③斗十千：一斗值十千钱（即万钱），形容酒美价高。
④珍羞：珍贵的菜肴。羞：同"馐"，美味的食物。
⑤直：通"值"，价值。
⑥投箸：丢下筷子。箸，筷子，读 zhù。
⑦云帆：高高的船帆。船在海里航行，因天水相连，船帆好像出没在云雾之中。

【说文】

　　金杯中美酒一斗价十千，玉盘里菜肴珍贵值万钱。心中郁闷，我放下杯筷不愿进餐；拔出宝剑环顾四周，心里一片茫然。想渡黄河，冰雪又冻封了河川；准备登太行山，莽莽风雪却早已封山。想学姜太公坐溪上垂钓闲待东山再起，忽然又像伊尹做梦，乘船经过太阳的旁边。人生道路多么艰难，多么艰难；岔路纷杂，如今又身在何处？相信乘风破浪的时机总会到来，到时定要扬起征帆，横渡沧海！

【通文】

　　乐府诗多以抒发人生境遇、离愁别绪或反映社会现实为主题，借题寄情，意蕴深远。李白的《行路难》便是此类题材的代表之作，整组诗共三首，以仕途坎坷、理想受挫为主线，抒发了诗人对命运的抗争与不屈的追求。诗中情感起伏激荡，气势恢宏，既有对困境的感慨，更饱含奋发向上的豪情，展现了李白不改初心、矢志前行的精神风貌，成为千古传诵的经典之作。

【达理】

李白的《行路难》是一首充满豪情与不屈精神的诗作，描绘了诗人从迷茫挣扎到豁然开朗的情感历程，正契合当下青年创新创业的心路旅程。诗中"金樽清酒斗十千"展现了曾经的荣耀与理想，如同年轻人在创业初期怀抱激情、充满希望。然而，现实往往充满挑战，创业路上布满坎坷。李白没有止步于苦闷与困境，而是以"忽复乘舟梦日边"的洒脱意象，传递出一种超然心境与坚定信念。这恰是青年创业者最需要的精神支撑：在困境中保持定力，于低谷中寻找方向。正如"行路难，行路难，多歧路，今安在？"所深刻反映的，正是创业路上不断面临选择、反复试探的现实困境。全诗最振奋人心的是"长风破浪会有时，直挂云帆济沧海"，这既是李白对理想的执着宣言，也为当代青年指明了前行方向：不惧艰难，坚持梦想，终将迎来属于自己的破浪时刻。这种精神正是当下社会所需要的创新与奋斗的力量源泉。

在风起云涌的时代浪潮中，每一位创业者都能从这首诗中汲取勇气与希望，于荆棘中开辟通途，于平凡中书写非凡。

【诵文】

诗人通过描绘宴会的奢华场景，衬托出内心的苦闷与茫然，奢华非但未带来欢愉，反而更显压抑。接着诗人运用比兴手法，象征人生道路上的艰难险阻，表达出前路难行的无奈与困境，同时通过典故传达了即使困境重重，依然抱有一丝希望的情感，情感复杂而微妙。结尾反复咏叹，强化了内心的彷徨和迷茫，但最终情绪振作，展现出坚定信念和乐观精神，体现了诗人在困境中的愤懑、茫然与执着追求理想的复杂情感。

整体诵读时，从开篇的郁闷压抑到忧虑与期待交织，再到结尾从彷徨迷茫转为激昂坚定。要真切感受诗人在困境中既愤懑、茫然，又始终充满希望、执着追求理想的内心世界，注意情感转折，将李白遭遇艰难时的复杂情感抒发出来。

80　永遇乐·落日熔金①

李清照②

落日熔金③，暮云合璧④，人在何处。染柳烟浓，吹梅笛怨⑤，春意知几许。元宵佳节，融和天气，次第⑥岂无风雨。来相召、香车宝马，谢他酒朋诗侣。

中州⑦盛日，闺门多暇，记得偏重三五⑧。铺翠冠儿⑨，撚金雪柳⑩，簇带⑪

永遇乐·落日熔金

争济楚⑫。如今憔悴，风鬟霜鬓，怕见夜间出去。不如向、帘儿底下，听人笑语。

【解字】

①选自《李清照集校注》（中华书局2020年版）。

②李清照（1084—约1155年）：齐州章丘（今山东章丘）人，号易安居士。宋代著名女词人，词的风格以委婉为主，也有豪放之作，词作有很高的艺术成就。

③熔金：熔化的金子。

④合璧：像璧玉一样，且连成一片。

⑤吹梅笛怨：梅，指乐曲《梅花落》，用笛子吹奏词曲，其声哀怨。

⑥次第：这里是转眼的意思。

⑦中州：即中土、中原，这里指北宋的都城汴京，今河南开封。

⑧三五：十五日，此处指元宵节。

⑨铺翠冠儿：以翠羽装饰的帽子，为北宋元宵节妇女时髦的妆饰品。

⑩撚金雪柳：用金线捻成、素绢和银纸做成的头饰。撚，读niǎn。

⑪簇带：簇，聚集之意。带即戴，加在头上谓之戴。

⑫济楚：形容容貌、服饰等整齐、漂亮。簇带、济楚均为宋时方言。

【说文】

　　落日的余晖像熔化了的金子，傍晚的云彩像围合着的明月，如今这一个劫后余生的人究竟是在什么地方呢？渲染柳色的烟雾渐渐地浓郁，笛子还吹奏着《梅花落》那哀怨的曲调，究竟谁能知道还有多少春意？正当元宵佳节日暖风和天气，转眼间难道不会骤降风雨？有人来邀请我参加这般宴会，还驾起宝马香车来接，却被我谢绝。

　　难以忘怀在汴京繁盛的那段日子，闺门中的妇女多有闲暇游戏。我记得特别偏爱正月十五那天，头上戴着插着有鸟羽毛的帽子，还有用美丽的金线撚成的雪柳，打扮得整整齐齐、漂漂亮亮的。到如今，形象容貌十分憔悴，像被风吹过一样蓬乱的斑白两鬓也无心梳整，也懒得夜间出去看灯了。倒不如偷偷地守在帘儿底下，听听外面别人家的欢声笑语。

【通文】

李清照在靖康之变后南渡，晚景凄凉，此词作于流寓临安时，借春愁抒发了深沉的今昔盛衰感和身世飘零之悲。上阕写元宵节的温暖气候和友人邀约，但词人却因身处漂泊境地无法赴约，反映出其心境的孤寂与沧桑。下阕则通过回忆昔日中州元宵的热闹场景，表达了如今的憔悴与失落。结尾处写到他人欢笑融乐，而自己孤独一人，情感愈加悲凉，展现出词人对过往的深切怀念和对现状的无奈。这首词通过词人个人的感受映射出国家破碎、民众困苦的普遍情感，令人动容。

昔盛而今衰、物是而人非，是贯穿全篇的意脉。李清照选择了两个不同时空的意象，两相对衬，既着力突出了自甘孤寂的女主人公形象，同时借这种盛衰哀乐的对比深化了主题。全词语言似信手拈来，平淡家常几近口语，真正做到了"以寻常语度入音律"，浅易中更显深情，通俗而不伤雅致，可谓语似平淡而实沉痛已极。南宋著名词人刘辰翁每诵此词，必"为之涕下"，由此可见词人在词作锤炼上的深厚功夫。

【达理】

《永遇乐·落日熔金》写的是元宵节，却少了喧闹喜庆，多了一层淡淡的落寞与深情。上片描绘的是往昔节日盛景：落日如金，暮云如玉，天光云影交融，春意随着笛声悄然弥漫。那时的她正值青春，灯火通明中，是最惹人注目的倩影。接着词意一转，光阴不再，年华已逝。热闹依旧，但她只独坐帘下，听着街头的欢声笑语，回望过去的节景人事，不禁怅然。这不仅是节日的落差，更是对时光流转的体悟。这份节日里的"退场感"，放到今天依然能引起共鸣。如今各地文旅活动兴盛，"灯会经济"成为文化新热潮。但在烟火之外，也别忘了那些独处的身影和安静的情绪。正如作者所写，那份"帘儿底下"的守望，虽不喧哗，却也动人。节日的意义不只是热闹，更藏着人们对时光、记忆和情感的默默回应。

节日不只是烟火和人潮，也有帘下的守望与静听。正因为节日承载着不同的人生状态，它才如此真实、深情，且始终动人。

【诵文】

开篇通过落日景象引发对往昔的怀念与漂泊的迷茫，元宵佳节中的柳色愁意和笛声幽怨暗含忧虑。词人婉拒友人邀约，尽显孤独落寞。诵读时，开篇语调高昂舒缓，突出景美，重音落在"熔金""合璧"上。"人在何处"语调低沉，突出迷茫与惆怅。接着语调轻缓带哀愁，重读"怨""几许"，展现忧虑。"元宵佳节，融和天气"正常叙述，"次第岂无风雨"语调稍沉，重读"岂无"表忧虑。"来相召"后稍停，"谢他"语调低沉、慢速，显落寞。下片回忆汴京的繁华，再到今日容颜憔悴、孤寂不堪，末尾回到现实，语调低沉，重读"憔悴""怕见"，表现无奈与孤独。上片景中含情，下片今昔对比，展现词人对故国的怀念与晚年孤独的感伤。

　　整体诵读时，要表现出词人的憔悴、无奈和内心的悲苦，重点字词稍作停顿，以增强节奏感与表现力。此词言语含蓄，但情真意切，极具艺术感染力。

81 将进酒①

李白

君不见②黄河之水天上来，奔流到海不复回。
君不见高堂明镜悲白发，朝如青丝暮成雪。
人生得意须尽欢，莫使金樽空对月。
天生我材必有用，千金散尽还③复来。
烹羊宰牛且为乐，会须一饮三百杯。
岑夫子，丹丘生，将进酒，杯莫停。
与君歌一曲，请君为我倾耳听。
钟鼓馔玉④不足贵，但愿长醉不愿醒。
古来圣贤皆寂寞，惟有饮者留其名。
陈王昔时宴平乐，斗酒十千恣欢谑⑤。
主人何为言少钱，径须沽⑥取对君酌。
五花马⑦、千金裘⑧，呼儿将出换美酒，与尔同销万古愁。

【解字】

①选自《李白集校注》（上海古籍出版社2018年版）。将：请，读 qiāng。
②君不见：乐府中常用的一种夸语。
③还：读 huán。
④馔玉：形容食物如玉一样精美，享受豪奢。馔，读 zhuàn。
⑤恣：纵情任意，读 zì。谑：戏，读 xuè。
⑥径须：干脆，只管。沽：买，读 gū。
⑦五花马：指名贵的马，一说毛色作五花纹，一说颈上长毛修剪成五瓣。
⑧裘：皮衣，读 qiú。

【说文】

　　你难道没看见这汹涌奔腾的黄河水，好似从天上倾泻而来？它滚滚东去，奔向大海，永远也不会回还。你难道没看见，在高堂上对着明镜，深沉悲叹那一头白发？早晨还是满头青丝，傍晚却变成了白雪。人生得意之时，理应尽享欢乐，切莫让金杯空对着明月。既然老天造就了我这栋梁之材，就一定会有用武之地，即使散尽了千两黄金也会重新得到。烹羊宰牛姑且尽情享乐，今日相逢，我们真要干他三百杯。岑夫子、丹丘生啊，请快喝酒，不要停，我为你们唱一首歌，请你们侧耳为我细细听。这钟鼓乐中的美食生活不值得珍惜，但愿永远沉醉不再清醒。自古以来那些圣贤无不感到寂寞，唯有寄情美酒的人才能留下美名。曹植过去在平乐观大摆酒宴，即使一斗酒价值十千也在所不惜，恣意畅饮。主人啊，你为何说钱已经不够，快快去买酒来让我们喝个够。牵来五花马，取出千金裘，统统用来换美酒，让我们共同来消融这无穷无尽的万古长愁！

【通文】

这是一首劝酒诗，但绝非泛泛的劝人饮酒之作。诗人豪饮高歌，借酒浇愁，抒发了忧愤深广的人生感慨。置酒会友，乃人生快事，又恰值怀才不遇之际，于是乎对酒吟诗，挥洒个淋漓尽致。诗人的情感与文思在这一刻如同狂风暴雨势不可当，又如江河入海一泻千里。时光流逝，如江河入海一去无回；人生苦短，看朝暮间青丝变白雪；生命的渺小似乎是个无法挽救的悲剧，能够解忧的唯有金樽美酒。这便是李白式的悲哀：悲而能壮，哀而不伤，极愤慨而又极豪放。其表是在感叹人生易老，其里则在感叹怀才不遇。理想的破灭是黑暗的社会造成的，诗人无力改变，于是就把冲天的激愤之情化作豪放的行乐之举，发泄不满，排遣忧愁，反抗现实。全篇大起大落，诗情忽翕忽张，由悲转喜、转狂放、转激愤，再转狂放，最后以"万古愁"作结，回应开篇之"悲"，显见诗人奔涌跌宕的感情激流，字字珠玑，一气贯注。《唐诗别裁》谓"读李诗者于雄快之中，得其深远宕逸之神，才是谪仙人面目"，此篇足以当之。

【达理】

李白的《将进酒》通过豪放的饮酒之乐，展现了诗人对人生无常和自由奔放的态度，传递出个人价值的自信与对美好生活的向往，也引发了现代青年对就业压力和人生追求的深刻思考。诗中"天生我材必有用，千金散尽还复来"展现了诗人对自我能力的自信与对未来的坚定信念。在今天竞争激烈的职场环境中，许多年轻人容易陷入焦虑和迷茫，李白的这句话提醒我们要相信自己的独特才华和潜力，无论遇到多少挫折，都不应轻易放弃。尽管面临不确定性，但只要坚持展示自我，便能突破困境，创造属于自己的机会。李白提到"人生得意须尽欢，莫使金樽空对月"，表达了"及时行乐"的人生哲理。现代大学生在面临就业压力时常感到焦虑和不安，而李白提醒我们人生短暂，应珍惜每一个值得庆祝和铭记的时刻。尽管就业是重要的目标，但也应在奋斗中保持内心的自由与快乐，享受生活中的小确辛，平衡工作与生活。诗句"钟鼓馔玉不足贵，但愿长醉不愿醒"暗示了对世俗眼光的超脱与对个人理想的坚持。当前，许多大学生在求职时面临社会期待与自我理想之间的冲突，社会往往以高薪和稳定工作为衡量成功的标准，而年轻人则更渴望追求自己热爱的事业。李白的诗句鼓励大学生勇敢追求理想，不被物质诱惑束缚，坚定信念，尽管过程充满挑战与艰辛，但真心的热爱和坚持会带来自我价值的实现。最后，李白通过"古来圣贤皆寂寞，惟有饮者留其名"揭示了伟大人物的孤独与困顿，但他们的坚持与追求最终为世人所铭记。即便道路艰难，依然要坚持追求自己的理想，最终会因其独特的努力和信念而留下自己的印记。在就业过程中，大学生也会面临许多不被理解或不被看好的时刻，可能在起步阶段会经历孤独、失败与挑战，但只要敢于坚持、勇于追求，就一定能在历史的长河中留下自己的足迹。大学生应当明白，尽管就业市场充满不确定性，但只要坚定自己的选择并为之努力奋斗，最终会迎来属于自己的机遇和成就。

李白的《将进酒》通过豪放的饮酒与及时行乐的哲理，教导我们珍惜当下、坚定自信，勇敢追求理想。在当下的就业环境中，大学生面临着复杂的挑战与压力，我们可以从李白的诗中汲取力量，保持自信、追求真我，面对人生的风雨，怀抱信念，勇往直前，去享受每一段成长的过程。

【诵文】

诗开篇以雄浑壮阔的黄河水景象，描绘出奔腾不息、一泻千里的气势，同时融入对人生苦短、岁月流逝的感叹。"黄河之水天上来""朝如青丝暮成雪"读时语调激昂，突出时光飞逝的急促。接着诗人转变风格，以豪迈洒脱的态度劝人尽情享乐，强调即便财富散尽，凭借才华依然能东山再起，展现出旷达的胸襟。诗人邀请友人共饮，轻视富贵，诵读时宜语调热烈，节奏紧凑，营造出欢乐氛围。结尾情感达到高潮，诗人引用曹植宴乐的故事，表面看似狂放不羁，实则反映出他内心深处的痛苦与对自我实现的渴望。诵读时，节奏紧凑，情感宣泄强烈，揭示了诗人通过豪饮来释放内心愁绪，表达了对时光流逝与人生价值的深刻感受。

纵观全诗，李白的情感如波澜起伏的江水，从最初对时光流逝的感慨，到中间的豪迈自信、宴饮之乐，再到对富贵的不屑、怀才不遇的愤懑，体现了诗人怀才不遇却又渴望用世的复杂情感，直至最后的豪放解脱。诵读时要充分考虑到此诗结构体式上的复杂和多变性，从激昂感慨到豪迈自信，再到热烈欢乐、愤懑忧愁，最后到豪放宣泄。一开篇就用"黄河之水天上来"大开笔势，气势、豪情皆呈饱足之势。两个"君不见"之后都可安排一个停顿和气口，语态由开始的朗然转为悲慨。接下来的四句语态转喜，最后五句是诗人与酒家掌柜的对话，诗情又再度转为狂放，如大江奔涌般一气贯达，至"万古愁"达到气势、音高和音强的顶峰，在最强音处顿收，形成"爆点"。

82　拟行路难·其四①

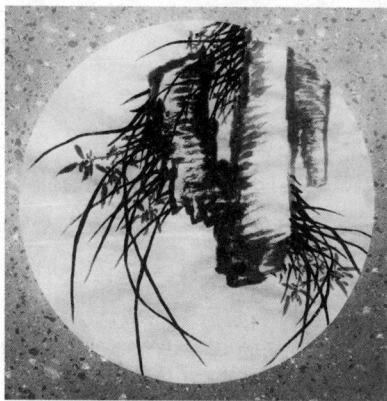

鲍照②

泻水置平地，各自东西南北流③。
人生亦有命，安能行叹复坐愁？
酌酒以自宽，举杯断绝歌《路难》。
心非木石岂无感，吞声踯躅④不敢言。

【解字】

①选自《鲍参军集注》（上海古籍出版社2008年版）。

②鲍照（约414—466年）：东海（今山东郯城北）人，字明远，南朝宋杰出的文学家。

③泻水置平地，各自东西南北流：喻人生贵贱穷达是不一致的。泻，倾、倒。

④踯躅：徘徊不前，读 zhí zhú。

【说文】

往平地上倒水，水会向不同方向流散。人生的际遇是既定的，怎么能行止间叹息、惆怅呢？喝点酒来自我宽慰，因要饮酒而中断了歌唱《行路难》。人心又不是草木，怎么会没有感情？欲说还休，欲行又止，不敢再多说什么。

【通文】

诗人通过"水泻地面"这一自然现象，以比兴手法形象地揭示了门阀制度对人生走向的钳制。水的流向无论东西南北，都由地势决定，正如人的处境受到门第的影响，诗人借此表达了对社会不公的愤慨。接着，诗人转向自我反思，用"人生亦有命"来解释人生的错位，并希望从苦闷中解脱。虽借酒安慰自己，但愁绪更深，连歌声也因郁结的心情而断绝。结尾以"心非木石岂无感"表露心中愤懑，虽然胸中充满痛苦，但因社会黑暗与压抑，诗人只能"吞声踯躅不敢言"，这显示了寒微士人的无奈与痛苦，让人深感不公与无助。诗人通过含蓄的表述，传达出深沉的愁苦与悲愤，达到了艺术的高度。全篇构思迂曲婉转，五言、七言诗句错落有致地相互搭配，韵脚由"流""愁"到"难""言"灵活变换，使得全诗起伏跌宕的气势与格调浑然天成。

【达理】

鲍照的《拟行路难·其四》以其深沉的情感和犀利的笔触表达了他面对困境时的愤懑与无奈。全诗通过对命运的感慨和自我宽慰的描写，展现了作者在追求理想道路上的困惑与痛苦。诗中开篇的"泻水置平地，各自东西南北流"可以看作对人生道路的比喻。每个人的生活轨迹并非直线，而是充满了各种各样的选择和挑战。在这个信息化、全球化迅速发展的时代，大学生面临着无数的职业道路选择，有的与自己的兴趣和专业对口，有的则是迫于现实而做出的妥协。他们常常会因为对未来的迷茫而感到无所适从，就像诗中所描述的泻水四流、各自分道扬镳一般。尽管如此，每个学生的选择依然是独立的，他们的未来轨迹虽然有时不尽相同，但都需要在多重选择面前做出自己的判断。接着，诗人提到"人生亦有命，安能行叹复坐愁？"表达了命运不可改变的悲哀与自我安慰。对于大学生来说，面对激烈的就业竞争和不确定的职业未来，这种情感尤能够引起共鸣。许多大学生在面对自己所学专业与就业市场需求之间的矛盾时，难免会感到焦虑和无奈。或许当下的社会环境无法改变，但可以选择以积极的心态去面对。尽管命运有时似乎难以左右，但依然要寻找自我宽慰的方式，通过自我提升来突破困境，寻找自己的出路。在大学生的职业规划中，压力和焦虑几乎是每个人都无法避免的情绪。当未来不确定、前路茫茫时，偶尔停下脚步、放松心情，不是逃避，而是为了更好地前行。通过调整心态、规划未来，便能从焦虑的泥沼中走出来，理性地思考自己的职业目标，并为之不断努力。

全诗通过对命运、选择和自我调节的表达，为现代大学生在职业规划中提供了思考的镜鉴。在面对未来的不确定性时，我们或许不能改变外部条件，但通过调整心态、积极探索，依然可以找到属于自己的职业发展道路。

【诵文】

开篇以自然现象起兴，诗人看似豁达地劝人安于命运，不要总是悲叹忧愁，可实际上话语背后藏着的是对命运不公的无奈与愤懑，这种豁达的言语只是压抑情感的伪装，诵读时节奏适中，语调平稳，以引出内心愤懑的情感。诗中还生动描绘出诗人借酒消愁的场景，他本想借歌声排解心中的郁闷，然而愁绪太过深重，让歌声都中断了，愁苦与无奈尽显，借酒和歌声都难以驱散这浓浓的愁绪。"酌酒"部分语调低沉，重读关键动作词，突出"断绝"一词，此处可稍作停顿。这部分节奏稍缓，语调低沉，突出愁苦无奈。结尾诗人直抒胸臆，人心并非无情，怎能没有感慨？只是在现实的重压下，只能忍气吞声、徘徊不前，心中的痛苦难以言说。这是强烈情感压抑后的爆发，却又被现实无情压制，无奈至极。诵读时节奏可稍快，"岂无感"语调上扬，突出激昂，"吞声踯躅不敢言"语速缓、声音低，强调悲愤无奈。

　　整首诗将诗人对不公平命运的悲愤，在现实压迫下的无奈与隐忍展现得淋漓尽致。诵读时，平稳起调，情感暗藏愤懑；中间部分低沉表达，尽显愁苦；最后激昂收尾，爆发悲愤。读时注意传达出悲愤爆发后的无奈隐忍，以此展现诗歌的情感内涵。

自适恬淡　逸兴喜乐

83　兰亭集序①

兰亭集序

王羲之②

　　永和③九年，岁在癸丑，暮春之初，会于会稽山阴④之兰亭，修禊⑤事也。群贤毕至，少长⑥咸⑦集。此地有崇山峻岭，茂林修竹⑧；又有清流激湍，映带左右，引以为流觞曲水⑨，列坐其次。虽无丝竹管弦之盛，一觞一咏，亦足以畅叙幽情。

　　是日也，天朗气清，惠风和畅。仰观宇宙之大，俯察品类之盛，所以游目骋怀，足以极视听之娱，信可乐也。

　　夫人之相与，俯仰一世⑩，或取诸怀抱，悟言⑪一室之内；或因寄所托，放浪形骸之外。虽趣舍万殊⑫，静躁不同，当其欣于所遇，暂得于己，快然自足，不知老之将至。及其所之既倦，情随事迁，感慨系之矣。向之所欣，俯仰之间，已为陈迹，犹不能不以之兴怀。况修短随化，终期于尽。古人云："死生亦大矣。"岂不痛哉！

　　每览昔人兴感之由，若合一契，未尝不临文嗟悼⑬，不能喻之于怀。固知一死生为虚诞，齐彭殇为妄作。后之视今，亦犹今之视昔，悲夫！故列叙时人⑭，录其所述，虽世殊事异，所以兴怀，其致一也。后之览者，亦将有感于斯文⑮。

【解字】

①选自《兰亭序集联》（中华书局 2013 年版）。

②王羲之（303—361 年）：字逸少，魏晋时期琅琊临沂（今山东临沂）人，世称王右军，东晋时期著名的书法家、文学家，被誉为"书圣"。

③永和：东晋皇帝司马聃（晋穆帝）的年号，从公元 345—356 年共 12 年。永和九年农历三月初三上巳节，王羲之与谢安，孙绰等 41 人，举行禊礼，饮酒赋诗，事后将作品结为一集，由王羲之写了这篇序总述其事。

④会稽山阴：今浙江绍兴越城区。会稽，读 kuài jī。

⑤修禊：禊礼古人的一种游春活动，于阴历三月上旬的巳日（魏以后定为三月三日），人们群聚于水滨嬉戏洗濯，以祓除不祥和求福。禊，读 xì。

⑥少长：王羲之的儿子王凝之、王徽之是少；谢安、王羲之等是长。长，读 zhǎng。

⑦咸：都。

⑧修竹：高高的竹子。修，高高的样子。

⑨流觞（shāng）曲（qū）水：用漆制的酒杯盛酒，放入弯曲的水道中任其漂流，杯停在某人面前，某人就引杯饮酒。这是古人一种劝酒取乐的方式。流，使动用法。曲水，引水环曲为渠，以流酒杯。

⑩夫，句首发语词，不译。相与，相处、相交往。俯仰，表示时间的短暂。

⑪悟言：面对面的交谈。悟，通"晤"，指心领神会的妙悟之言，读 wù。

⑫趣（qǔ）舍万殊：趣舍，即取舍，爱好。趣，同"取"。万殊，千差万别。

⑬临文嗟悼：读古人文章时叹息哀伤。临，面对。嗟，读 jiē。悼，读 dào。

⑭列叙时人：一个一个记下当时与会的人。

⑮斯文：这次集会的诗文。

【说文】

永和九年，时在癸丑之年，三月上旬，我们会集在会稽郡山阴城的兰亭，为了做禊礼这件事。诸多贤士能人都汇聚到这里，年长、年少者都聚集在这里。兰亭这个地方有高峻的山峰，茂盛高密的树林和竹丛；又有清澈激荡的水流，在亭子的左右辉映环绕，我们把水引来作为漂传酒杯的环形渠水，众人排列坐在曲水旁边，虽然没有管弦齐奏的盛况，但喝着酒作着诗，也足够畅快表达幽深内藏的感情了。

这一天，天气晴朗，和风习习，抬头纵观广阔的天空，俯身观察大地上繁多的万物，借此舒展眼力，开阔胸怀，足以极尽视听的欢娱，实在很快乐。

人与人相互交往，很快便度过一生。有的人在室内畅谈自己的胸怀抱负；有的人就着自己所爱好的事物，寄托自己的情怀，不受约束，放纵无羁地生活。虽然各有各的爱好，安静与躁动各不相同，但当他们对所接触的事物感到高兴时，一时便自得其乐，感到满足，竟然不知道衰老将要到来。等到对于自己所喜爱的事物感到厌倦，心情随着当前的境况而变化，感慨也随之产生了。过去所喜欢的东西，转瞬间，已经成为旧迹，尚且不能不因为它而引发心中的感触，况且寿命长短，听凭造化，最后归结于消灭。古人说："死生毕竟是件大事啊。"怎么能不让人悲痛呢？

每当我看到前人兴怀感慨的原因，与我所感叹的好像符契一样相合，没有不面对着他们的文章而嗟叹感伤的，可在心里又不能清楚地说明。本来知道把生死等同的说法是不真实的，把长寿和短命等同起来的说法是妄造的。后人看待今人，也就像今人看待前人。可悲呀！所以一个一个记下当时与会的人，录下他们所作的诗篇。纵使时代变了，事情不同了，但触发人们情怀的原因，他们的思想情趣是一样的。后世的读者，也将对这次集会的诗文有所感慨。

【通文】

公元 353 年，东晋大书法家王羲之在兰亭修禊聚会上仰望苍穹，挥笔写下《兰亭集序》，此文成为后人争相临摹、记诵的千古名篇。而在 1600 多年后的 2022 年 10 月 12 日，当国际空间站从距离地球表面 420 千米的高空，以约每小时 28000 千米的速度飞越北京上空时，欧洲航天局意大利女宇航员萨曼莎·克里斯托福雷蒂借千年之前的名句，骋目抒怀、豪情生发，表达她俯瞰寰宇时飞扬的心绪。

克里斯托福雷蒂在社交媒体上发布了中国人耳熟能详的古文"仰观宇宙之大，俯察品类之盛，所以游目骋怀，足以极视听之娱，信可乐也"，并附上了英语和意大利语译文，以及拍摄自空间站的渤海湾和北京市照片。这不仅是对中国文化的认同与赞赏，更是中国文化在全球化背景下走向国际舞台的重要体现。王羲之墨尽四海，笔穿时空，表达了对宇宙和人生的深刻洞察，体现了中国古人天人合一、和谐共生的哲学思想。意大利航天员通过这段话表达她在浩瀚太空中对宇宙的深切感受和对人类探索精神的赞美，这种跨文化的共鸣不仅是对中国文化的欣赏，也体现了中国文化自信与传播力的不断提升。随着"一带一路"倡议的推进和中国文化对外交流的日益频繁，越来越多的中国文化元素被纳入全球的公共文化空间中，中国的历史智慧、哲学思想和文化精神正在为全球文化多样性做出独特贡献。意大利航天员引用《兰亭集序》反映了中国文化在全球话语体系中的潜在力量。文化话语权作为国家软实力的重要组成部分，标志着中国文化在全球化时代背景下的日益强大。当中国文化的核心价值和思想能够被世界其他国家的人士所理解、认同并传播时，便实现了文化的"软实力"转化，这不仅有助于塑造中国文化的全球影响力，也有助于增进各国民众之间的相互尊重与合作。

【达理】

王羲之的经典之作《兰亭集序》是中国古代文学的瑰宝，其书法艺术也具有极高的价值。《兰亭集序》展现了优美的自然景观和细腻的情感表达，也深刻地反映了人生的无常与时间的流逝，探讨了人与人之间的关系和自我心境的变化。

书法不仅是书写文字的工具，更是表达情感与思想的艺术形式，已被列入联合国教科文组织的非物质文化遗产名录。《兰亭集序》被誉为"天下第一行书"，是王羲之书法艺术的巅峰之作，其书法美学与文化价值至今深深影响着世人。在这篇作品中，王羲之通过行书与文学内容的完美融合，运用流畅的笔势和优美的结构，传达了内心的情感波动与思绪起伏，其笔触随心而动，气韵生动，展现了他高远的气度与洒脱的人生态度。王羲之的行书打破了篆隶的束缚，创造了既流畅又具美感的书法风格，形成了一种介于楷书与草书之间的艺术形式，笔势如行云流水，结构严谨，极具韵律感。书法作为中华文化的瑰宝，承载着丰富的历史信息和深厚的文化底蕴。2009 年，中国书法艺术被联合国教科文组织列入世界"人类非物质文化遗产代表作名录"，这激励着我们继续肩负起保护、传承和发展书法艺术的重任。书法以其独特的艺术魅力和文化内涵，成为中国文化的"名片"，是推动中国文化走向世界的重要载体。在全球化的背景下，书法不仅仅是技艺的传承，更是文化自信的体现，是讲好中国故事的重要方式。

　　王羲之的《兰亭集序》不仅是一篇脍炙人口的书法作品，也包含了丰富的文化意蕴，尤其是"曲水流觞"这一场景，更是勾画了一幅文人雅集的图景。曲水流觞是指在曲折的水流旁放置酒杯，流水绕过群贤，酒杯随水而漂，大家借酒助兴、互相赋诗，表现了古人对自然、和谐、仪式感的独特理解。"曲水流觞"展示了人们在自然环境中的悠闲与放松，这种天然的美景与人文的活动交织，营造出一种悠闲自在的和谐美，给人一种无拘无束、"逸兴"的精神境界和脱俗的感受，帮助我们在纷扰的世界中找到内心的平衡与宁静。在"曲水流觞"的场景中，漆器酒杯作为器物的载体，其制作过程复杂，材质和工艺都需要工匠精心雕琢，兼具了古代工艺品的精致感与实用性，承载着古人雅致的生活方式。如何将传统的漆器工艺与当代的设计理念相结合，形成具有现代感和文化底蕴的产品，是一项极具挑战的任务。产品设计专业可以通过对传统漆器的研究与创新，探索如何使传统工艺适应现代生活的需求。通过应用创新的形态设计和功能性改良、可再生的环保材料以及低污染的制作工艺，减轻环境的负担，并通过智能化手段与用户互动，营造一种诗意的生活氛围，使其既保留传统的韵味，又符合当代环保理念，兼具现代实用性与审美价值，使传统与现代在设计中得以和谐共生。

　　《兰亭集序》是书法与文学完美结合的典范，展示了书法艺术的极致之美，并传达了深刻的人生哲理与思考。无论是艺术技法，还是文学表达与哲理反思，都为我们提供了宝贵的精神财富。王羲之通过对大自然的描写与自我心境的反思，传达了生命的脆弱与短暂，提醒我们放慢脚步，追求心灵的宁静与自足，珍惜眼前的一切，活在当下，感受生活中的每一份美好。

【诵文】

　　《兰亭集序》是一篇序文，并非词，没有严格意义上的上下阕之分。开篇叙述集会部分，情感欢快、愉悦，充满对聚会的欣喜。作者先点明集会的时间、地点、事由以及与会人员，描绘了兰亭周围优美的自然环境，展现文人雅士聚会的惬意场景，体现出作者对自然美景的欣赏与陶醉，以及聚会时的欢乐心情。中间部分感慨人生，情感深沉、哀伤，由乐转悲。作者感慨人生短暂、世事无常，人们对事物的喜好转瞬即逝，生命终有尽头，表达出对生死问题的深刻思考和感慨。作者记录下此次集会众人的诗作，希望后人也能从这篇文章中引发对人生的感悟。全文体现了王羲之对人生的热爱，对自然的欣赏，以及对生命短暂和宇宙永恒的感慨。

整体诵读时，要依据情感变化调整声音。用轻快的语调开启，展现聚会的欢乐；以低沉的声音表达对人生的感慨；最后用平和的语气收尾。通过声音的高低、强弱、缓急，传达出对后人能领悟文章内涵的期待。

84 陋室铭①

刘禹锡

陋室铭

山不在高，有仙则名。水不在深，有龙则灵。斯②是陋室，惟吾德馨③。苔痕上阶绿，草色入帘青。谈笑有鸿儒④，往来无白丁⑤。可以调素琴⑥，阅金经。无丝竹⑦之乱耳，无案牍⑧之劳形。南阳诸葛庐，西蜀子云亭。孔子云：何陋之有？

【解字】

①选自《刘禹锡集笺证》（上海古籍出版社 2023 年版）。陋室：简陋的屋子。铭：古代刻在器物上用来警戒自己或称述功德的文字叫"铭"，后成为一种文体。

②斯：指示代词，此，这。

③惟：只。吾：我，读 wú。馨：散布很远的香气，这里指德行美好。

④鸿儒：大儒，这里指博学的人。鸿：同"洪"，大。儒：旧指读书人。

⑤白丁：平民。这里指没有什么学问的人。

⑥调素琴：弹奏不加装饰的琴。调：指弹琴，读 tiáo。素琴：不加装饰的琴。

⑦丝竹：琴瑟、箫管等乐器的总称，"丝"指弦乐器，"竹"指管乐器。

⑧案牍：（官府的）公文，文书。牍，读 dú。

【说文】

山不在于高，有了神仙就会有名气。水不在于深，有了龙就会有灵气。这是简陋的房子，只是我品德好就感觉不到简陋。苔痕碧绿，长到台上，草色青葱，映入帘里。到这里谈笑的都是博学之人，来往的没有知识浅薄之人。可以弹奏不加装饰的琴，阅读佛经。没有弦管奏乐的声音扰乱耳朵，没有官府的公文使身体劳累。南阳有诸葛亮的草庐，西蜀有扬子云著书时居住过的草玄亭。孔子说：这有什么简陋的呢？

【通文】

　　《陋室铭》流传千古，位于安徽和县的陋室亦因之而名扬天下。刘禹锡以简洁朴实的语言，表达了对物质环境与精神境界之间关系的深刻思考，强调了"德馨"，即内在修养与精神气质的高尚，远远超过了外在的奢华与华丽。开篇以山水起兴，水不在深，若有仙龙即可出名，因此居所虽然简陋，却因主人有"德"而"馨"，传达了环境的价值不在于其外表的显赫，而在于内在气质与精神内涵这一哲理。接着，通过具体的景象与往来的人物，表现了高洁的品格和有趣的文化氛围，强调了精神交流和文化修养的重要性。通过这些描写，刘禹锡告诫人们，真正值得追求的不是浮华的物质，而是高尚的精神境界。"无丝竹之乱耳，无案牍之劳形"进一步突出这种超然的境界，即远离尘世的烦扰与压力，追求一种宁静、纯粹的生活方式。最后通过引用历史人物的事例，如"南阳诸葛庐"和"西蜀子云亭"，强调伟大的思想家和智者并不拘泥于环境是否豪华，而是凭借内心的力量与智慧创造了永恒的价值。这一切都在最后通过"孔子云：何陋之有？"得到升华，表明内在的品德和文化价值才是评价一个人、一个地方真正的标准。《陋室铭》通过对环境与精神的对比，提醒人们不要迷失在外物的追求中，而应注重内在修养与精神的充实。全篇表达了高洁傲岸的节操，上下古今，浑然一体，包含着无限的情兴和深长的韵味，流露出安贫乐道的隐逸情趣，读来铿锵有力又自然流畅。

【达理】

　　刘禹锡的《陋室铭》通过简洁却充满哲理的语言，阐述了个人内在修养和精神追求的重要性。全篇虽然描写的是一个简单、朴素的环境，但通过与"有仙"和"有龙"相对比，传达了一个深刻的理念：外在的物质环境和形态并非决定一个人价值和精神追求的唯一标准。在这座陋室里，真正的价值源于个人的品德和精神修养，而不是四周的奢华与华丽。现代社会中，人们容易受到外在物质环境的影响，认为物质的富裕和外在的成功代表着个人的价值。然而《陋室铭》提醒我们，内在修养、人格的高尚以及精神追求，才是决定成功与否的真正关键。外在的环境并不是决定我们内心状态和人生价值的核心因素，重要的是我们如何在这些环境中保持内心的安宁与清明，如何在纷繁复杂的浮躁世俗中，坚守自己的精神追求。虽身处简朴的环境却能结交高雅的朋友、与智者共谈，这种文化积淀与修养远远超过了外在的财富和地位。在职场中若能够保持谦逊、提升自身的知识与文化修养，就能够吸引志同道合的伙伴，形成一种良性的互动与合作。只有内心拥有深厚文化修养的人才能越过浮躁，真正实现自己的理想和目标。现代社会充满了信息轰炸、职场压力以及各种外部干扰，很多人被这些纷扰所困扰，逐渐失去了自己的节奏和理想。而刘禹锡提倡的正是回归本心，追求内在的和谐与宁静。当我们在追求事业成就的过程中，能够不被外界喧嚣所左右，专注于自己的内心追求，才能始终保持清醒，实现真正的自我超越。

　　《陋室铭》不仅仅是对简陋环境的赞美，更是对内在修养与精神追求的礼赞。正如刘禹锡所言，内在的修养与德行才是真正的"馨香"，能够超越任何外部环境和物质的束缚。只要我们保持清明的心境、不断提升文化修养、追求精神的独立和超脱，就能在复杂纷扰的世界中寻得真正的宁静与澄明，活出最真实的自己。

【诵文】

《陋室铭》是一篇铭文，并非词，故没有上阕和下阕之分。文章开篇以"山不在高，有仙则名。水不在深，有龙则灵"起兴，引出"斯是陋室，惟吾德馨"的主旨，强调陋室不陋，只因主人品德高尚。接着写陋室的环境和交往的人物，主要从"可以调素琴，阅金经。无丝竹之乱耳，无案牍之劳形"四个方面，具体描绘陋室生活，展现出一种高雅、闲适的生活情趣。最后以"南阳诸葛庐，西蜀子云亭"类比，并用孔子的"何陋之有"作结，再次强调陋室不陋，体现了作者安贫乐道、不慕名利的高尚情操和对精神世界的追求。

整体诵读时，声音要随情感变化而调整。平稳开篇，展现自信；舒缓表达，体现悠然；坚定收尾，突出自豪。通过声音的高低、强弱、缓慢，充分表达出对作者生活态度和品德的坚定认同与自豪。

85 浣溪沙·游蕲水清泉寺①

苏轼

浣溪沙·游蕲水
清泉寺

游蕲水清泉寺，寺临兰溪，溪水西流。
山下兰芽短浸溪②，松间沙路净无泥，萧萧暮雨子规③啼。
谁道人生无再少④？门前流水尚能西！休将⑤白发唱黄鸡。

【解字】

①选自《苏东坡诗词》（中华书局2021年版）。浣溪沙：词牌名。蕲水：今湖北浠水县。蕲，读qí。

②短浸溪：指初生的兰芽泡在溪水中。浸，读jìn。

③子规：杜鹃的别名。它总是朝着北方鸣叫，六、七月鸣叫声更甚，昼夜不止，发出的声音极其哀切，犹如盼子回归，所以叫杜鹃啼归，这种鸟也叫子规。

④无再少：不能再回到少年时代。少，读shào。

⑤休将：还能。

【说文】

在蕲水的清泉寺游历，清泉寺面对着兰溪，溪水向西流淌。山脚下兰草新抽的幼芽浸润在溪水中，松林间的沙路被雨水冲洗得一尘不染，傍晚时分，细雨萧萧，杜鹃声声。谁说人老就不可再年少？门前的流水还能执着地奔向西边，不必烦恼叹白发，悲叹时光飞逝。

【通文】

　　这是一首触景生情、蕴含人生哲理的词，通过描写雨中的南方初春，表达词人虽处困境却老当益壮、自强不息的精神，洋溢着词人热爱生活、乐观旷达的人生态度。上阕以淡疏的笔墨写三月兰溪幽雅的风光和环境，景色自然明丽，雅淡清美；下阕既以形象的语言抒情，又在即景取喻中融入哲理，启人心智，令人振奋。全词即景抒慨，写景纯用白描，细致淡雅；抒慨昂扬振拔，富有哲理。

　　上阕写暮春时节游清泉寺所见之幽雅景致。杜鹃啼声凄婉，本易引发羁旅之愁，但此时漫步溪边，词人却浑然忘却尘世的喧嚣和官场的污秽，心情是愉悦的。上阕写实景，唤起了词人对大自然的喜爱以及对人生的回味，由此引出了下阕对人生的哲思。下阕就眼前"溪水西流"之景生发感慨和议论，以富有情韵的语言，抒写有关人生的哲理。词人面对眼前西流的兰溪水产生奇妙的遐想："人生长恨水长东"，光阴犹如昼夜不停的流水，自西向东匆匆奔逝，一去不可复返，青春对于人生来说只有一次，这是不可抗拒的自然规律。既然溪水可以西流，人为什么不可以重新拥有青春年华呢？因此从某种意义上讲，人未始不可以老当益壮。自强不息的精神，往往能焕发生命的光彩。词人认为即使到了暮年也不应有那种"黄鸡催晓"、朱颜已失的衰颓心态，由此发出令人振奋的词句："谁道人生无再少？门前流水尚能西！"这是不服衰老的宣言，是对生活、对未来的向往和追求，是对青春活力的召唤。能在贬谪期间一反感伤迟暮的低沉之调，唱出如此催人自强的歌曲，体现出词人热爱生活、旷达乐观的精神状态。

【达理】

　　这首词通过对山水景色的描写，传递了人生的无常与岁月的流逝。词人以清泉寺旁的流水为象征，提醒人们珍惜时光、积极进取，表达了面对生命流转时应保持乐观向上的精神。"龙马精神"这一成语本意指传说中龙马生气勃勃，其游水特点是自东向西逆流而上，后来用以形容充满活力、精神焕发、具有不屈不挠意志力的人，象征着奋斗与拼搏的力量。词中提到"门前流水尚能西"这种水流逆行的景象，反映了生命不止、奋斗不息的精神——即使岁月流逝，挑战不断，但生命力仍存，且有着不屈服于命运、奋勇逆流而上的气势，这与"龙马精神"相契合。龙马象征着顽强的力量与冲破艰难的精神，它能够逆流而上，不畏艰难险阻，展现了坚韧不拔、积极向上的精神特质。

　　这种精神的传承在当下社会具有重要意义。近年来，全球正面临着多重挑战，包括气候变化、经济环境不确定性等困境。在这样的大背景下，正是这种"龙马精神"激励着我们勇敢面对挑战，寻找解决问题的办法。此外，在人工智能、可持续发展等领域，我们同样能看到"龙马精神"的闪光点。无论是国家在推动绿色低碳经济方面的努力，还是科技公司在技术创新上的突破，都表现出了面对未来不确定性时的决心与坚持。正如"门前流水尚能西"的意境所传达的那样，面对时代的急流，我们依然可以用坚韧不拔的意志力，逆流而上，走出一条属于自己的发展之路。

词中水流逆行的画面与"龙马精神"中奋勇拼搏、不畏困难的象征精神相契合，传递出了中华民族永不言败、奋勇向前的力量，这种精神是我们应对全球挑战、推动社会进步的宝贵财富。无论是个人，还是国家，始终保持着如龙马一般的坚定信念与勇气，才能在复杂多变的世界中立于不败之地。

【诵文】

词人因被贬黄州，孤寂苦楚的心情不是轻易可以摆脱的。因此下阕所表现出来的对青春活力的呼唤，对老而无为的观点的否定便显得尤为可贵。可以说，这种在"命压人头不奈何"的逆境中展现出的乐观奋发精神，是词人受到后世尊崇的重要原因之一，也是此词诵读成功的关键所在。

上阕节奏稍缓，营造出清幽的氛围；下阕节奏稍紧凑，突出词人的情感转变和坚定信念。舒缓的节奏用于表达平和、清幽的情感，紧凑的节奏体现激昂、坚定的情感。整体诵读时，从上阕轻柔的欣赏到下阕激昂坚定的表达，语速由适中到稍快，再到适中，突出词人真挚的情感以及积极乐观的心态。

86 客至①

杜甫

舍南舍北皆春水，但见群鸥日日来。
花径不曾缘客扫，蓬门②今始为君开。
盘飧③市远无兼味，樽酒家贫只旧醅④。
肯⑤与邻翁相对饮，隔篱呼取尽余杯。

【解字】

①选自《唐诗三百首》（中华书局 2016 年版）。客：指崔明府，明府是唐人对县令的尊称。
②蓬门：用蓬草编成的门户，以示房子的简陋。
③飧：饭食，读 sūn。
④旧醅：旧酿之酒。醅，没有过滤的酒，也泛指酒。古人好饮新酒，杜甫以家贫无新酒而感到歉意。
⑤肯：能否允许，这是向客人征询。

【说文】

草堂的南北绿水缭绕、春意荡漾，只见鸥群日日结队飞来。长满花草的庭院小路不曾因为迎客而打扫，只是为了你的到来，我家草门首次打开。离集市太远盘中没有好菜肴，家境贫寒只有隔年的陈酒招待。客人如肯与邻家老翁举杯对饮，那我就隔着篱笆将他唤来吧。

【通文】

《客至》是杜甫在成都草堂所作，描写了诗人迎接客人崔明府的愉悦心情。首联通过描写草堂周围绿水环绕、群鸥飞翔的自然景色，隐含了诗人内心的寂寞，为后文的喜悦做铺垫。颔联将笔触转向庭院，表达出主人对客人到来的欣喜，强调两人深厚的友情。接着，颈联描写了待客的生活场景，诗人用朴实的语言表达了家境贫寒，菜肴简单，酒水仅为陈酿，但这些并未影响主人真诚的款待与热情。最后，诗人以"肯与邻翁相对饮，隔篱呼取尽余杯"作结，邀请邻翁共饮，展现了宴席上更加热烈的氛围。整首诗通过细腻的描写展现了诗人对友人的诚挚情感，体现了朴素的生活与深厚的友情，情感真挚，语言简练，充满人情味。

【达理】

全诗通过朴实自然的笔触，描绘了诗人清贫却充满温情的待客情景，展现了他对友情的珍视与对生活的从容态度。开篇以简洁语言勾勒出一幅临水而居、鸥鸟翔集的宁静画面，营造出安宁幽静的氛围。在喧嚣的当代都市生活中，这样的自然之美与闲适情境显得弥足珍贵。接着描写主人久无访客，居住环境简朴，却为友人特地开门迎接，流露出质朴真诚的人情味。诗人不以贫为耻，也不刻意装饰迎客，而是真心实意地欢迎朋友到来，正是在这样简陋的环境与真诚的情谊中，展现出一种高尚、真实的人格魅力。后四句表现出诗人虽家贫但乐于与人分享的态度，情感自然流畅，尽管没有丰盛的菜肴和美酒，但诗人愿与邻居共享，这种开放、包容、平等的态度，使一场简朴的宴饮充满温情与和谐。这种邻里之间的互助，正如当下"一带一路"倡议中所强调的友好合作与共赢精神：不论物质丰盛与否，真诚相待、互信共处才是建立持久关系的根本。

整首诗情感真挚，画面温馨，展现了人与人之间不计物质、重情重义的理想人际关系，亦为当代社会提供了一种值得回归的情感价值。

【诵文】

这首诗开篇展现出诗人居住环境的清幽，房屋南北皆是春水环绕，每日唯有一群群鸥鸟翩然而至，平和宁静的氛围中透着些许孤寂。因为平日里少有人来访，那长满花草的小路都未曾打扫过，而今日贵客临门，诗人满心喜悦，特意打开了柴扉相迎。因家离集市远，家中又较为贫寒，只能略带歉意地以简单菜肴和陈年浊酒来招待客人。可诗人热情并未因此削减，询问客人是否愿意和邻居老翁一起对饮，隔着篱笆把他喊过来一同喝完剩下的酒，让大家一起惬意融洽地饮酒。

整首诗体现了主人对客人到来的欣喜，更展现出他质朴的生活态度与热情好客的性格。诵读时，从轻柔的宁静到上扬的喜悦，再到略带歉意的表达，最后以热情的欢乐收尾。语速由适中、稍慢到稍快，读出热情好客之感，体会那份真挚而纯粹的情谊。

87 饮酒·其五①

陶渊明②

结庐在人境，而无车马③喧。
问君何能尔？心远地自偏。
采菊东篱下，悠然见南山。
山气日夕佳，飞鸟相与还。
此中有真意，欲辨已忘言④。

【解字】

①选自《陶渊明集笺注》（中华书局 2024 年版）。
②陶渊明（约 365—427 年）：字元亮，名潜，东晋时期浔阳柴桑（今江西九江）人。
③车马：车水马龙，形容繁华、热闹。
④欲辨已忘言：从大自然的启示领会到真意，不可言说，也无须言说。

【说文】

将房屋建造在人来人往的地方，却不会受到世俗交往的喧扰。问我为什么能这样，只要心中所想远离世俗，自然就会觉得所处地方僻静。在东篱之下采摘菊花，悠然间，那远处的南山映入眼帘。傍晚时分南山景致甚佳，雾气在峰间缭绕，飞鸟结伴而还。这里面蕴含着人生的真正意义，想要分辨清楚，却已忘该怎样表达。

【通文】

陶渊明的《饮酒·其五》以平淡自然的语言，描绘了他归隐田园后的宁静生活和内心感悟。首联看似平常，却意蕴深远，表达了诗人不慕名利、以心境清远换得尘外之趣的人生态度。对陶渊明来说，人的生命不应被官场名利束缚，而应与自然和谐共生，回归本真。领联画面悠远动人，诗人闲步篱边，手中采菊，抬眼之间，远山入目，那份悠然自得跃然纸上。颈联则写出傍晚山间的美景，天光云影、飞鸟成群，这既是自然的回响，也是诗人内心的归宿。尾联将全诗的情感与哲理引向深处，诗人不再刻意言说人生之理，只在山水花鸟之间静静体会，在自然中获得心灵的安顿。这份"真意"，既是对田园生活的热爱，也是一种超然物外的哲思。

这首诗语言朴素，却意境高远，是陶渊明淡泊、宁静、归真生活的写照，更是他"以物观物""内心澄澈"心境的真实流露。

【达理】

这首诗不只是一种个人生活的理想，更是一种跨越古今的生态智慧与人生哲思。在中国式现代化进程中，陶渊明的田园理想不仅未被时光湮没，反而以新的方式回归现实。以成都为例，在打造"雪山下的公园城市"过程中，坚持生态优先，推行绿色发展，保护自然山水，使城市与自然和谐共生。如今的城市绿道、公园绿心、森林廊道，仿佛现代版的"东篱"与"南山"，让人们在日常生活中也能感受到诗意栖居的美好。这种依托绿色生态的可持续发展模式，正是"绿水青山就是金山银山"理念的具体体现。无论是陶渊明诗中的"悠然见南山"，还是杜甫笔下的"窗含西岭千秋雪"，都让梦想照进了现实，使得现代人可以在繁忙的都市中享受到大自然的馈赠，找到与自然对话的空间。

【诵文】

《饮酒·其五》是一首五言古诗，诗人表明自己虽身处尘世，却能摆脱世俗的纷扰，关键在于内心的超脱，展现出一种宁静、和谐的自然之美。诗人从自然中领悟到了人生的真谛，却难以用言语表述。全诗体现了陶渊明对田园生活的热爱以及对人生哲理的深刻思考，表达了他远离世俗、淡泊名利的心境。

整体诵读时，声音要随着情感的变化而调整。开篇阐述心境部分，展现平和淡然，舒缓表达，体现悠然惬意；"此中有真意，欲辨已忘言"部分深沉收尾，突出对人生哲理的深刻领悟。通过声音的高低、强弱、缓急变化，充分展现出此诗的意义和作者的情感。

88 终南别业①

王维

中岁颇好②道，晚家南山陲③。
兴来每独往，胜事空自知。
行到水穷处，坐看云起时。
偶然值林叟④，谈笑无还期。

【解字】

①选自《王右丞集笺注》（上海古籍出版社 2010 年版）。

②好（hào）：喜好。

③南山陲：指辋川别墅所在地，意思是终南山脚下。陲，读 chuí。

④叟：老翁。叟，读 sǒu。

【说文】

　　中年以后存有较浓的好道之心，直到晚年才安家于终南山边陲。兴致来了就独自一人前往欣赏美景，这种美好的事只能自得其乐。随意而行，不知不觉间竟走到了流水的尽头，于是索性就地坐下来，看那自由漂游的云雾千变万化。偶然在林间遇见一两个乡村父老，偶与他们谈笑聊天每每忘了还家。

【通文】

　　王维的《终南别业》是一首意境清远、情韵隽永的五言律诗，描绘了一幅清幽淡远的山居图景，是其隐逸诗中的代表作。全诗由静入动，循景而抒情，语言自然、意境悠远。全诗以朴素自然的语言，描绘了诗人归隐终南山后的闲适生活与淡泊心境，勾勒出一位与山水为伴、自得其乐的高士形象。开篇即点明诗人隐居的缘起与地点，平淡语句中透露出决然归隐、远避尘嚣的志趣。接下来写他信步山林、随性而行，虽无人相伴，却在山水静谧中独享妙趣。诗人隐而不孤，乐而不喧，自在之情跃然纸上。"行到水穷处，坐看云起时"两句尤为传神，诗人独行山中，至溪水尽头，路仿佛已到尽处，却不焦不急，反而悠然坐下，看那天边白云缓缓升起。此情此景，动中有静，静中有动，既有对自然万象的欣赏，又透露出一种顺其自然、泰然处世的豁达胸襟。末尾两句将山居生活引向生活化的细节描写，诗人偶遇山中老人，席地谈笑，忘却归期。

人在画中，情在景中，一幅亲切生动的田园生活画卷随之展开，使整首诗更添温度与烟火气。全诗看似平白如话，却意蕴深远。诗人以简练语言和自然意象，写尽隐居生活的闲适与恬淡，将物我两忘、天人合一的审美境界娓娓道来，是"诗中有画，画中有诗"的典范之作，读来余韵悠长。

【达理】

王维的《终南别业》展现了诗人远离尘嚣、亲近自然的生活状态，也寄寓了他对内心安宁与精神自由的追求。全诗由静入动，循景而抒情，语言自然、意境悠远。开篇点出诗人自中年后便倾心隐逸，最终择居终南山下，远离喧嚣的仕途纷争，在大自然中体味生活的宁静之美，有着不为外界繁华所动、独享清趣的洒脱心境。"行到水穷处，坐看云起时"是全诗的点睛之笔，也是神韵之所在。水穷之处往往是人生的困境，但诗人却于此处"坐看云起"，看似闲适，实则体现了一种豁达与从容。这种"以退为进"的态度在当下尤显珍贵。面对技术更迭带来的焦虑与迷茫，现代人亦应如诗人一般，于"水穷"之际保持清醒与耐心，在变化中守住内心的宁静，等待"云起"的那一刻。

整首诗不仅是一幅山水田园图，更是王维内心世界的写照。我们或许应从诗人笔下的山水间获得启示：顺势而动，不忘自我；求新而不躁，守静以致远。在不断追求生产力跃升的同时，也不妨留些时间"坐看云起"，在自然与心灵中寻找真正的安宁与方向。

【诵文】

诗人叙述自己中年后的精神喜好，晚年隐居在终南山边，兴致来了就独自出游，欣赏美好的景色，心中的快意只有自己知道，走到水源尽头，索性坐下看白云升起的情景，表达出他对隐居生活的向往与选择。首联语调平稳，读得缓慢，情感悠然、自得，体现独自出游欣赏美景的惬意，展现出平和淡然的心境。颔联宜读得缓慢且轻快，情感豁达、超脱，展现出悠然自得的心情和对自然、对人生的豁达态度。颈联"行到水穷处，坐看云起时"是千古名句，语调舒缓，语速稍慢，表达出豁达超脱的情感。尾联写偶然遇到山林中的老者，与他谈笑忘记了回家的时间，宜读得缓慢且欢快，突出愉悦闲适的氛围。

整首诗体现了诗人对隐居生活的热爱，以及淡泊名利、豁达超脱的人生态度。诵读时声音要随着情感的变化而调整，从平稳的平和到轻快的悠然，再到舒缓的豁达和欢快的愉悦。语速全程稍慢，通过声音的高低、强弱、缓急变化，充分展现出诗人在终南山隐居生活的惬意与超脱。

89 望江南·超然台作①

苏轼

春未老，风细柳斜斜。试上超然台上看，半壕②春水一城花。烟雨暗千家。

寒食③后，酒醒却咨嗟④。休对故人思故国，且将新火⑤试新茶⑥。诗酒趁年华。

【解字】

①选自《苏东坡诗词》（中华书局2021年版）。望江南：词牌名，又名"忆江南"。超然台：筑在密州（今山东诸城）北城上，登台可眺望全城。

②壕：护城河。

③寒食：节令。旧时清明的前一天为寒食节。

④咨嗟：叹息、慨叹，读 zī jiē。

⑤新火：唐宋习俗，清明前二天起，禁火三日。节后另取榆柳之火称"新火"。

⑥新茶：指清明前采摘的"明前茶"。

【说文】

春天还没有过去，微风细细，柳枝斜斜随之起舞。试着登上超然台远远眺望，护城河内半满的春水微微闪动，满城处处春花明艳，迷迷蒙蒙的细雨飘散在城中，千家万户皆看不真切。

寒食节过后，酒醒反而因思乡而叹息不已。不要在老朋友面前思念故乡了，姑且点上新火来烹煮一杯刚采的新茶，作诗醉酒都要趁年华尚在啊。

【通文】

苏轼的《望江南·超然台作》融婉约与豪放于一体，借春日江南之景，抒发词人复杂细腻的情感与豁达超然的心境。开篇描写春光尚浅，柔风拂柳，一派生机盎然，仿佛将人带入一个温润清朗的世界。词人登临超然台，极目远眺，只见水波粼粼，繁花似锦，眼前满是流动的春色。而"烟雨暗千家"则笼上几分迷离与忧思，水乡的静美中夹杂着淡淡的哀愁。此刻，词人将情与景交融，既沉醉于自然的和煦，也感叹人生如斯变幻。转入下阕，节令变换、酒意初消，词人的情绪随之起伏。词人欲思乡却又自我劝解，虽有离愁别绪却努力放下执念，选择用"新火试新茶"来平息心绪，在品茗中体会当下的宁静与温情。"诗酒趁年华"一语收束全词，意蕴深长。这既是提醒，更是鼓舞：人生易逝，莫负时光。苏轼借景写情，情中带理，于清新自然中表达出旷达豁然的生活态度。全词层次分明、情景交融，在春光中展现出一份超然物外的豁达与从容。

【达理】

《望江南·超然台作》通过春天的自然景象，表达了对时光流逝的感慨和人生哲理，传递出一种从容与积极的心态。开篇展现了春天的希望与活力，大学生的学习生活正如这幅画面，充满了潜力与机会。词中的"烟雨暗千家"表现了内心的孤独与忧虑，类似大学生对未来的焦虑，但"烟雨"并非意味着失败，而是新的开始，只有在困境中坚持信念，才能找到机会。接着，诗人感叹时光流转，提醒大学生在创新创业过程中要保持清醒头脑，反思自身优劣，合理规划，抓住机遇。最后，词人提倡珍惜青春，勇敢追梦，大学生应趁年轻尝试创新，积累经验，为未来的成功铺路。

苏轼通过描绘自然景象、表达内心情感，为现代大学生提供了宝贵的智慧。在面对学业压力、就业挑战和创业困境时，大学生应当学会从容应对，调整心态，保持对未来的信心。只要珍惜年轻时光，不因过多的忧虑而错失人生的黄金时光，保持积极、冷静的心态和不懈努力，勇于创新和尝试，就能走出一条属于自己的学业、就业和创业之路。

【诵文】

上阕苏轼为我们展现了一幅美妙的暮春郊外之景。那时节，春风轻柔拂面，柳丝悠悠地随风飘拂，情感应是轻松愉悦、略带欣喜的，表现出对眼前美景的欣赏。当他登上超然台极目远眺，只见护城河里春水盈盈，几乎半满，城内则是繁花似锦，一片绚烂，色彩明艳，充满生机。可目光再放远些，却见烟雨如纱，朦胧地笼罩着千家万户，景色由先前的灵动鲜活转为静谧深沉，色调也变得黯淡了几分。诵读时，随后语调可适当上扬，表现出景物的美好，随后语调略降，突出朦胧、静谧的氛围。下阕触景生情，抒发了词人的情感。寒食节过后，词人酒醒，不禁因思乡而发出叹息。他劝自己不要在老友面前思念故乡，努力自我排遣，以煮新茶的行为转移注意力。而"诗酒趁年华"一句，更是将他的情感进一步升华，体现出他即便心中有无奈、有惆怅，却依然能保持乐观，想着要趁着年华正好，以诗为友、以酒作伴，尽情享受生活。"休对""且将"要重读，"诗酒趁年华"语调上扬，语速稍快，读出豁达洒脱之感。

全词借景抒情，情景交融，既流露出词人对故乡的思念之情，又体现了他在困境中自我解脱、乐观旷达的人生态度，鲜明地展现出苏轼独特的性格特点。

90 过故人庄①

孟浩然

故人具鸡黍②，邀我至田家。
绿树村边合，青山郭③外斜④。
开轩面场圃⑤，把酒话桑麻⑥。
待到重阳日⑦，还来就菊花⑧。

【解字】

①选自《唐诗三百首》（中华书局2016年版）。过：拜访。

②故人：老友。具：准备，置办。鸡黍：指农家待客的丰盛饭食。黍，黄米，古代认为是上等的粮食，读shǔ。

③郭：古代城墙有内外两重，内为城，外为郭。这里指村庄的外墙。

④斜：倾斜，旧时古音读xiá。

⑤轩：窗户。场圃：场，打谷场、稻场；圃，菜园。

⑥话桑麻：闲谈农事。桑麻，桑树和麻。这里泛指庄稼。

⑦重阳日：指农历九月初九。古人在这一天有登高、饮菊花酒的习俗。

⑧还：返，来，读huán。就菊花：赏菊的意思。就，靠近，指去做某事。

【说文】

老友备好丰盛的饭菜，邀请我到他的田舍做客。翠绿的树林围绕着村落，一脉青山在城郭外隐隐横斜。推开窗户迎面是谷场和菜园，我们共饮美酒，闲谈农务。等到九九重阳节那一天，我还会再来这里观赏菊花。

【通文】

这首诗是诗人隐居鹿门山时应邀赴友人农舍做客所作。诗人心旷神怡，赞叹着美丽的田园风光，描写了农家恬静闲适的生活情景，同时流露出与老朋友的深厚情谊。开篇便道出久别重逢的喜悦与质朴温情。友人以鸡黍款待，虽饮食简单，却情谊真切。紧接着笔锋一转，自然风光跃然纸上。绿树环绕，青山横斜，顾盼之间，清新愉悦的感受犹如一幅清淡的水墨画。五、六句写农家生活的悠然与自足。窗外是菜圃农田，窗内是主客推杯换盏，闲话农事，情意融融，宁静中自有温情流淌。结尾两句以重阳节还来相聚写出友情之深，意舒词缓，言有尽而意无穷。以轻柔笔调写未来之约，点出友谊绵长，言语平淡却意味深远。

全诗行文流畅，不事雕饰，自然风光、农家情趣与故人情谊融为一体。没有华丽辞藻，却情真意切，如清水芙蓉，天然成趣。诗人以平实的语句，营造出一派恬淡安宁、亲切宜人的田园风光，展现了古人诗酒田园、闲适自得的生活理想，成为田园诗中的不朽名篇。

【达理】

《过故人庄》反映了当代人对乡村生活的向往与追求。现代人逐渐从喧嚣的城市中寻求一片净土，回归乡村，享受慢节奏的生活。他们不仅欣赏自然美景，还渴望体验当地的传统文化和农耕风情，感受人与人之间真挚无华的情感联结。乡村旅游通过营造慢节奏的生活环境，让游客放慢脚步，享受每一分宁静与美好。在乡村，游客可以参与采摘、耕作、品酒、聊天等活动，这些活动不仅让人身心放松，还拉近了人与自然的距离。全诗通过描绘田园生活的闲适和自然景色的和谐美，展现了对慢生活与乡村生活的理想与向往。随着人们对生活质量和精神享受的追求不断提高，乡村旅游和慢生活逐渐成为重要的生活方式，让人们通过回归乡村，亲近自然、放慢节奏，体验人与自然和谐共生的美好。

【诵文】

《过故人庄》通过描写诗人应邀到老朋友家做客的经历，展现了深厚的友情。诗人描绘了田园的美丽景色和悠闲的生活环境，绿树青山环绕，令人心情愉悦。与朋友开窗饮酒谈农事，展现出惬意的相聚场景。最后，诗人约定重阳节再聚，流露出对友谊和田园生活的喜爱与期待。首联节奏稍紧凑，读得轻快，展现出朋友间的热情。颔联读得缓慢且轻松，体现出与朋友相聚的惬意，突出对田园景色的欣赏。颈联节奏稍缓，强调闲适融洽。尾联节奏稍缓，突出对下次相聚的期盼。

全诗体现了真挚友情和对田园生活的热爱，诵读时从亲切欢快到愉悦轻松、闲适融洽，再到期待留恋，充分感受诗人与朋友的情谊及对田园生活的喜爱。

91 江南可采莲^①

汉乐府

江南可采莲，莲叶何^②田田^③。鱼戏莲叶间。
鱼戏莲叶东，鱼戏莲叶西，鱼戏莲
叶南，鱼戏莲叶北。

【解字】

①选自《乐府诗集》（中华书局 2019 年版）。
②何：多么。
③田田：莲叶长得茂盛相连的样子。

【说文】

江南水上可以采莲，莲叶层层叠叠繁茂葱翠，鱼儿在莲叶间嬉戏。
鱼一会儿在莲叶的东边嬉戏，一会儿在莲叶的西边嬉戏，一会儿在莲叶的南边嬉戏，一会儿又在莲叶的北边嬉戏。

【通文】

《江南可采莲》出自汉乐府《江南曲》，全诗以清新自然的笔触，描绘了江南水乡采莲时的动人景象。首句"江南可采莲，莲叶何田田"，简洁开篇，带领读者步入一个荷叶连天、水光潋滟的世界。"田田"形容莲叶铺展水面，密密层层，生机勃勃，似绿毯般铺满江南的池塘，让人仿佛可以感受到微风吹过，叶面轻晃的动态。接下来的"鱼戏莲叶间"则营造出一个灵动的画面，鱼儿穿梭于莲叶之间，时而东游，时而西戏。诗中以反复咏唱的形式，强化了节奏感和画面感，使人仿佛亲临江南水乡，看见鱼儿穿梭翻跃，水波轻泛，莲叶摇曳，一派自然和谐的景象。全诗语言质朴自然，没有浓墨重彩的修饰，却处处传递出生命的活力与自然的纯美，通过莲叶的繁盛与鱼儿的欢跃，展现出江南初夏水乡的宁静与自由，寄托了人们对自然和谐与美好生活的向往。诗中没有刻意铺陈人物情感，却自然而然地流露出愉悦与轻快的心境，是一幅典型的江南水乡风情画，也是一首自然生动、富有节奏感的民歌佳作。

【达理】

这首诗不仅呈现了自然景色，还暗含了人与自然和谐共生的深刻寓意。新农人是指那些回归乡村、投身农业并通过现代技术与管理手段进行农业生产的年轻人，他们不仅继承了传统农耕文化，还引入了新思维和新技术，使得乡村农业焕发新生。新农人在推广有机农业、生态农业的过程中，利用科技手段提升农业生产效率，同时注重生态环境的保护，促进了农业的可持续发展。像诗中"鱼戏莲叶东，鱼戏莲叶西"所描绘的画面，象征着新农人灵活地在农业的多元发展路径中探索，既遵循自然规律，又能够适应现代市场需求。新农人在现代农业中播种希望，推动绿色发展。他们不仅是农业生产的参与者，更是乡村振兴的推动者，他们的到来使得传统农业焕发新机，正如江南水乡的莲叶一样，展现出无限的生机和希望。

【诵文】

这是一首汉代乐府民歌。诗中先写了莲叶密密麻麻、层层叠叠地浮在水面上，那繁茂又充满生机的模样，让人一下子感受到了江南水乡的绿意盎然。紧接着，灵动的鱼儿穿梭在莲叶之间，一会儿游到东，一会儿游到西，一会儿游到南，一会儿游到北，欢快又活泼。看似在写鱼，实则更像是在描绘采莲人之间嬉戏互动的美好画面。这首诗还巧妙地运用了比兴和双关的手法，以"莲"谐音"怜"，象征着美好的爱情。"江南/可采莲""莲叶/何田田"按"二三"节奏划分。首句可稍舒缓，引出情境，"何田田"语调上扬，强调莲叶的茂盛。"鱼戏莲叶间"语速适当加快，语调轻快活泼，读出鱼儿嬉戏的欢快感，尤其是后面四句，语调要有起伏变化，体现出鱼儿四处游动的动态。为突出鱼儿的灵动，可在"鱼戏"后稍做停顿，即"鱼戏/莲叶间""鱼戏/莲叶东"。

全诗充满了清新与活力，读完仿佛置身于江南水乡之中。诵读时，语调应欢快、活泼、充满生机，传达出江南水乡的蓬勃朝气和采莲人的喜悦之情。读者可试着从字里行间感受他们的欢乐，真切地体会江南水乡那蓬勃的生机和独特的韵味。

励图篇

天地交而万物通

——厚植家国情怀

砥砺自持　知行相资

92 偶成①

朱熹②

少年易老学难成，一寸光阴③不可轻。
未觉池塘春草梦，阶前④梧叶已秋声。

【解字】

①选自《教育诗选》（江苏教育出版社1998年版）。
②朱熹（1130—1200年）：南宋理学家、教育家。
③一寸光阴：日影移动一寸的时间，形容时间短暂。
④阶前：此处指居所门前的庭院。

【说文】

青春年华容易逝去，而学问却难以成就，短暂的时光弥足珍贵，绝不能轻易虚度。还沉浸在池塘边春草萌发的梦境之中，台阶前的梧桐树叶已经在秋风里沙沙作响了。

【通文】

朱熹的《偶成》短短四句，却意蕴深长，寓劝学与惜时于清新诗境之中。开篇"少年易老学难成"，点出青春易逝、学业难就，言语平实，却警策之意十足。接着"一寸光阴不可轻"如警钟长鸣，提醒人们分秒皆宝，不可虚度。"未觉池塘春草梦"写春意已去而人尚沉浸旧梦，暗喻时光流转之快，令人猝不及防。末句"阶前梧叶已秋声"以梧桐叶落写季节变换，于无声处透出秋意，也传达出岁月催人老之意。

全诗于清浅中见哲理，画面鲜明，情景交融，既劝人趁早修学立志，又令人对时光流逝倍感珍惜，读来意味隽永，回味无穷。

【达理】

《偶成》虽是千年前的诗作，但其中的惜时劝学之意依然是当代大学生的行动指南。学业之路道阻且长，唯有不负光阴、勇毅前行，才能在时代洪流中立足，书写属于自己的精彩人生。"少年易老学难成"提醒我们，青春的美好转瞬即逝，而真正的学问却需要长期积累。当代大学生往往沉浸于碎片化信息、短视频娱乐，容易被拖延症困扰。大学时期正是积累知识、提升自我的黄金阶段，唯有珍惜时光、刻苦钻研，方能在人生赛道上走得更远。如今，"摆烂文化"和"躺平心态"在部分大学生中蔓延，而"考研热""内卷"等现象又让许多人陷入焦虑。大学时光稍纵即逝，我们应学会时间管理，制订合理的学习计划，在学业与生活之间找到平衡，让每一天都过得充实而有意义。尽早确立目标、提前规划，未来才不会陷入被动，无论是考研、考公还是就业，都需要未雨绸缪。"阶前梧叶已秋声"象征着时代变迁，提醒大学生要关注社会发展，顺应行业趋势，提升自身的核心竞争力。随着人工智能、数字经济等新兴领域崛起，唯有主动学习新技能、培养跨学科思维，才能适应未来社会的需求。

【诵文】

《偶成》是一首七言绝句，表达了时光易逝、学业难成的感慨，呼吁人们珍惜光阴。前两句节奏较缓，在停顿处强调时光与学习的重要性，情感急切、真挚，传达出对岁月流逝的焦虑与不舍。诗人通过"少年""一寸"等词语，表达了年少时光转瞬即逝，而学问的积累并不容易。后两句节奏放缓，停顿增多，语调低沉，营造出时光无声流逝的意境，带有惆怅与惋惜。通过季节变换的意象，诗人暗示人生岁月如梦，瞬息之间便已发生变化，强化了对时间流逝的无奈与感叹，情感由急切转为深沉。整体诵读时，以凝重、稍慢的声音强调时光易逝，引发读者对时间的重视。结尾用轻柔、缓慢的语调描绘时光流逝，读出惆怅之感，展现出对时光的敬畏和对虚度光阴的担忧，劝勉人们珍惜时光、勤奋学习。

93 冬夜读书示子聿·其三①

陆游

古人学问无遗力，少壮工夫老始②成。
纸上得来终③觉浅，绝知④此事要躬行⑤。

【解字】

①选自《唐诗新赏》（中国人民大学出版社2011年版）。聿：读 yù。

②始：才。

③终：到底，毕竟。

④绝知：深入、透彻的理解。

⑤躬行：亲身实践。

【说文】

古人学习知识不遗余力，年轻时下功夫，到老年才有所成就。从书本上得来的知识毕竟不够完善，要透彻地认识学习知识这件事还必须亲自实践。

【通文】

这是陆游晚年所写的一首哲理诗，无上下阕之分。开篇"古人学问无遗力，少壮工夫老始成"，陆游指出古人做学问是竭尽全力的，年轻时下功夫，到老年才有所成就，强调了做学问需要长期的积累和坚持不懈的努力。"纸上得来终觉浅，绝知此事要躬行"则进一步说明，仅仅从书本上获取知识是不够的，要真正理解和掌握学问，还需要亲身去实践，如此才能避免"纸上谈兵"。整首诗体现了陆游对做学问方法的深刻认识，以及对子聿在学习上的殷切期望，希望他能明白做学问不仅要勤奋，还要注重实践。

【达理】

陆游的这首诗强调了勤学苦练和实践的重要性，对于职院学子来说尤为贴切。在"技能社会"和"大国工匠"的时代背景下，仅靠书本知识远远不够，唯有"以行求知"，在实际操作中不断锤炼，才能精进技能，成为技术能手。国家大力推进职业教育发展，倡导"大国工匠"精神。确如诗中所言"纸上得来终觉浅"，汽车维修要亲手拆装，电商直播要真实运营，人工智能编程要实际调试，唯有"躬行实干"，才能成为真正的技能型人才。同学们应树立职业自信，珍惜实训机会，努力提升动手能力，勇于实践创新，直面未来的职业挑战，用技能书写精彩人生。

【诵文】

这首七言绝句表达了陆游对儿子子聿在学习上的深切期望。他认为做学问需要长期积累

与持之以恒的努力，绝非一蹴而就。他通过强调古人年轻时刻苦钻研，提醒儿子学习需要勤奋努力，并且要付出无数精力。陆游也深知，仅依靠书本无法真正掌握知识，故强调实践的重要性，表达了他对实践出真知的深刻理解。其情感真挚、严肃，既是对儿子学习的教导，也是希望他能明白学问的真正意义，即理论与实践相结合，才能有所成就。开篇强调勤奋，朗读节奏均为四三，"古人学问/无遗力，少壮工夫/老始成"平稳阐述观点。最后阐述实践的重要性并点明主题："纸上得来/终觉浅，绝知此事/要躬行"，以适中的节奏表达恳切、真挚的情感，阐述观点和感悟。

整体诵读时，体会陆游对做学问方法的深刻认识，以及对儿子子聿在学习上的殷切期望，情感恳切严肃，讲实践时真挚深沉，传达出做学问要勤奋且重实践的主旨。

94 白鹿洞二首·其一①

王贞白②

读书不觉已春深，一寸光阴一寸金③。
不是道人来引笑④，周情孔思⑤正追寻。

【解字】

①选自《唐诗新赏》（中国人民大学出版社 2011 年版）。
②王贞白：王贞白（约 875—958 年），字有道，号灵溪，唐末五代十国诗人，信州永丰（今江西广丰）人，诗风清雅颇有儒家气韵，是唐代晚期重要文人之一。
③一寸光阴一寸金：以金子比光阴，谓时间极为宝贵，应该珍惜。一寸，指古代计时单位"日晷"。
④引笑：逗笑，开玩笑。
⑤周情孔思：指古代读书人所读的儒家典籍。

【说文】

专心读书时，不知不觉已经到了暮春时节，一寸光阴就像一寸黄金般珍贵。如果不是道人前来逗笑，还在深入钻研周公孔子的精义、教导呢。

【通文】

这是一首写诗人自己读书生活的诗，也是一首惜时诗。首句可以看出，诗人读书入神，每天都过得紧张而充实，全然忘记了时间。春天快过完了，是诗人猛然发现的，这一发现令诗人甚感意外，并引发诸多感慨。他觉得光阴过得太快了，许多知识要学，时间总不够用似的。次句写诗人的感悟，寸阴，指极短的时间，这里以金子喻光阴，谓时间宝贵，应该珍惜。这是诗人由第一句叙事自然引发出来的感悟，也是给后人留下的不朽格言，激励着人们不断充实和提升自己。"不是道人来引笑，周情孔思正追寻"是叙事，补叙自己发觉"春深"是因为"道人来引笑"。道人修禅养性，本就耐得住寂寞、静得下心，而诗人需要道人来"引笑"才肯放松休息片刻，可见诗人读书之专心致志，非同寻常。

　　"一寸光阴一寸金"这一诗句，已成为劝勉世人珍惜光阴的千古至理名言，千百年来一直勉励人们，特别是读书人珍惜时间、注重知识积累。毕竟，知识是靠时间积累起来的，为了充实和丰富自己，应十分珍惜时间才是。

【达理】

　　这首诗所表达的珍惜光阴、勤学不辍的思想，与当今社会"终身学习"的理念相契合。在人工智能迅猛发展的时代，各行各业都在经历数字化变革，知识更新迭代的速度加快，只有具备终身学习的意识，才能跟上社会发展的步伐。这首诗虽写于古代，但其精神在当代仍具有重要价值。无论是面对科技变革、教育改革、文化传播，还是调整社会心态，都需要我们珍惜时间、不断追寻真理，让个人成长与国家发展同向同行。此外，"周情孔思正追寻"展现出诗人对圣贤思想的执着追求，以及对中华优秀传统文化的思考与传承。我们不仅要珍惜时间提升自我，更要推动中华文化的创造性转化和创新性发展，让中国文化更好地走向世界。整首诗体现了王贞白对读书的热爱，对时光的珍惜，以及对圣贤之道的尊崇与探索。

【诵文】

　　这首诗开篇便展现出诗人沉浸在读书世界里的状态，连春天过了很久都没察觉，侧面体现出其对读书的热爱与投入。"一寸光阴一寸金"直白地强调时间宝贵，以恳切的情感警醒人们珍惜时光。结尾表明若不是有人前来逗趣，诗人还在深入钻研圣贤的精义与教导，从中可见他对圣贤思想有着坚定、执着的追求。整首诗将诗人对读书的热爱、对时光易逝的警醒以及对圣贤之道的尊崇融合在一起，从沉浸投入到恳切警醒，再到坚定执着，让我们看到了一个对知识无比渴望、对圣贤之道不断探索的诗人形象。

　　开篇描述诗人专注部分节奏稍缓，营造出专注的氛围。中间强调珍惜部分有力地强调观点，节奏适中。结尾表达追求圣贤思想部分语速平稳，稍缓节奏用于表达专注，态度恳切、坚定。整体诵读时，平和起调，展现专注；恳切表达，强调珍惜；坚定收尾，突出追求，将诗人对读书的热爱、对时光的珍惜以及对圣贤之道的尊崇充分呈现出来。

95 和董传留别①

苏轼

粗缯②大布裹生涯，腹有诗书③气自华。
厌伴老儒烹瓠叶④，强随举子踏槐花⑤。
囊空不办寻春马，眼乱行看择婿车⑥。
得意犹堪夸世俗，诏黄⑦新湿字如鸦⑧。

【解字】

①选自《苏诗补注》（中华书局 2019 年版）。
②粗缯：粗制的丝织品。缯，读 zēng。
③诗书：原指《诗经》和《尚书》，此处泛指书籍。
④瓠叶：《诗经·小雅》中的篇名。瓠，读 hù。
⑤踏槐花：唐代有"槐花黄，举子忙"俗语，槐花落时，也就是举子应试的时间了，后因称参加科举考试为"踏槐花"。
⑥择婿车：此指官贾家之千金所坐之马车，游街以示择佳婿。唐代进士放榜，例于曲江亭设宴。其日，公卿家倾城纵观，高车宝马，于此选取佳婿。
⑦诏黄：即诏书，诏书用黄纸书写。
⑧字如鸦：诏书写的黑字。

【说文】

虽然家贫衣衫朴素，但饱读诗书胸中有学问的人气质风度自然光彩夺目。不甘心伴着年老的学人煮菜叶过清贫的日子，而要随从参加考试的读书人去参加科举考试。登科之后虽不能像孟郊那样骑马观花，但却有机会被眼花缭乱的择婿车包围。中榜得意可与万人夸耀，诏书上如鸦的黑字新写着你的名字，金榜题名更会让人扬眉吐气。

【通文】

"腹有诗书气自华"一句，言简意深，道出了读书与气质修养之间的关系。它流传广远，是因其精准地揭示出：诗书满腹，自有风华。人因读书而神清气朗，气质由内而外散发，既是学问积淀的体现，也是品格修养的外化。自古以来，中国读书人将读书视为修身立志之本，读书不仅增长见识，更能涵养心性、陶冶性情，久而久之，便能脱俗养雅。清人梁章钜云："人无书气，即为粗俗气。"可见"书气"是区分高雅与粗俗的重要标尺。而"腹有诗书气自华"之"气"，在苏轼送别董传时，不仅是文雅之气，亦是一种清贫之中不改其志的从容姿态。董传虽处困厄，仍安之若素，志趣不改，始终保持着乐观向上的精神风貌，追求着自己的人生目标。显然，苏轼对董传的人生态度是非常欣赏的，在临别时送给朋友这一句，既是赞美，也是安慰。

【达理】

近年来，"学历贬值""读书无用"的说法时有流传，尤其在一些高学历者就业受挫的现实下，更引发人们对教育意义的质疑。然而，读书的意义从不止于谋取功名，它所带来的眼界、格局与思维方式，才是伴随人一生的底气。真正的知识，是面对变局仍能从容应对的能力，是不断学习、不断成长的力量。诗中虽提及金榜题名的荣耀，但苏轼更在意的，是董传身处清贫却不改其志的精神风貌。"粗缯大布裹生涯，腹有诗书气自华"，这"气"，不只是学识之气，更是内心坚定、自持清明的光华。当下社会常以名利衡量成功，青年学子更应摆脱单一标准的束缚，真正的成功不止在于功名富贵，更在于精神的丰盈、自我的实现与对社会的价值。读书不只为求一时荣耀，而是为在长路漫漫中活得笃定而有力。

从"科举人生"到现代社会，无论时代如何变迁，"腹有诗书气自华"的道理始终适用。

【诵文】

《和董传留别》是苏轼为友人董传所作，表达了对董传才华的赞赏和对其科举之路的理解与支持。诗中前两联赞美董传才情，后两联则同情其困窘生活，并鼓励他坚持追求理想，尾联充满期许，祝愿董传必能通过科举崭露头角，实现抱负。苏轼以幽默而真挚的语气宽慰董传，坚信他终能成就一番事业，不负所学。节奏按照"二二三"的方式划分，注意每句诗之间的停顿，让韵律自然展现。同时，本诗押"华、花、车、鸦"韵，诵读时可适当强调韵脚，使音韵和谐优美。首联语调可稍平，叙述董传的生活状态，后句语调略扬，突出对其气质才华的赞赏。颔联语调稍低且略带无奈，"强随"二字则可适当加重语气，表现董传参加科举的决心。颈联语速稍慢，体现董传当下的困窘。尾联语调稍轻快，展现对未来的期待，将祝愿和信心充分表达出来。

整体诵读时，表达赞赏、鼓励和期许时，声音可适当响亮、有力。叙述困窘、无奈时，声音可低沉、舒缓。同时，注意声音的虚实结合，如"腹有诗书气自华"中"气自华"可适当用虚声，营造出一种内在气质的感觉。

96 题弟侄书堂①

杜荀鹤②

何事③居穷道不穷，乱时还与静时同。
家山虽在干戈④地，弟侄常修礼乐⑤风。
窗竹影摇书案上，野泉声入砚池中。
少年辛苦终身事，莫向光阴惰寸功。

【解字】

①选自《唐诗三百首》（中华书局2016年版）。

②杜荀鹤：（846—904年），字彦之，晚唐著名诗人，被赞为"诗家之雄杰"，池州石埭（今安徽石台县）人，著有《唐风集》，留存诗篇三百多首。

③何事：为什么。

④干戈：干和戈本是古代打仗时常用的两种武器，这里代指战争。

⑤礼乐：这里指儒家思想。社会规范、道德体系和儒家很重视的音乐教化作用。

【说文】

为什么处于穷困之境仍要注重修养，我还是与往常一样，尽管外面已经战乱纷纷。故乡虽然饱受战乱之苦，可是弟侄仍在修习文教风尚。窗外绿竹子摇曳，影入书案，远处泉水潺潺，流入砚池之中。年轻时候的努力是有益终身的大事，不要让光阴的流逝，浪费一分一寸的功夫。

【通文】

这首杜荀鹤题赠侄子的诗，通过描绘一方清幽书斋，映衬出诗人淡泊自守、修身养德的生活态度，也寄托了他对弟侄深切的期望。诗中描写书堂宁静整洁，门庭简朴，无半分俗世喧嚣。庭前落叶无声，墙上微尘不染，仿佛能见弟侄伏案临帖、凝神苦读的模样，案头砚池微润，窗外风竹低吟。诗人未正面言志，却字字有意，借景寄情。在动荡不安的时代背景下，他寄望晚辈能摒弃浮华、珍惜光阴，安贫乐道，以读书立身。诗句"但令诗思清，不在归田远"既是自勉，也是劝诫，愿其不求显达，但求心清志正。全诗语言朴实，却情意深厚，诗意自然流露，不加雕饰，如一封语重心长的家书，浸润着长辈对子侄的教诲与期许。

【达理】

　　全诗不仅寄托了作者对家族晚辈的期许，也蕴含着穿越时代的智慧。当今社会节奏加快、竞争激烈，我们更需如诗中所写，守住内心的一方清净，不为外界浮躁所扰。在信息纷繁、压力骤增的时代，能于纷扰中静心读书，于喧嚣中修身养德，正是对内在修养最真实的坚持。今日之人亦当如此，不急于求成、不随波逐流，不图虚名浮利，只求志洁心明，重视精神与品格的积累。在纷繁的现实中，唯有坚定信念，珍惜光阴，持续学习，方能走出迷茫，收获真正的成长与成就。

【诵文】

　　《题弟侄书堂》是一首充满关怀与期望的七言律诗。开篇，杜荀鹤坚定表达即便生活困窘，也应坚守道义，保持心境如太平时期般平和，体现了他对道德坚守的执着。看到家乡战乱，弟侄依然坚持学习礼乐，杜荀鹤内心深感欣慰，这展现了弟侄在困境中坚持学问的可贵品质。同时，诗中描绘了清幽雅致的书堂环境，竹影摇曳、野泉声入砚池，增添了宁静的学习氛围。结尾处，杜荀鹤真诚劝诫弟侄，年少时的努力关乎一生，强调珍惜时光、勤奋学习，表达了他对弟侄未来的殷切期望。这首诗不仅体现了诗人对弟侄品德修养与学业进步的关注，也强调了勤奋与时光的珍贵。开篇强调道义部分节奏适中，平稳阐述观点。中间描述弟侄与环境部分节奏稍缓，营造宁静氛围。结尾劝勉部分节奏适中，有力表达劝勉。整体诵读时，坚定起调阐述道义，中间突出欣慰之感，最后恳切收尾用于传达期望。读时充分体会杜荀鹤对弟侄品德修养和学业进步的关注，以及对珍惜时光、勤奋学习的重视。

97 上李邕①

李白

上李邕

大鹏一日同风起，扶摇②直上九万里。
假令风歇时下来，犹能簸却③沧溟④水。
世人见我恒殊调⑤，闻余⑥大言皆冷笑。
宣父⑦犹能畏后生，丈夫⑧未可轻年少。

【解字】

①选自《唐诗三百首》（中华书局 2016 年版）。上：呈上。李邕（yōng）：唐代书法家、文学家，开元七年（719 年）至九年前后任渝州（今重庆市）刺史。

②摇：由下而上的大旋风。

③簸却：激起、摇荡。簸，指上下颤动，读 bǒ。

④沧溟：大海。溟，读 míng。

⑤殊调：发表不同常人的论调。殊，读 shū。调，读 diào。

⑥余：我。

⑦宣父：对孔子的尊称。唐太宗贞观十一年（637 年）诏尊孔子为宣父，见《新唐书·礼乐志》。宋本"宣父"作"宣公"。

⑧丈夫：古代男子的通称，此指李邕。

【说文】

大鹏总有一天会乘风飞起，凭借风力飞上九天云外。即使待到风停下来，其力量之大仿似能将沧海之水簸起。世人见我好发表奇谈怪论，听了我的豪言壮语皆冷笑不止。孔圣人还说后生可畏呢，大丈夫可不要轻视年轻人啊！

【通文】

开元七年，李白游渝州，拜谒刺史李邕。本欲一叙英才之志，不料李邕见他不拘礼节，言辞放纵，便生轻视之意，待之颇冷。李白临别写下一诗，语气虽婉转，实则锋芒暗藏，借"大鹏"自喻，回敬对方的轻慢。开篇气势高昂，四次自比大鹏："大鹏一日同风起，扶摇直上九万里。"此鹏出自《庄子·逍遥游》，其翼若垂天之云，振翅三千里，是李白诗中常见的意象，既是心中自由之志，也是惊世理想的写照。李白原以为李邕是名士，自当识才，孰料竟与庸众同调。李白遂引典反讽，"宣父犹能畏后生，丈夫未可轻年少"，意在自比"后生"，以孔子识拔陈相如的典故，讥李邕不识英才。末尾两句看似恭维，实含不屑，语锋犀利而不失辞采，尽显李白少年时的桀骜与自负。全诗以风起云涌之势作骨，诗中有画，情中有锋，是李白早年风骨的真实写照。

【达理】

在信息化、全球化的浪潮中，科技飞速发展，竞争如潮涌来。对年轻人而言，尤其是初入职场或投身创业的人，要想在瞬息万变的时代里把握机遇、冲破藩篱、脱颖而出，恰如大鹏乘风而起扶摇直上九万里，不仅需树立远大的志向，更需披荆斩棘的勇气与笃定的信念，迎风而上，于激流中逆行，在变局中开路，从容应对挑战，不惧冷眼，成就非凡。正如李白以诗自况、以鹏为喻，今日之青年也当立鸿鹄之志，秉持创新之魄，于风起云涌处乘势而飞，书写自己的高光时刻。

【诵文】

李白的《上李邕》以大鹏自比，展现了非凡抱负与自信，描绘了大鹏凭风力直上九天的磅礴气势。接着，他叙述世人对自己言论的嘲笑，体现出与世俗格格不入的愤懑。最后，引用孔子"后生可畏"的典故，强调年轻人的潜力，表达自己终有作为的坚定信念。开篇自比大鹏，首联节奏稍快，语调激昂，营造出豪迈的氛围，展现出大鹏的磅礴气势和诗人的自信。颈联节奏适中，"皆冷笑"读得稍重，体现出对世人态度的不满和不屑。结尾引用典故，读得坚定有力，强调自己的观点，突出坚定激昂。整体诵读时，激昂起调展现自信，愤懑表达诉说不满，坚定收尾强调志向。读时要表达出年轻人不可轻视，相信自己终有一番作为的信念感。

短歌行

98 短歌行①

曹操

对酒当歌，人生几何！譬如朝露，去日苦多。
慨当以慷，忧思难忘。何以解忧？唯有杜康②。
青青子衿，悠悠我心③。但为君故，沉吟至今。
呦呦鹿鸣，食野之苹。我有嘉宾，鼓瑟吹笙④。
明明如月，何时可掇⑤？忧从中来，不可断绝。
越陌度阡，枉用相存⑥。契阔谈讌，心念旧恩⑦。
月明星稀，乌鹊南飞。绕树三匝⑧，何枝可依？
山不厌高，海不厌深。周公吐哺⑨，天下归心。

【解字】

①选自《魏晋南北朝诗鉴赏》（人民文学出版社 2022 年版）。
②杜康：人名，相传是最早酿酒的人，这里指酒。
③衿：衣领，读 jīn。青衿是周代学子的服装。悠悠：悠远绵长。
④呦呦四句，借用《诗经·鹿鸣》成句，表达

礼遇贤才之心。呦，读 yōu。

⑤明明：明亮。掇：拾取、摘取，读 duō。

⑥陌、阡：田间小路，南北为阡，东西为陌。枉用，指贤才屈尊相从。存，问候。

⑦契阔：久别。讌：读 yàn。旧恩：往日的情谊。

⑧匝：周，圈，读 zā。

⑨哺：口中咀嚼着的食物，读 bǔ。吐哺：把口中正咀嚼的食物吐出来。相传周公唯恐失去天下贤士，常常停下吃饭来接待贤才。

【说文】

一边喝着酒，一边唱着歌，人生短暂，日月如梭。好比那晨露转瞬即逝，逝去的时光实在太多！宴会上的歌声激昂慷慨，忧郁却长久地填满心窝。靠什么来排解忧闷？唯有豪饮美酒。有学识的才子们啊，你们令我朝夕思慕。正是因为你们的缘故，让我一直低唱着《子衿》。阳光下鹿群呦呦欢鸣，悠然自得在绿坡上啃食艾蒿。一旦四方贤才光临舍下，我将奏瑟吹笙大宴宾朋。那当空悬挂的皓月哟，运转着永不停止；我蓄之于怀的忧愤哟，喷涌而出汇成长河。仿佛感到远方宾客穿越纵横交错的田间小路，一个个屈驾前来投奔于我。彼此久别重逢谈心宴饮，争相将往日的情谊诉说。明月升起星光稀疏，一群寻巢的喜鹊向南飞去。环绕着树反复盘旋，哪里才有它们栖身之所？高山不辞土石才见巍峨，大海不弃涓流才见壮阔。我愿如周公那样礼待贤才，才能使天下的英杰都归心于我。

【通文】

《短歌行》是曹操著名的诗作之一，整首诗像一幅波澜起伏的画卷，表达了诗人渴望贤才的急切心情。诗中既有跌宕起伏的情绪变化，也深刻展现了作者的宏大抱负和真挚情怀。他巧妙地在浓厚的抒情色彩里，将"求贤若渴"的主题升华成一件艺术精品。诗中两次引用了《诗经》的经典句子，还巧妙借用了"周公吐哺"的故事，表现了曹操礼贤下士的气度，情景交融，意境深远。读这首诗，情感直击人心，荡气回肠，让人感受到诗人胸怀宽广、气度非凡。作为一代枭雄，曹操既是智勇双全的政治家和军事家，又是慷慨激昂的诗人，这些深沉又真挚的情感都在朗朗上口的诗句里流淌，令人久久难忘。

【达理】

曹操留给我们的不只是历史的回响，更是一种对人生无常的深刻体悟。他那份渴求贤才、追求理想与价值的情怀，穿越千年依然鲜活。在当今节奏飞快、压力如潮的社会中，我们更应像他那样，珍惜身边的人与事，守住内心的"明月清风"。那份真挚的情感，往往只有在与志同道合的人携手前行时才能真正体会。求贤若渴不只是历史典故，更是我们当下对信念、友情与合作的追求。愿我们都能在这个喧嚣浮躁的时代，敞开心扉，怀揣理想，找到那些愿意并肩同行、共创未来的伙伴，在彼此的鼓舞中，走得更稳、更远。

【诵文】

开篇感慨人生部分，读得缓慢且沉重，语调低沉，重音落在"人生""几何"上，体现出对人生短暂的感慨，营造出深沉的氛围。"青青子衿，悠悠我心"要读得舒缓温柔，传达出求贤若渴的殷切。"明明如月，何时可掇"节奏稍作停顿，语调上扬，重音在"何时"，突出对贤才的渴望难抑。"但为君故，沉吟至今""何时可掇"读得稍重，有力地表达出豪迈坚定的志向，体现出对贤才的渴望。结尾语调激昂，语速适中，"周公吐哺，天下归心"读时需有力，展现出雄心壮志。

整体诵读时，应沉郁顿挫又不失慷慨激昂，展现出统一天下的雄心壮志和坚定决心。注意感慨人生部分，语速稍慢，语调低沉，突出深沉的忧虑。全诗表达了复杂而深沉的情感，诗人感慨人生短暂，借酒抒怀。诗中化用《诗经》语句，传达出对贤才的殷切渴慕，以"月"喻贤才，表现求贤不得的忧思。要注意通过对时光易逝、贤才难得的再三咏叹，抒发作者求贤若渴的心情，表现出唯才是举、建功立业的宏图大志，吟诵时应酣畅淋漓，荡气回肠。尾句在感叹、在感怀、在抒志，应以一种匀长、稳健的气息，用慢速、抻长的拖腔收尾，用"声断气续、声止情延"的技巧去把握。若草草收束，会损失掉浓烈的韵味和绵长的余味。

99 明日歌①

钱福②

明日复明日，明日何其多。我生待明日，万事成蹉跎③。
世人若被明日累④，春去秋来老将至。朝看水东流，暮看日西坠。
百年明日能几何？请君听我明日歌。

【解字】

①选自《语文六年级下册》（人民教育出版社 2006 年版）。
②钱福（1461—1504 年）：明代状元，字与谦，自号鹤滩，著有《鹤滩集》。
③蹉跎：光阴虚度。蹉，读 cuō。跎，读 tuó。
④累：使受害，读 lěi。

【说文】

明天又一个明天，明天何等的多。如果天天只空等明天，那么只

会空度时日，一事无成。世人和我一样辛苦地被明天所累，一年年过去马上就会老。早晨看河水向东流逝，傍晚看太阳向西瞬息坠落。人的一生又能有多少个明天呢？请您听取我的《明日歌》。

【通文】

《明日歌》通过七次提到"明日"，旨在劝告世人珍惜每一天，活在当下，不要总是等待明日，浪费时间。诗歌内容浅显易懂，语言通俗，具有教育意义。其优点在于：一是思想新颖，针对拖延症这一现象，围绕"明日"展开劝勉；二是语言形象生动，读起来朗朗上口。其中"朝看水东流，暮看日西坠"两句写景，为诗歌增添了活泼感。《明日歌》告诫人们要抓住短暂的今天，若总是推迟到"明日复明日"，最终只会悔恨不已，让万事成蹉跎。

【达理】

当代社会节奏加快，人们在学业、职场与生活中常抱着"明日再做"的心理，将今日应为之事搁置，日复一日陷入拖延的惯性，在"明日会更好"的幻想中踟蹰不前，却不知"春去秋来老将至"，时间在不经意间悄然带走了成长与成功的机会。

实际上，真正的机遇从不因等待而降临，而是赐予那些日复一日默默积累的人。机会常会伪装成偶然，与无数个不肯放过"今天"的努力不期而遇。那些准备好的种子，最终会在某一刻如期丰收，化作必然的果实。就如导演杨宇多年潜心钻研动画，虽寂寂无名，但从未懈怠。终于在《哪吒2》上映时，他厚积成势，迎来了那场轰动的"爆发"。人们看到的是震撼与奇迹，却不知那份"今日有为"的坚持才是最深的伏笔。若日日空谈明日，只会终成"明日无多"。

唯有珍惜今日，方能不负韶华。

【诵文】

开篇强调明日数量之多，给人一种时间充裕的错觉。随后指出若总是等待明日，时间终将荒废，进一步阐述人们被明日所累，在不知不觉中时光流逝，衰老将至。从朝看暮看之景形象地展现出时间的不断流逝，最后以反问和呼吁作结，点明珍惜时间的主旨，劝人不要虚度光阴。整首诗劝人珍惜时光，读时语调平稳，语速适中。"明日"一词重复出现，为后文转折做铺垫。中间阐述拖延后果时，语速稍慢，语调低沉，突出忧虑惋惜。"万事成蹉跎""春去秋来老将至"这两句读得缓慢，体现出对拖延后果的忧虑和惋惜。结尾呼吁珍惜时间部分，点明了珍惜时间的主旨，语速稍快，语调急切，强调恳切之意。其中"百年明日能几何？"读得有力，突出反问语气，增强劝诫效果。

整体诵读时，平稳起调引出主题，低沉表达强调后果，急切收尾呼吁珍惜。此诗语言通俗易懂，以质朴的话语告诫人们不要虚度光阴，要把握当下，立刻行动，莫让拖延成为实现目标的阻碍，充满了对世人的劝勉之意。

智周万物　道济天下

100　诗经·秦风·无衣①

诗经·秦风·无衣

岂曰无衣？与子同袍②。王③于兴师，修我戈矛。与子同仇！
岂曰无衣？与子同泽④。王于兴师，修我矛戟⑤。与子偕作！
岂曰无衣？与子同裳⑥。王于兴师，修我甲兵。与子偕行！

【解字】

①选自《诗经》（中华书局2016年版）。
②袍：长衣，古代特指夹层中填装旧丝绵的长衣。袍，读páo。
③王：此指秦君。一说指周天子。于：语助词。兴师：起兵。
④泽：通"襗"，内衣，如今指汗衫。
⑤戟：古代一种合戈、矛为一体的长柄兵器，读jǐ。
⑥裳：下衣，此指战裙，读cháng。

【说文】

　　谁说没有衣裳？我愿和你披同样的战袍。君王出兵打仗，修整我的戈与矛。我与你同仇敌忾！谁说没有衣裳？我愿和你穿同样的汗衣。君王出兵打仗，修好我的矛与戟。我与你一起出发！谁说没有衣裳？我愿和你穿同样的战裙。君王出兵打仗，修好我的铠甲兵器。我与你一同前进！

【通文】

　　《秦风·无衣》是《诗经》中著名的爱国主义诗篇，也是秦地的军中战歌。根据《左传》记载，公元前506年，吴国攻陷楚国首府郢都，楚臣申包胥请求秦国援助，秦哀公赋此诗以激励士气。诗歌每一章都采用问答式的句法，反问语气增强了肯定效果，表达了必战必胜的决心。诗中"岂曰无衣"既似自责也似反问，充满愤怒与愤慨，仿佛战幕已拉开，点燃了将士们的战斗热情。"与子同袍""与子同泽""与子同裳"展示了士兵视死如归的决心，誓言同生死，共同在前线作战。诗中充满强烈的动感："修我戈矛""修我矛戟""修我甲兵"，仿佛看到了战士们忙碌地磨刀擦枪、准备出征的场景。诗歌语言激昂、动员性强，能够振奋士气，展现秦国将士的英雄气概。全诗共三章，采用重叠复沓的形式，结构相同但递进发展。首章结句"与子同仇"表达了共同的敌人，二章结句"与子偕作"表明行动的开始，三章结句"与子偕行"则明确将士们将奔赴前线，共同杀敌。秦人骁勇善战，治军严明，军心稳定。诵读此诗，不禁为诗中火一般燃烧的激情所感染，那种慷慨激昂的英雄主义气概令人心驰神往，具有现代国家精神与民族气节的教育意义。全诗气势豪迈，节奏铿锵，充分表达了秦军在战争中同仇敌忾的大无畏精神与爱国主义情感，反映出中国人自古以来便具有强烈的集体意识和牺牲小我而成就高尚事业的情怀。诗中饱含不可侵犯的民族自尊心、自豪感与自信心，千百年来激励着华夏儿女，成为中华民族不断向前发展的文化原动力。

【达理】

在两千多年前的神州大地上，中原王朝受到了异族犬戎的威胁和侵略。在中原王朝的号召下，秦地的将士们齐心协力，披甲磨兵，与外敌奋勇作战。可以想见，拥有如此大局意识和战斗意志的将士们，同样也是唱着这首《无衣》，为中华文明的延续与发展拼搏奋进。

两千多年后，我们又一次面临共同的挑战。战甲变成了防护服，戈矛化作了测温枪，"民"兴于师，与子偕行！医护人员和解放军战士是彼此的袍泽，各行各业的工作者也是彼此的袍泽。"大疫当前，岂曰无衣？"全体中华儿女都是战友袍泽，万众一心抗击疫情。

在抗击疫情、应对自然灾害、维护国家安全等重大事件中，我们都能看到"与子同袍"的精神在新时代得以延续。抗疫期间，医护人员、志愿者、社区工作者携手同行，共同守护人民健康；在抗震救灾中，全国人民众志成城，驰援受灾地区，这正是"与子同仇、与子偕行"的生动诠释。无论面对何种挑战，我们都应弘扬团结协作、共克时艰的精神，为实现国家繁荣、社会和谐贡献力量。

【诵文】

这是一首激昂奋进的战歌！采用重章叠唱的形式，把秦军战士出征前那股高昂士气展现得淋漓尽致。诵读时整体语速适中偏快，以体现紧张的备战氛围和高昂的士气。节奏一般为二二节拍，如"岂曰/无衣""与子/同袍"语气稍缓，带有反问的意味，引发思考，也可根据语义和情感进行适当调整，例如"王于/兴师"中，"王于"可连读，突出语气。"修我/戈矛""修我/矛戟""修我/甲兵"中，"修我"和后面的兵器名称可稍作停顿，强调备战的动作，语速加快，表现出行动的果断和积极。"与子同仇（偕作、偕行）"作为情感的升华部分，语速可再次稍缓，加重语气，强调战士们的团结精神。每章之间也可稍作停顿，留出思考和回味的时间。"与子同仇"表达愤慨激昂，"与子偕作"彰显积极干劲，"与子偕行"展现坚定豪迈、无畏气势，表现出奔赴战场时的豪迈与无畏。

101 凉州词二首·其一①

王之涣②

凉州词二首·其一

黄河远上③白云间，一片孤城万仞④山。
羌笛⑤何须怨杨柳⑥，春风不度玉门关⑦。

【解字】

①选自《唐诗新赏》（中国人民大学出版社 2011 年版）。凉州词：唐乐府名，属《近代曲辞》，是《凉州曲》的唱词，为盛唐时流行的一种曲调名，最初是西域的曲谱，后演变成一种词牌名，多用来书写慷慨悲歌的边塞军旅生活之事，王翰、王昌龄、王之涣、高适、岑参都写过凉州词，为唐朝文坛一景。

②王之涣（688—742 年），字季凌，祖籍并州晋阳（今山西太原），盛唐诗人。曾担任衡水县主簿、文安县（今属河北）尉。王之涣精于文章，善于写诗，其诗多被引为歌词。他尤善五言诗，以描写边塞风光为胜，其边塞诗情致雅畅，意境壮阔，惜诗多散佚，代表作有《登鹳雀楼》《凉州词二首》等。

③黄河远上："远"一作"直"，远望黄河的源头。

④仞：古代的长度单位，一仞相当于周尺八尺或七尺。周尺一尺约合二十三厘米。"仞"，读"rèn"。

⑤羌笛：古羌族主要分布在甘肃、青海、四川一带。羌笛是羌族乐器，属横吹式管乐。属于一种乐器。羌，读 qiāng。

⑥杨柳：指羌笛吹奏的《折杨柳》曲。古诗文中常以杨柳喻送别情事。

⑦玉门关："关"字，东汉许慎《说文解字·门部》云："关，以木横持门户也。"其本义为"木横"，也就是"门闩"，后引申为关口。玉门关作为古代丝绸之路的必经关隘，也是重要的军事关卡，汉武帝置，因从西域输入玉石取道于此而得名。故址在今甘肃敦煌西北小方盘城，六朝时关址东移至今安西双塔堡附近。

【说文】

黄河好像从白云间奔流而来，玉门关孤独地耸峙在高山中。何必用羌笛吹起那发怨的《折杨柳》曲去埋怨春光迟迟不来呢，春风根本吹不到玉门关外。

【通文】

诗人初到凉州，面对黄河、边城的辽阔景象，又耳听着《折杨柳》曲，有感而发，写成了这首表现戍守边疆的士兵思念家乡情怀的诗作，此诗被誉为唐人绝句的压卷名作。全诗以凝练的语言和鲜明的画面，勾勒出西北边塞辽阔苍茫的自然风光与戍边将士内心的孤寂思乡之情，是盛唐边塞诗中的佳作。

首句写诗人登高远望，仿佛黄河从高远的白云中奔涌而下，气势浩荡、源远流长。这里的"远上"既写出了诗人仰望的视觉感受，也增强了画面的层次感和空间感，使黄河在读者眼前仿佛化作腾空的银龙，自云间奔流而下，形成了极具动感的视觉图景。次句"一片孤城万仞山"转写近景，描绘了万山耸立之间，一座孤零零的城池坐落其中。"一片"与"万仞"在数量上形成强烈对比，加之"孤城"所营造出的荒凉与孤寂氛围，生动地烘托出边塞将士远离故土、环境艰苦的处境。接下来，诗人以问句切入情感表达，边塞传来羌笛之声，吹奏的是古代送别名曲《折杨柳》，在这荒凉的边关，那曲调格外凄切，极易引发将士们的乡愁。然而诗人并未沉溺于哀愁，而是以"何须怨"表达宽慰之意，将情绪从低沉转向开阔。结句以写实点题，春风象征着温暖与生机，却吹不过荒凉的玉门关外，借自然环境之严酷，寄托对戍边将士的理解与敬意。

全诗起于苍茫壮阔的边塞图景，承以孤城冷月的视觉冲击，转入哀婉笛声勾起的离愁，收以春风难度的无奈结语，情景交融，层层递进。诗中运用强烈的对比和简洁传神的描写，展现出画面感极强的艺术效果，凝聚了时代气象、将士情怀与诗人情思，是盛唐边塞诗中意境最为开阔、语言最为凝练的代表作之一。

【达理】

今日的中国边疆早已不再是"春风难度"之地。随着国家对西部发展的持续投入，昔日"一片孤城万仞山"的孤寂景象已被现代交通与发展打破。高速铁路贯穿戈壁，高原公路连接雪域，西藏、新疆等地迎来了真正意义上的"春风"。那曾令人黯然神伤的"羌笛怨杨柳"之音，如今化作多民族文化交融的乐章，共奏团结进步的新篇章。边防军人依旧驻守边疆，传承着古代戍卒的忠诚与担当，用青春和热血守护祖国的安宁。不同的是，他们不再孤独，因为祖国、人民与他们同在。昔日的玉门关，如今成为"一带一路"的重要枢纽，商贸往来、人文交流频繁，一片繁荣景象。春风不止吹过了玉门关，更吹遍了万里边陲，吹暖了山河，吹旺了希望。

【诵文】

开篇便将一幅壮阔又孤寂的画面展现在眼前：黄河奔腾远去，一座孤城被万仞高山环绕，给人以雄浑辽阔之感，同时让人深切感受到了此地的荒僻，情感雄浑、壮阔，展现出边塞风光的宏大。后两句诗人借羌笛的曲调，巧妙地传递出戍边士兵的思乡之情，情感哀怨、无奈，流露出思乡的愁绪和对现实的无奈。这两句暗示了边塞环境的苦寒，又似乎在委婉诉说着朝廷对边疆的冷落，饱含着诗人对戍边战士的同情，以及他对边塞生活的诸多感慨。整首诗体现出诗人对边疆风光和戍边生活的深刻洞察，透着悲壮、苍凉，还夹杂着一丝哀怨的情绪。

开篇写景部分节奏稍缓，每个短句间停顿稍长，营造出雄浑辽阔的氛围；中间转情部分，"羌笛何须/怨杨柳"节奏适中，平稳传达出哀怨情绪；结尾深化情感部分，"春风不度/玉门关"节奏稍缓，加重语气，突出情感的深沉。稍缓节奏用于表达雄浑、深沉，适中节奏用于表达哀怨。

整体诵读时，从开篇气势雄浑地描绘边塞风光，到中间婉转哀怨地抒发思乡之情与对现实的无奈，再到结尾深沉凝重地强化对边疆戍守艰难的感慨。

102　出塞二首·其一①

王昌龄

秦时明月汉时关，万里长征人未还。
但使②龙城飞将③在，不教④胡马⑤度阴山。

【解字】

①选自《唐诗三百首全解》（复旦大学出版社2019年版）。
②但使：只要。
③龙城飞将：据《汉书·卫青霍去病传》载，西汉元光六年（公元前129年），卫青为车骑将军，出上谷，至笼城，斩首虏数百。笼城，颜师古注曰："笼"与"龙"同。龙城飞将指的是卫青奇袭龙城的事情。
④不教：不叫，不让。教，让，读jiào。
⑤胡马：指侵扰内地的外族骑兵。度：越过。

【说文】

依旧是秦汉时期的明月和边关，守边御敌鏖战万里征人未回还。
倘若龙城的飞将卫青如今还在，绝不许匈奴南下牧马越过阴山。

【通文】

盛唐的边塞诗意境高远，格调悲壮，像雄浑的军号，一声声吹得历史都热血沸腾。雄浑的边塞风情中蕴藏着深沉的人生哲理，是中国古代诗歌中的瑰宝。盛唐的边塞诗人视野开阔，胸怀激荡，充满了磅礴的浪漫气质和一往无前的英雄主义精神。他们唱出了时代的最强音，充分体现了盛唐精神，是古代诗坛上绝无仅有的奇葩，是后世诗人可望而不可即的高峰。作为盛唐边塞诗人的领军人物，王昌龄以其成功的创作实践，使七绝这种诗体的概括能力发挥到了极致，被后世称为"诗家夫子""七绝圣手"，堪与李白齐名。

全诗开篇从时间与空间的角度，勾勒出明月照耀下的边关场景，岁月流转，边关依旧。随后笔锋一转，道出无数战士远赴万里边疆征战却未能归乡的残酷现实。后两句借对"龙城飞将"的怀念抒发了对良将的强烈渴望，期望能有得力将领守护边疆，使百姓免受战乱之苦。首句以"明月"与"关"两大意象串联起古今边塞，时空交织，点出自古以来守边将士所面对的艰辛与悲壮，具有深远的历史感。次句"万里长征人未还"直指现实，无数将士远征万里，却多未能归来，揭示出边疆战事的惨烈和戍边生活的残酷，表达了诗人对战士命运的深切同情与哀思。后两句借汉代名将卫青、李广之勇，抒发对英明统帅的渴望。诗人并非单纯歌颂武力，而是在表达希望有将才能臣镇守边疆，使百姓安居、战乱不兴的愿望。这不仅体现了对国家安定的期许，也寄托了诗人强烈的家国情怀。

汉代作为历史上的辉煌时代，尤其被南北朝与唐代的文人所喜爱。他们常以汉代的大将风采为榜样，或称颂当朝英雄，或以汉代的雄风激励时人。李广、卫青、霍去病等赫赫有名的汉代将领，常被文人吟咏和传颂，成为那个时代英雄气概的象征。

整首诗由古到今，将深沉的历史感和宏大的空间感融为一体。字里行间充满了强烈的爱国精神和豪迈的英雄气概。作者通过极简的诗句塑造出苍凉辽远、视野宏阔的边塞画面，表现了其豪迈激昂而又悲悯深沉的精神风貌，堪称七绝中的压卷之作，展现了盛唐边塞诗不可复制的艺术高度与精神魅力。

【达理】

最能代表盛唐之音，尽显血性愤张的边塞诗，见证了我们民族气质从温良敦厚、诗书礼仪升华为硬朗刚强、无所畏惧，体现出阳刚之美、血性之美。时至今日，"龙城飞将"已成为华夏民族指代李广、卫青等一众名将保家卫国事迹的象征。在中华民族历史的长河中，他们都是最为浓墨重彩的一笔，也是华夏不屈的脊梁。在全球化时代，国家安全不仅关乎国家内部的稳定，也与国际形势的变化紧密相连。古代依靠名将守边，今天则依靠现代化国防。强国必须强军，今天的"飞将"可能是航母编队、东风导弹、空天防御体系等现代科技力量，它们能确保"胡马不度阴山"。当今的边防战士、维和部队、航母官兵，同样肩负保卫祖国安全的重任。比如卫国戍边英雄陈祥榕、祁发宝等官兵的英勇事迹，正是新时代的"飞将军"精神的生动体现。

当每一个战士都在努力守护这片土地时，我们也应当增强国防意识，在各自的岗位上发光发热，共同守护一个安全、稳定、繁荣的家园，在各自的专业领域中践行爱国担当。

【诵文】

　　这首诗开篇便从时空角度着笔，描绘出边关景象，时光飞逝，边关却一如往昔。起始句带着深沉、悠远的韵味，流露出对历史沧桑的无限感慨。接着，诗人直白地揭示出无数战士奔赴万里边疆、征战沙场却难以归乡的残酷现实，情感变得愈发沉重哀伤，饱含着诗人对戍边战士的深切同情。后两句，诗人借对过往名将的怀念，巧妙地抒发了对良将的迫切渴求，期盼有得力将领能够守护边疆，让百姓远离战乱之苦，情绪逐渐上扬，满是对良将出现的期待与憧憬，最后一句，则以坚定、果敢的态度收束全诗。整首诗体现了诗人对边塞战事的关切，对和平生活的向往，以及对戍边战士命运的悲悯之情。

　　"秦时明月/汉时关，万里长征/人未还"，节奏较为舒缓，营造出历史的厚重感与悠远氛围，有助于表达深沉、哀伤的情感。"但使/龙城飞将/在，不教/胡马/度阴山"，语速适中且有力，彰显坚定的决心，突出激昂、坚定的情绪。

　　整体诵读时，语调首句上扬显苍茫，次句"万里"加重、"人未还"略降。三句"但使"坚定，"龙城飞将"有力，末句"不教"果断，"度阴山"略升。情感含沧桑、惋惜、崇敬与保国决心。如此诵读，能让人身临其境感受边塞的风云变幻与诗人的情怀，尽显诗人渴望边疆安宁、守护国土的决心。

103　登幽州台歌①

陈子昂②

前不见古人③，后不见来者④。
念天地之悠悠，独怆然而涕下⑤！

【解字】

　　①选自《唐诗三百首全解》（复旦大学出版社 2019 年版）。幽州台：即蓟北楼，又叫黄金台，是当年燕昭王为招揽天下贤士而建。蓟，故址在今北京市郊西南。
　　②陈子昂（659—700 年），字伯玉，梓州射洪（今属四川）人。初唐著名诗人，被称为"诗骨""唐之诗祖"，存诗百余首，著有《陈子昂集》。
　　③古人：此处特指燕昭王、郭隗、乐毅、邹衍、剧辛等明君和贤臣。
　　④来者：此处指未来的贤良人才。
　　⑤怆（chuàng）然：悲伤凄恻的样子。涕：古时指眼泪，读 tì。

【说文】

　　思前朝已不见古代贤人，想后代亦不见惜才明君。

深感念天和地悠悠无尽，独凭吊怆然悲热泪纷纷！

【通文】

全诗仅四句，却沉郁悲壮、气势苍茫，语言凝练有力，情感深沉真挚，堪称古代登临抒怀诗中的经典之作。诗中没有对登临所见的具体景物进行铺陈，而是通过"天地悠悠"一句，将时空之广与情感之深融为一体，展现出辽远的历史感与空间感，使诗人个人的孤独与失落融入宏大的宇宙背景之中，格局开阔，意境高远。前两句以历史维度纵览古今，在对比中凸显诗人所处时代的冷落与压抑，也为全诗营造出厚重而苍凉的情感基调。随后一个"念"字点出诗人极目天地、心潮翻涌之时的心理活动。天地越是辽阔无垠，越反衬出个体的渺小与孤独；时间越是绵延不绝，越激起诗人对人生短暂、理想难酬的深切感慨。末句将诗人胸中郁积的悲愤情绪推向高潮，"独"字不仅承接了前两句"前不见、后不见"的时空断裂感，更突出了诗人身处困境、无人理解的孤独感，而"怆然涕下"则将这份孤寂化为真挚的泪水，情至深处，动人心弦。

诗人将个体的哀伤放置在宏阔的历史与宇宙背景之中，以简练雄浑之笔描绘了天地间孤独求索者的精神境界，极具感染力。不同于鲍照拔剑击柱、李白散发弄舟的情绪宣泄，陈子昂的哀叹更具哲理意味，他在悲怆中融入理性思考，将自身命运置于历史长河中加以审视，格调更为高远悲壮。

整首诗结构紧凑、层次分明。前两句写时间的深远，第三句转入空间的辽阔，末句回归诗人自身的感受，在古今时空之间穿梭映照，最终回归自我，情感铺展自然而有力。此诗不仅彰显了陈子昂"汉魏风骨"的艺术追求，也开唐诗之先声，深受后世推崇，成为中国诗歌史上抒怀言志的重要范本。

【达理】

"前不见古人，后不见来者"抒发了诗人登高远望、孤身于世的深沉感慨，道出了理想不得伸展、知音难觅的寂寞与忧思。今日青年虽身处和平盛世，但在激烈的学业与职场竞争中，也难免生出彷徨与孤独之感。面对时代课题，我们应如诗人般胸怀远志，将个人追求融入国家发展大局，投身科技、国防等关键领域，在历史的进程中书写属于自己的篇章。诗人的感慨既有对天地永恒的敬畏，也有对个人命运的沉思。我们既要仰望"古人"，承续传统智慧，也应立志成为"来者"，以奋斗之姿开创未来，不负时代，不负己志。

【诵文】

"念天地之悠悠"语速放缓，语调更显悠长，营造出苍茫辽阔的氛围。"独怆然而涕下"前半句语速稍慢，后半句语速加快，语调悲痛，突出情感的爆发。"前不见/古人，后不见/来者"节奏舒缓，传达出深沉的孤独。"念天地/之悠悠"节奏缓慢，强化苍茫感。"独怆然/而涕下"前半句节奏稍缓，后半句节奏紧凑，突出情感的急剧变化。舒缓的节奏用于表达深沉、苍茫的情感，紧凑的节奏突出情感的爆发。整体诵读时，从深沉到悠长，再到悲痛爆发。语速由稍慢到缓慢，再到稍快，展现出诗人怀才不遇的孤寂以及对人生的深刻感慨。

104 咏史①

李商隐

历览前贤国与家，成由勤俭破由奢。
何须琥珀②方③为枕，岂得真珠始是车。
运去不逢青海马④，力穷难拔蜀山蛇⑤。
几人曾预⑥南薰曲⑦，终古苍梧哭翠华⑧。

【解字】

①选自《李商隐诗选》（中华书局2023年版）。

②琥珀（pò）：一种珍贵的宝石，常用来做枕头。

③方：作为，用来。

④青海马：一种产于青海的杂交马，据传能日行千里，喻可任军国大事的贤才。

⑤力穷：力量用尽。蜀山蛇：比喻宦官佞臣。

⑥预：参与。

⑦南薰曲：即《南风》，相传舜宇曾弹五弦琴，歌《南风》之诗而天下大治。

⑧苍梧（wú）：山名，即九嶷山，传为舜埋葬之地，这里借指唐文宗所葬的章陵。哭：哀悼。翠华：以翠羽为饰的旗，为皇帝用的仪仗。

【说文】

纵览历史，那些开明兴盛的国家，其成功都是源于勤俭，而衰败皆是起于奢华。为什么非要琥珀才能做枕头，为什么镶有珍珠才是好的坐车，才能显示威仪？想要远行的人没遇见千里马，胸怀远大志向的帝王身边却没有担当军国大事的贤臣，便会力单势孤，难以拔动蜀山的猛蛇，也难以铲除宦官佞臣。没有几人能再听到舜帝的《南风歌》了，天下即将不再太平。只有不老的苍梧树，歌哭又一代早逝的君王，国家如此衰败，早已不复当年尧舜之风。

【通文】

唐朝是中国历史上最意气风发的时代之一。誓死守卫祖国的饱满激情、绮丽瑰异的塞外风光，以及战士们一往无前的出征军容，都能从诗人们笔下汩汩流泻成壮美的诗篇。李商隐先后经历了穆宗、敬宗、文宗、武宗、宣宗五位唐朝帝王，可谓"五朝元老"。彼时，大唐王朝已经进入晚唐时期，宦官当权、藩镇割据、党争不断，这三大痼疾日趋严重，全面的社会危机已经显露无遗，大唐王朝衰败倾覆的态势已是不可避免。面对如此残酷的现实，李商隐忧心忡忡，他想要挽狂澜于既倒、扶大厦之将倾，可又有心无力。尤其是目睹了在位十四年的唐文宗为改变大唐王朝日益严重的颓势，积极采取措施限制宦官专权、改变藩镇割据的局面，结果尚未达成目的就去世，他深受震动，遂写下这首咏古伤今七言律诗《咏史》。

全诗表面咏古，实则寄怀，通过借古讽今之法，表达对国家兴衰的深刻思考。首联"历览前贤国与家，成由勤俭败由奢"直陈主旨，指出治乱兴衰的关键在于勤俭与奢侈。中间数联以典故入诗，如"玉枕纱厨"写奢靡之风，"良马不逢时""拔山力尽"则寓国家衰微、英雄无用武之地的悲哀。尾联借用唐文宗事，感叹盛世难再，寄托作者对现实政治的忧虑与惋惜。全诗用典自然，意蕴深远，既是对历史的总结，也蕴含诗人对国家命运的关切与个人际遇的感喟。

【达理】

这首诗开篇就是千古警句："成由勤俭破由奢"，一语道破成败的关键。当今社会高速发展，人们早已告别了物质短缺的时代，消费观念也发生了翻天覆地的变化。但历史事实一再告诉我们，李商隐这句经典诗句在任何时候都不过时。一粥一饭，当思来之不易；半丝半缕，恒念物力维艰。做人当以俭为本，以俭为美，以俭为上。当下年轻人理性消费、反对炫耀性消费，二手经济、极简主义、注重实用性消费等新风尚崛起。无论是个人成长还是国家发展，都不能沉溺于奢华享乐。正如当前国家大力倡导艰苦奋斗、拒绝铺张浪费，推动"光盘行动"和"过紧日子"理念，以保证资源的高效利用，推动经济长期稳定发展。"终古苍梧哭翠华"让人想起历史上因奢靡腐败导致国家衰败的教训，提醒当下社会要保持清正廉洁，践行"清廉文化"，防止享乐主义、奢靡之风侵食社会肌体，确保国家长远发展。因而这首诗不仅是对历史的回顾，更是对现实的警示，激励我们以勤俭奋斗、科技创新和清廉自律的精神，共同书写新时代的中国故事。

【诵文】

首联"历览前贤国与家，成由勤俭败由奢"语速适中，要清晰地传达出道理，节奏较为平稳。颔联语速稍慢，突出对奢靡行为的批判。颈联语速放缓，体现无奈之感，在"何须""岂得""运去""力穷"等词后可稍作停顿，突出情感。尾联前半句稍缓，后半句更慢，强化沉痛之情，尾联节奏进一步放缓，"几人""终古"后停顿，增强沉痛氛围。

整体诵读时，注意情感表达层层递进，用平稳的节奏讲道理，缓慢的节奏突出情感的深沉和沉痛，让人深切感受到李商隐对历史兴衰的深刻思考，以及对国家未来命运的深深担忧。

105 书愤①

陆游②

早岁那知世事艰③，中原北望气如山。
楼船夜雪瓜洲渡④，铁马秋风大散关⑤。
塞上长城⑥空自许，镜中衰鬓已先斑。
出师一表真名世⑦，千载谁堪伯仲⑧间！

【解字】

①选自《陆游诗选》（人民文学出版社 2021 年版）。

②陆游（1125—1210 年），字务观，号放翁，越州山阴（今浙江绍兴）人。南宋著名爱国诗人，生平作诗近万首。词和散文成就亦高。

③世事艰：指恢复中原之事不断遭到投降派的阻挠和破坏。

④楼船：高大的战舰。瓜洲：瓜洲镇，在今镇江南边，是当时的江防要地。此句记载了宋高宗绍兴三十一年十一月宋将与金兵在瓜洲一带对抗作战的史实。

⑤铁马：披铁甲的战马。大散关：今陕西省宝鸡市，是南宋当时的西部边界。

⑥塞上长城：南朝刘宋名将檀道济曾自许"万里长城"，此处作者自比能抵御入侵之敌的万里长城。

⑦出师一表：诸葛亮曾在蜀汉后主时代出兵伐魏前撰《出师表》表示为国鞠躬尽瘁的决心。此处作者表明自己恢复中原的意愿。名世：名传后世。

⑧伯仲：原指兄弟之间长幼次序，此处意为相提并论、并驾齐驱。

【说文】

年轻时哪里知道世事如此艰难，北望中原，收复故土

的豪迈气概坚定如山。记得在瓜州渡痛击金兵，雪夜里飞奔着楼船战舰。秋风中跨战马纵横驰骋，收复了大散关捷报频传。自己当年以万里长城来自我期许，到如今鬓发已渐渐变白，盼北伐盼收复都成空谈。《出师表》真可谓名不虚传，又有谁能像诸葛亮那样鞠躬尽瘁，率三军复汉室北定中原！

【通文】

这首诗是历代广为传诵的名篇，全诗以"愤"为意脉，以回顾壮志与感慨迟暮为主线，运用了今昔对比的手法，敬仰与愤懑交织，昂扬与悲怆并存，情感起伏激烈，气势雄浑深沉。展现了作者虽年老却志不改的爱国情怀与不屈精神。诗中既有对诸葛亮的仰慕，也有对现实无力报国的哀叹，语言刚健有力，意境高远，抒发了诗人精忠报国的坚定信念与深沉忧思，整体上表现了诗人壮志未酬，老而弥坚，不坠青云的昂扬斗志和爱国情怀。

【达理】

陆游《书愤》满怀忧国之情与壮志未酬的哀叹，激发后人以实际行动回应家国之责。今日之中国，在芯片、人工智能、航空航天等关键领域奋力攻关，直面技术封锁与"卡脖子"难题。广大科技工作者秉持"位卑未敢忘忧国"的精神，以不屈意志追求核心技术突破，践行科技强国使命。陆游虽未能亲上沙场，却以笔为戈，倾尽一生报国，今日无数奋斗者亦传承此志，在新时代的发展洪流中，以实际行动续写强国篇章。诗人那份对国家命运的牵挂，跨越时空，成为当代青年矢志前行的不竭动力。

【诵文】

这首诗以追叙早年抱负和今日感慨贯穿始终，哀伤之情溢于言表，诗人空有报国之志，却只能无奈地看着时光流逝，自己鬓发已斑，壮志却仍未实现，心中满是沉痛与悲愤。首联生动地描绘了他年轻时一心渴望收复中原的壮志豪情，以及曾经参与的激烈战斗经历。前半句表现感慨语速稍慢，后半句突出豪情语速稍快，读来气势豪迈，尽显当年的意气风发，带着一丝对过往不知世事艰难的感慨与无奈；颔联语速适中，节奏明快，突出战斗的豪迈；颈联语速放缓，语调沉重，表现悲愤；尾联借赞扬诸葛亮的事迹，激昂慷慨地表达出对南宋朝廷主和派的批判，更流露出内心对北伐的强烈渴望，情感又变得激昂，表达了对英雄的敬仰。全篇淋漓尽致地体现了陆游强烈的爱国情怀和壮志难酬的悲愤。

节奏的变化有助于更准确地传达情感，明快的节奏展现豪迈，缓慢的节奏突出悲愤。整体诵读时，激昂处声音响亮，悲愤处声音低沉，语速根据情感有缓有急。表达出诗人对南宋朝廷主和派的批判和对北伐的渴望，体现了强烈的爱国情怀以及壮志难酬的悲愤之情。

106 少年中国说① （节选）

少年中国说
（节选）

梁启超②

　　故今日之责任，不在他人，而全在我少年。少年智则国智，少年富则国富；少年强则国强，少年独立则国独立；少年自由则国自由；少年进步则国进步；少年胜于欧洲，则国胜于欧洲；少年雄于地球，则国雄于地球。

　　红日初升，其道大光③。河出伏流④，一泻汪洋。潜龙腾渊，鳞爪飞扬。乳虎啸谷，百兽震惶。鹰隼试翼，风尘翕张⑤。奇花初胎，矞矞皇皇⑥。干将发硎⑦，有作其芒。天戴其苍，地履其黄。纵有千古，横有八荒⑧。前途似海，来日方长。美哉我少年中国，与天不老！壮哉我中国少年，与国无疆！

【解字】

①选自《少年中国说》（陕西师范大学出版总社 2018 年全新修订版）。

②梁启超（1873—1929 年），字卓如，号任公，又号饮冰室主人。清朝光绪年间举人，中国近代思想家，政治家、教育家、史学家、文学家，戊戌变法（百日维新）领袖之一。

③其：第三人称代词，它的，这里指代"红日"。大光：明亮的霞光。

④河：古代特指"黄河"。伏流：地下的水流。

⑤鹰隼：指鹰类猛禽。隼，读 sǔn。风尘：狂风和沙石。翕，合拢，读 xī。

⑥矞矞皇皇：形容富丽堂皇。"矞"，读 yù。

⑦干将：古剑名，后泛指宝剑。发硎：刀刃新磨。硎，磨刀石，读 xíng。

⑧八荒：指东、南、西、北、东南、东北、西南、西北八个方向。

【说文】

　　今天国家的责任，不在别人，而完全在于我们少年。少年聪慧，则国家聪慧；少年富裕，则国家富裕；少年强大，则国家强大；少年独立，则国家独立；少年自由，则国家自由；少年进步，则国家进步。少年如果胜过欧洲，则国家就能胜过欧洲；少年如果雄踞世界，则国家就能屹立世界之巅。

　　初升的红日，光芒万丈；河流从地下涌出，奔腾汹涌；潜伏的巨龙腾跃深渊，鳞爪飞舞；刚出生的幼虎在山谷中咆哮，百兽为之震慑；雄鹰展翅试飞，风云激荡；奇异的花朵初绽，光彩夺目；锋利的宝剑刚刚磨砺，寒光闪耀。头顶苍天，脚踏大地，放眼历史长河，纵横四海八荒，未来就像大海般广阔，前途无限光明。

　　美哉，我少年中国，与苍天同在，永不衰老！壮哉，我中国少年，与祖国同行，生生不息！

【通文】

《少年中国说》是梁启超的代表作之一，影响颇大。作者站在资产阶级改良派的立场上，在文中将封建古老的中国与他心目中的少年中国做了鲜明的对比，极力赞扬少年勇于改革的精神，鼓励人们肩负起建设少年中国的重任，表达了要求祖国繁荣富强的愿望和积极进取的精神。该文被公认为是梁启超著作中思想意义最积极、情感色彩最激越的篇章，讴歌了祖国未来的英姿及其光辉灿烂的前程，对肩负着建设少年中国重任的中国少年寄予了无限希望，鼓励他们愤然而起，投入改造中国的战斗中去。

这段节选开篇便点明今日国家的责任全在少年身上，强调少年的智慧、财富、力量等方面与国家命运紧密相连。接着，用一系列生动的比喻，如红日初升、河出伏流等，描绘了少年中国的蓬勃朝气和无限潜力。最后，作者发出对少年中国和中国少年的赞美，表达了作者对少年寄予的厚望，希望少年能肩负起振兴国家的重任，使中国屹立于世界之林。这体现了作者强烈的爱国情怀和对国家未来的坚定信念。

【达理】

梁启超百年前呐喊的"少年中国"愿景，如今已成为现实。"少年智则国智"，人工智能、量子科技、航空航天等领域的快速发展离不开青年科技工作者的拼搏。从"天才少年"计划到人工智能、机器人、脑机接口等前沿领域，他们正用智慧和创新助力国家实现科技自立自强，让中国在全球科技竞赛中占据主动地位。"少年富则国富"，如今越来越多年轻人投身乡村振兴，用电商直播、智慧农业、文旅融合等方式，让乡村焕发新活力。许多返乡创业的青年，不仅让农村经济腾飞，也成为推动共同富裕的重要力量。在奥运赛场、电竞世界、国际体育赛事中，中国青年不断刷新纪录，他们以拼搏精神彰显新时代中国青年的昂扬风貌，向世界展现中国力量。

国家的未来属于青年，民族的希望系于少年。在新时代的浪潮中，广大青少年应立鸿鹄志，争做奋斗者，以知识武装头脑，以健康体魄为基石，以担当奉献为己任，努力成长为德、智、体、美、劳全面发展的社会主义建设者和接班人。如此，方能在实现中华民族伟大复兴的征程中，书写属于自己的青春华章，铸就国家的繁荣昌盛。

【诵文】

开篇语速适中，语调激昂有力，突出少年与国家的紧密联系。描述比喻的"红日初升"几句语速稍快，语调高昂，展现少年中国的蓬勃气象。"天戴其苍"几句语速适中，语调豪迈。结尾语速稍慢，语调饱满，充满激情。

整体诵读时，从坚定激昂到情绪愈发高涨，再到充满激情的赞美。语速从适中到稍快，再到适中、稍慢，以体现作者对少年中国的殷切期望与爱国情怀，深刻感受少年的责任与国家的希望。

107　破阵子·为陈同甫赋壮词以寄之①

辛弃疾

醉里挑灯看剑，梦回吹角连营。
八百里分麾下炙②，五十弦翻塞外声，沙场秋③点兵。
马作的卢飞④快，弓如霹雳⑤弦惊。
了却君王天下事，赢得生前身后名。可怜白发生！

破阵子·为陈同甫
赋壮词以寄之

【解字】

①选自《稼轩词编年笺注》（上海古籍出版社 2018 年版）。破阵子：词牌名。陈同甫：陈亮，作者好友，坚持抗金，终生未仕。

②麾下：指部下。麾，军旗，读 huī。炙，烤熟的肉，读 zhì。

③沙场：战场。秋：古代多将秋天与战争联系在一起，更显肃杀之气。

④的卢：一种烈性快马。的，读 dì。

⑤霹雳：特别响的雷声，比喻拉弓时弓弦响如惊雷。

【说文】

醉意中点亮灯抽出宝剑赏看，梦中听见营房里号角响成一片。官兵们分到了将军奖励的烤肉，五十弦等各种乐器一同演奏着边疆的乐曲。秋高马肥的季节，战场上正在阅兵。烈马奔驰好似的卢马一样飞快，弓箭发出响声如同霹雳一般。努力完成收复失地统一天下的大业，争取生前死后都留下为国立功的勋名。可惜而今我已白发斑斑，不能报效朝廷了。

【通文】

本词采用浪漫主义与现实主义相结合的手法，驰骋壮志，抒写愤慨。词人将自己的爱国之心、忠君愤懑都熔铸在慷慨悲壮、沉郁顿挫的词章里。起首两句紧扣"壮"字，情景交融，不胜感慨。"挑灯""看剑"写动作和神态，真切地表现了词人此时内心的郁愤，词人在醉意中，仿佛回到了那令他日夜梦萦的战场和难以忘怀的军旅岁月。"梦回吹角连营"渲染了士气的高涨和军心的振奋，"沙场秋点兵"又使人感到这支队伍士气高昂、军威赫赫。寥寥数字就栩栩如生地描绘出了雄壮威武的阵容，再现了词人立马阵前、点兵授令的形象。下片紧承上片，把激情推向高峰。英雄骑着快如的卢的战马，手持弓箭，飞驰战场，英勇杀敌，这是对壮词壮景的进一步烘托，也是对壮意的进一步升华。"了却君王天下事，赢得生前身后名"点明了词人的志向，大气磅礴，使词的感情上升到最高点。结句笔锋陡转，回到现实，使感情从最高点一跌千丈，词人吐尽了壮志难酬的无限感慨，揭示了理想与现实的尖锐矛盾，抒发了报国有心、请缨无路的悲愤之情，使全词笼上了浓郁的悲凉色彩。

【达理】

词人的壮志豪情呼应了当今强军兴国、科技强军的时代主题，激励着新时代的奋斗者们奋勇前行。面对复杂的国际局势，中国正加快推进国防现代化建设步伐，从航母编队到歼–20A 隐形战机，从东风导弹到无人作战系统，强大的国防力量正为国家安全提供坚实保障。"可怜白发生"是诗人壮志未酬的叹息，也映照出无数默默奉献的科研人员、工程师、军人、教师等群体的身影，他们为国家发展燃烧青春，即使白发满头，仍初心不改。正如大国重器背后用一生去攻关的科学家们，竭力为国家强盛贡献智慧与力量。

【诵文】

首句语速稍慢，语调低沉，突出无奈。接下来四句语速适中，节奏加快，语调激昂，展现豪迈。"马作的卢飞快，弓如霹雳弦惊"语速更快，语调高昂，突出战斗的激烈。最后两句语速稍快，语调激昂。最后一句语速放缓，语调悲痛，突出无奈。舒缓的节奏用于表达无奈、悲愤，紧凑的节奏用于突出激昂、豪迈的情感。

整体诵读时，情感从低沉到激昂，再到悲痛，语速从稍慢到快，再到慢，以此感受作者的爱国情怀和壮志难酬的悲愤之情。

108 过零丁洋①

文天祥②

辛苦遭逢起一经③，干戈寥落四周星④。
山河破碎风飘絮，身世浮沉雨打萍。
惶恐滩⑤头说惶恐，零丁洋里叹零丁。
人生自古谁无死？留取丹心照汗青⑥。

【解字】

①选自《文山先生集》（上海古籍出版社 2018 年版）。零丁洋：即伶仃洋，在今广东省珠江口外。文天祥被俘后囚于伶仃洋的战船上。
②文天祥（1236—1283 年）：吉州庐陵（今江西吉安）人，南宋民族英雄。

③起一经：依靠精通一种儒家经籍而通过考试为官，文天祥以进士第一名及第。

④寥落：稀疏。四周星：四年。

⑤惶恐滩：赣江十八滩中的险滩，在今江西省万安县。文天祥曾兵败于此。

⑥留取：留得。丹心：比喻忠心。汗青：古时用来书写的竹简，泛指书籍、史册。

【说文】

回想我早年由科举入仕历尽千辛万苦，如今战火消歇已过了四年的艰苦岁月。国家危在旦夕似那狂风中的柳絮，自己一生坎坷如雨中浮萍，漂泊无根，时起时沉。惶恐滩的惨败让我至今依然惶恐，可叹我零丁洋里身陷元虏，自此孤苦无依。自古以来谁都免不了一死，死后我也要留下这颗精忠报国的红心，让它永留史册。

【通文】

这首诗是文天祥在被元军俘虏后途经零丁洋时所作，它概括了诗人一生的主要经历，反映了他为国牺牲、视死如归的大无畏精神，诗人与诗作一起流芳百世。诗的前两联自叙生平，思今忆昔。诗人回顾了自己因科举入仕以及在战乱中奔波四年的艰辛历程，同时描绘了国家山河破碎如风中飘絮，自己身世浮沉似雨中浮萍的悲惨景象。颈联通过"惶恐滩"和"零丁洋"这两个特殊地点，进一步渲染了自己所处的困境。尾联则直抒胸臆，表达了诗人以死明志、为国捐躯的坚定决心。诗人把作诗与做人、诗格与人格融为一体。全诗饱含沉痛悲凉之情，既叹国运又叹自身，把家国之恨、艰危困厄渲染到了极致。最后一句却由悲而壮、由郁而扬，迸发出"人生自古谁无死，留取丹心照汗青"的千秋绝唱，慷慨激昂、气贯长虹，以磅礴的气势、高亢的语调收束全篇。诗作所蕴含的诗人高尚的民族气节和舍生取义的生死观，是中华民族传统美德的崇高表现，使得这首诗成为千古不朽的壮歌。

【达理】

在当前复杂多变的国际环境中，我们依然面临诸多挑战。科技创新、文化自信，正是对"人生自古谁无死，留取丹心照汗青"的现代诠释。文天祥在国难之际，以生命践行忠诚，展现了宁死不屈、舍生取义的民族精神。今天的我们虽无须战死沙场，却更应肩负起"请党放心，强国有我"的历史责任，在科技攻关、国防建设、国家安全等领域奋发作为，增强忧患意识，筑牢国家安全防线，彰显青年担当。我们须以坚定的理想信念和实际行动传承"过零丁洋"中那份凛然正气，在和平年代续写忠诚，照亮新时代的"汗青"。

【诵文】

首联语速稍慢，语调沉重，突出艰辛；颔联语速放缓，语调低沉，强调悲哀；颈联语速缓慢，语调悲痛，突出孤独惶恐。"人生自古谁无死？"语速适中，"留取丹心照汗青"语速稍快，语调激昂，展现豪情。此诗的节奏为凝重型和激壮型，高潮和"诗魂"都在结尾处。诵读时情绪逐渐走高，句调逐渐抬起，从沉痛到悲哀，再到悲痛，最后激昂，语速由慢到更慢，再到稍快。结尾扬起至声线和情感的极致，再以洪钟大吕般的气度刹住，体现出强烈的爱国情感与坚贞的民族气节。

109 满江红·写怀①

满江红·写怀

岳飞②

怒发冲冠③，凭栏处、潇潇雨歇。抬望眼，仰天长啸，壮怀激烈。三十功名尘与土，八千里路云和月。莫等闲、白了少年头，空悲切！

靖康耻④，犹未雪。臣子恨，何时灭！驾长车，踏破贺兰山⑤缺。壮志饥餐胡虏⑥肉，笑谈渴饮匈奴血。待从头、收拾旧山河，朝天阙⑦。

【解字】

①选自《岳飞》（中华书局 2023 年版）。满江红：词牌名。

②岳飞（1103—1142 年）：字鹏举，相州汤阴（今属河南）人，南宋抗金名将。

③怒发冲冠：头发直竖，顶起帽子。形容盛怒。发，读 fà。冠，读 guān。

④靖康耻：指宋钦宗靖康二年（1127 年）金兵攻破汴京，北宋国亡之耻。

⑤贺兰山：在今宁夏回族自治区西北境，宋时属西夏。此处借指金人所在地。

⑥胡虏：对女真族侵略者的蔑称。胡：古时对北方、西方少数民族的泛称。

⑦朝天阙：朝见皇帝，收复山河以朝汴京，表示胜利的决心。朝，读 cháo。

【说文】

我怒发冲冠，独自登高凭栏远眺，骤急的风雨刚刚停歇。抬头远望天空，一片高远壮阔，禁不住仰天长啸，一片报国之心充满胸怀。三十多年来虽已建立一些功名，但如同尘土微不足道，南北转战八千里艰苦卓绝，经过多少风云人生。好男儿要抓紧时间建功立业，不要空空将青春消磨，以致年老时徒然悲切。

靖康年间的奇耻大辱，至今也不能忘却，心中长存亡国之恨。我要驾着战车，踏破贺兰山口，饥则食虏肉，渴则饮虏血。待重新收复旧日山河，再带着捷报向朝廷报告胜利的消息。

【通文】

这一气壮山河、传诵千古的名篇，洋溢着爱国主义激情，表达了作者强烈的忧国忧民之情和收复失地的坚定信念。抗战期间，这首词以其低沉却雄壮的旋律，感染了无数中华儿女。上片以"怒发冲冠"开篇，词人通过刻画怒发冲冠、仰天长啸的情态，让满腔悲愤的心潮破空而出。接着词人回顾自己的功业，借"尘与土"彰显对荣华富贵的淡泊，表现出唯以报国为念的高风亮节；随后又展现出戎马生涯的艰辛与忠诚，隐然有任重道远、不可稍懈的自励之意。接着警示世人珍惜时光、加倍奋勉，不负报国壮志。下片直抒胸臆，点明宋朝国耻未消，激发了誓雪国恨的斗志，句式短促而音韵铿锵。"何时灭"用反诘句吐露其一腔民族义愤，力透纸背。"驾长车，踏破贺兰山缺"展现出征讨敌寇的豪情壮志。全词气势磅礴，情感激昂，充分展现了岳飞忠君爱国、矢志收复失地的坚定信念和不屈精神，激励后人以身许国，不负壮丽山河。

【达理】

这首词激励我们培养爱国奋斗精神，于新时代践行岳飞的忠诚和拼搏精神，让青春在强国路上闪耀光芒。"壮怀激烈"的精神不仅体现在战场上，也体现在日常工作中。青年学子无论是汽车维修、轨道交通，还是现代农业、智能制造，都能坚定职业自信、投身技能报国，通过专业技能助力社会民生和国家发展，成为"技能强国"的中坚力量，以实际行动践行"强国有我"。岳飞当年"精忠报国"保家卫国，而今天的"精忠"是在芯片制造、航天工程、生物医药等关键领域打破"卡脖子"技术封锁，实现科技自立自强。"莫等闲，白了少年头，空悲切！"警醒当代青年不要虚度光阴，从专注技能、精益求精的工匠精神出发，投身智能制造、人工智能、5G通信、新能源等领域，让"中国制造"向"中国智造"升级。响应"躺平不可取，奋斗正当时"的时代号召，青年应投身创新创业、乡村振兴、国防建设等事业，把握青春机遇，为民族复兴贡献力量。即使不在科研前沿，只要掌握一技之长，也能成为推动国家发展的重要力量。奋斗不分职业，技能亦能报国。青春会在实干中闪光，智慧和汗水也能为实现技能强国做出贡献！

【诵文】

　　整首词气势如雷鸣电掣，激情似烈焰翻腾，语言纵横奔放，一气贯通，极具震撼力，能深深激起人们的家国情怀和报国热血。诵读时，上阕开篇如火山爆发，"怒发冲冠"等句情绪激烈，应加快语速，声调高昂，读出满腔怒火与不甘；到了"三十功名尘与土，八千里路云和月"，节奏宜放慢，仿佛讲述一位英雄在风尘中回望过往，带着一丝无奈和沉思；"莫等闲、白了少年头，空悲切"则要稳住语速，语气凝重，仿佛在警醒世人：莫要虚度年华，否则只能空留遗憾。下阕的"靖康耻，犹未雪。臣子恨，何时灭"，读起来要沉着缓慢，像胸口压着千斤石，沉痛中带着愤恨；而"驾长车，踏破贺兰山缺"气势如军鼓擂响，应提速加劲，仿佛铁骑冲锋，激情奔涌。整首词的诵读应层次分明，从最初的怒火中烧，到中段的沉郁低回，再到结尾的昂首挺胸，语气坚定，像一场情绪的大潮，起伏跌宕，最后激荡而出，令人热血沸腾、久久难忘。

110　赴戍登程口占示家人①

林则徐②

力微任重久神疲，再竭衰庸③定不支。
苟利国家生死以④，岂因祸福避趋之。
谪⑤居正是君恩厚，养拙⑥刚于⑦戍卒宜。
戏与山妻谈故事，试吟断送老头皮。

【解字】

　　①选自《中国近代思想家文库：林则徐卷》（中国人民大学出版社 2013 年版）。赴戍：前往被流放的边疆戍守之地（新疆伊犁）；戍，读 shù。登程：启程、上路。口占：即兴作诗词，随口吟诵出来。

　　②林则徐（1785—1850 年）：福建侯官（今福建福州）人，清代爱国政治家。

　　③衰庸：衰老而无能，这里是自谦之词。

　　④苟：如果。以：用，去做。

　　⑤谪：贬谪，读 zhé。

　　⑥养拙：守本分，不显露自己。

　　⑦刚于：正好。

【说文】

　　我以微薄之力为国家担当重任，早已感到精疲力竭。一再肩负重任，以我衰老之躯，平庸之才，是定然不能支撑了。如果对国家有利，我仍然会不顾生死全力以赴，哪能因为害怕灾祸就逃避，看见好处就争先呢？我被流放到边远地区，正是君主厚恩，我还是退隐不仕，当一名戍卒合适。我开着玩笑，同妻子谈起《东坡志林》所记宋真宗召对杨朴和苏东坡赴诏狱的故事，说你不妨吟诵一下"断送老头皮"那首诗来为我送行。

【通文】

　　此诗是林则徐在鸦片战争爆发后所作，彼时他遭清政府投降派与英军勾结陷害，被发配至新疆伊犁，临行前与家人作别留下此诗。对于诗人来说，忠心爱国却遭遇极大的不公，心情应该是无比懊丧的，但作为一位名垂千古的爱国主义政治家与文学家，诗人并未为一己仕途之得失而悲愤，反而更加坚定了自己报效国家、九死不悔的信念。其中那句"苟利国家生死以，岂因祸福避趋之？"更是成为晚清爱国主义诗作中的名句，激励着一代又一代的仁人志士，更展现出民族英雄林则徐的光辉人格与宽广襟怀。

【达理】

　　林则徐的这首诗展现了一种虽身处逆境却仍心怀国家、不计个人得失的崇高情怀，这种精神不仅关乎国家大义，也启发我们思考个人成长与社会责任之间的关系。当前，我国正推进"制造强国""科技强国"战略，现代制造业、战略性新兴产业和现代服务业等领域需要更多技能型、应用型人才，职校学子正是高质量发展的生力军，是国家现代化建设的中坚力量，应树立起"苟利国家生死以"的责任感，锤炼专业技能，勇攀技术高峰，把个人奋斗融入国家发展之中，通过所学知识和技能回馈社会，以实际行动服务国家发展。

　　这首诗不仅是一位封疆大吏的心声，更是一种超越时代的精神指引。它告诉我们无论身处何种境遇，都应以国家利益为重，坚守信念、苦练技能，让自己的本领成为国家竞争力的一部分。无论从事何种职业，都要做到精益求精，践行工匠精神。对于当代职校学子而言，用技能报国、以奋斗成就梦想，就能在时代大潮中找到属于自己的位置，在新时代的舞台上实现个人价值与国家需求同频共振。

【诵文】

　　首联节奏舒缓，表现出诗人的疲惫与无奈。颔联语速适中，坚定有力，突出坚定的情感。最后两句节奏轻快，体现轻松氛围。整体诵读时，从低沉无奈到激昂坚定，再到平和豁达，最后轻松诙谐。舒缓的节奏用于表达无奈、平和等情感，紧凑的节奏突出激昂、坚定的情感。全诗充分体现出诗人爱国情怀和豁达心境。

参 考 文 献

［1］ 王新. 中华古诗词经典诵读［M］. 长春：吉林教育出版社，2021.

［2］ 杨秀美，陈文，陈丽. 中华优秀传统文化经典诵读（上册）［M］. 上海：华东师范大学出版社，2024.

［3］ 胡晓，张豫，杨秀美. 中华优秀传统文化经典诵读（下册）［M］. 上海：华东师范大学出版社，2024.

［4］ 刘聘，赵素文. 中华经典诵读教程［M］. 杭州：浙江大学出版社，2024.

［5］ 朱丽. 中华经典诵读［M］. 北京：中国旅游出版社，2018.

［6］ 徐中玉. 大学语文［M］. 6版. 北京：高等教育出版社，2023.

［7］《唐诗鉴赏大全集》编委会. 唐诗鉴赏大全集［M］. 北京：中国华侨出版社，2010.

［8］ 周汝昌. 诗词赏会［M］. 北京：中华书局，2011.

［9］《明清词观止》编委会. 明清词观止［M］. 上海：学林出版社，2015.

［10］ 刘石. 宋词鉴赏大辞典［M］. 北京：中华书局，2011.

［11］ 唐圭璋. 唐宋词简释［M］. 北京：人民文学出版社，2010.

［12］ 汤克勤. 古文鉴赏辞典［M］. 武汉：崇文书局，2015.

［13］ 徐晓莉. 中国古代经典诗词选讲［M］. 北京：北京师范大学出版社，2014.

［14］ 张涵. 经典古诗词诵读［M］. 3版. 北京：中国传媒大学出版社，2023.

［15］ 高鸿，王欣. 乐读诗文［M］. 长春：东北师范大学出版社，2019.

［16］ 程亮. 中华经典诵读：第二册［M］. 济南：济南出版社，2017.

［17］ 刘效东. 中华经典诵读：第三册［M］. 济南：济南出版社，2017.

［18］ 刘强. 古诗写意［M］. 长沙：岳麓书社，2016.

［19］ 姚喜双. 通文达理：中华传统经典诵读：60篇［M］. 北京：外语教学与研究出版社，2023.